LES
VENUES MÉTALLIFÈRES
DE
L'ESPAGNE

4°S
1660

LES
VENUES MÉTALLIFÈRES
DE
L'ESPAGNE

PORTUGAL — PYRÉNÉES — CORBIÈRES
MONTAGNE NOIRE — MAURES
CORSE — SARDAIGNE

PAR

S. CZYSZKOWSKI
INGÉNIEUR CIVIL DES MINES

*Les théories passent,
Les faits restent.*

AVEC 17 PLANCHES

PARIS
IMPRIMERIE NOUVELLE DE BOIS-COLOMBES
(ASSOCIATION OUVRIÈRE)

1897.
(Tous droits réservés)

LES
VENUES MÉTALLIFÈRES
DE
L'ESPAGNE

Les théories passent
Les faits restent.

CHAPITRE I.

Généralités

§. 1. — L'ESPAGNE ET SES VENUES MÉTALLIFÈRES A TRAVERS LES TEMPS GÉOLOGIQUES

La région dont nous allons entreprendre l'étude fait partie d'une zone de l'écorce terrestre affectée par les plissements tertiaires ou alpins.

Très rétrécie du côté de l'Océan Atlantique qui la limite à l'ouest, cette zone va s'élargissant vers l'Orient où elle comprend le grand massif de l'Himalaya, le Thibet, l'Altaï et se trouve limitée par la région des volcans du Japon et l'Océan Pacifique.

Sa limite géologique nord est formée par le massif central français, les Vosges, la Forêt-Noire, le grand massif de Bohême, les monts Sudètes, les massifs anciens de la Russie méridionale.

Sa limite sud comprend les massifs primaires de l'Afrique, au sud de l'Atlas, ceux de l'Inde, au sud de l'Himalaya.

Elle peut être divisée en deux parties :

Le bassin méditerranéen proprement dit ;

Son prolongement à travers l'Iran et la Chine jusqu'à l'Océan Pacifique.

Nous ne nous occuperons dans ce travail que d'une partie du bassin méditerranéen et plus particulièrement de la Péninsule Ibérique.

Pour bien comprendre sa constitution géologique il faut se représenter un massif de terrains anciens émergé, un môle qui, à diverses époques géologiques, aurait été tranché sur ses bords, diminuant ainsi de surface et aussi de hauteur par suite de dénudations.

Nous distinguerons trois grandes périodes dans l'histoire géologique de la Péninsule Ibérique au point de vue des venues métallifères qui l'ont affectée.

Une première période ancienne, qui s'étend jusqu'à l'époque carbonifère, est assez obscure, parce que les montagnes et les gîtes métallifères de ces époques reculées ont disparu à la suite de dénudations. Nous signalerons cependant quelques gîtes métallifères qui paraissent appartenir à des phénomènes anciens.

La venue des granites, des granulites et de roches basiques paraît avoir été suivie de venues métallifères auxquelles on peut rattacher des gîtes d'étain, d'or et de sulfures divers.

Une deuxième période, celle des chaînes Hercyniennes, est beaucoup plus importante et a doté l'Espagne de grandes richesses métallifères.

Dans le sud de la Péninsule, un plissement est-ouest se produisit après le dépôt du Culm qui fût relevé dans la Province de Huelva et au Portugal, pendant que des dépôts houillers se formaient dans les sillons du plateau central Ibérique.

Des venues importantes de Porphyres et de roches basiques se produisirent, probablement à l'époque Permienne comme dans l'Oural, dans les Maures, en France, et formèrent des masses stratiformes dirigées est-ouest comme le Culm qui les encaisse. Ensuite d'abondantes venues de sulfures donnèrent naissance aux grands gîtes de pyrites de fer cuivreuses de Rio-Tinto, Tharsis en Espagne, Ste-Domingos au Portugal, pendant que le trop-plein des sources minérales cuivreuses de cette époque s'écoulait vers la mer, laissant dans les dépôts Permiens de l'Espagne, encore peu connus, des traces ferrugineuses et cuivreuses qui sont des témoins sédimentaires de ces phénomènes métallifères Hercyniens.

Les puissantes masses de pyrites de fer cuivreuses de la Péninsule Ibérique sont disposées sous forme d'amas stratiformes dans le Culm relevé presque verticalement et parfois au contact même des masses éruptives. L'altération produite par les eaux minérales fut telle que les porphyres eux-mêmes furent entièrement désagrégés.

Après la venue des pyrites de fer cuivreuses, il paraît s'être produit des venues de sulfures divers de : cuivre, plomb, argent, antimoine, arsenic, mercure, qui donnèrent naissance, sur le plateau central espagnol, à la grande zone métallifère plombo-argentifère, qui s'étend sur près de 200 kilomètres passant par Castuera, Almorchon, Cabeza del Buey, Almaden, Almadenejos, Almodovar del Campo, Veredas, Sta Cruz de Mudela.

Certaines régions ont été affectées par la venue de plomb argentifère (Castuera, Almorchon...), d'autres par le mercure (Almaden), par l'antimoine (Sta Cruz de Mudela).

C'est aussi à cette venue plombeuse Hercynienne que nous attribuons les gisements du grand centre producteur de plomb de Linarès, si remarquable par la richesse de ses filons qui s'étendent avec une continuité extraordinaire sur 12, 15, 20 kilomètres.

Enfin, une venue de sulfures complexes avec or a affecté la région de Huelva et le Portugal.

Vers la fin de cette période métallifère Hercynienne, une faille importante, la faille du Guadalquivir, qui s'étend du cap St-Vincent (Portugal) au cap St-Antoine, se produisit et une tranche du plateau central Ibérique fut détachée du massif. L'effondrement de cette masse de terrain donna naissance à une grande dépression, le *détroit Bétique*, qui mit en communication l'Océan Atlantique avec la Méditerranée, permettant aux mers de l'ère secondaire de s'avancer au pied du massif primaire et d'y déposer les terrains que nous observons aujourd'hui, recouverts en partie, par des dépôts tertiaires.

Cette grande vallée d'effondrement, dirigée sensiblement N.-O.—S.-O., était encaissée entre les falaises du plateau central, qui constituent aujourd'hui la *Sierra Morena*, et des massifs anciens, tels que ceux des environs de Malaga, et la Sierra Nevada de Grenade qui se reliaient à ceux de l'Afrique.

Linarès paraît être dans la masse qui a glissé et la partie orientale de la grande zone de Rio-Tinto paraît avoir été ensevelie sous la mer dans la région de Séville et recouverte de sédiments secondaires et tertiaires.

S'il en est ainsi, les filons de Linarès ont été légués à l'homme vierges de toutes dégradations ou dénudations puisqu'ils ont été recouverts immédiatement après leur formation, ce qui explique leur richesse exceptionnelle, tandis que les gîtes du plateau central ont perdu leur partie supérieure à la suite des dénudations des temps secondaires et tertiaires.

On peut aussi espérer que sous les plaines de Séville il existe, à une grande profondeur, des richesses analogues à celles de Rio-Tinto et qui sont une réserve pour l'avenir, dans le prolongement présumé de la zone métallifère de la province de Huelva.

La troisième période de grandes venues métallifères qui ont enrichi le sol espagnol appartient aux *chaînes alpines ou tertiaires* et aux grands phénomènes métallifères du bassin méditerranéen.

Vers la fin de l'Eocène, de grandes venues ferrifères et métallifères furent la conséquence du soulèvement pyrénéen et formèrent des dépôts importants dans le nord et le midi de l'Espagne, dans le midi de la France en Algérie, etc.

Nous citerons les grands gîtes de fer de Bilbao, ceux des Pyrénées françaises, Banca (Basses Pyrénées), Rancié (Ariège), Canigou (Pyrénées orientales), les gîtes calaminaires des Picos Europa, ceux de plomb et zinc des Asturies, Leon, Alava, Teruel des Iles Baléares ;

Dans le midi de l'Espagne les grands gîtes de fer des provinces de Murcie, Alméria, Grenade, parmi lesquels on peut citer ceux de Carthagène, de Morata, des Sierras de Enmedio, de Bedar, Alhamilla, ceux de la Sierra Nevada, tels que le grand gîte du Cerro del Conjuro (Alpujarras), Alquife... etc ;

Les gîtes de plomb argentifère de Carthagène, de Mazarron, ceux de la riche Sierra Almagrera, des Sierras de Gador, Contraviesa, Lujar, Baza, les gîtes de cuivre de la Sierra Nevada (Jerès-Lanteira), de mercure de Castaras, Aguilas, enfin les calamines des environs de Grenade, Albuñol, Guadix.

L'Éocène est venu se déposer aux pieds des Sierras calcaires des temps secondaires à stratification discordante et transgressive.

Ce dépôt, à en juger par les îlots qu'on rencontre à des altitudes de 1000 à 1300 mètres dans les Sierras, a dû s'avancer par des golfes jusqu'au centre des massifs montagneux et la présence du gypse vient confirmer cette origine lagunaire.

L'Eocène est toujours très plissé et relevé au pied des massifs anciens. Il a été affecté par les plissements d'âge pyrénéen.

L'oligocène n'existe pas dans le midi de l'Espagne, le Cartenien d'Algérie (miocène inférieur) manque également.

Le sud de l'Espagne était donc émergé à ces époques de venues ferrifères et métallifères, aussi de grands dépôts de minerais se formèrent particulièrement dans les calcaires triasiques très favorablement encaissés dans des schistes imperméables. L'Eocène inférieur a été parfois minéralisé, tandis qu'en Algérie les eaux ferrugineuses s'écoulaient dans la mer Cartenienne, au pied de grands gîtes en formation, tels que ceux de la Tafna.

Le miocène moyen est généralement peu plissé autour des massifs montagneux importants tels que les Sierras de Carthagène, de la Sierra Nevada de Grenade, mais quelquefois à des altitudes de plus de 700 mètres, par exemple dans les environs de Ronda.

Le relief du sol était à cette époque à peu près ce qu'il est aujourd'hui et des dépôts pliocènes vinrent former une auréole au pied de certains massif et sur la côte et furent relevés en quelques points à plus de cent mètres d'altitude.

Des roches éruptives sont venues au jour de la fin de l'eocène au commencement du pliocène.

Enfin, par des phénomènes analogues à ceux de la fin des temps primaires (faille du Guadalquivir) des lambeaux de terrains s'effondrèrent sous la mer, suivant les arcs de Gibraltar au cap de Gate, de ce dernier au cap de Palos, de Palos au cap de la Nao et, enfin, suivant l'arc qui forme la côte orientale d'Espagne.

L'Océan Atlantique fut mis en communication avec la Méditerranée par le détroit de Gibraltar comme il l'avait été par le détroit Bétique. Mais, pas plus à l'époque de la faille du Guadalquivir qu'à la suite de ces dernières, il ne paraît s'être produit de venues métallifères importantes, bien que des roches éruptives de cette époque existent au cap de Gate, aux îles Columbretes et probablement aux îles Baléares.

Ces accidents ont enseveli sous la mer le prolongement de zones métallifères importantes telles que celles de la Sierra Nevada et de los Filabres, interrompues du cap de Gate à Carthagène (cap de Palos), ou de la chaîne des Pyrénées, interrompue du Cap Creus à Perpignan. Il ne faut donc point assimiler ces effondrements à ceux qui, dans les chaînes en voie de surrection, précédèrent immédiatement les grandes venues de roches éruptives et des sources métallifères consécutives. La venue métallifère du cap de Gate nous paraît peu importante.

Nous essaierons d'établir la succession des venues tertiaires qui ont affecté le sud-est de l'Espagne et dont nous avons cité les principales manifestations.

§ 2. — LE PHÉNOMÈNE OPHITIQUE ET MÉTALLIFÈRE DU BASSIN MÉDITERRANÉEN

Avant d'entreprendre l'étude détaillée des venues métallifères de la Péninsule Ibérique, nous croyons utile de dire quelques mots de ce qu'on a appelé le phénomène ophitique des Pyrénées, lequel s'étend à l'Espagne et à diverses régions du bassin méditerranéen. On a souvent attribué les venues métallifères aux ophites.

Cette question des ophites a été fort discutée en France pour les Pyrénées.

Chaque savant a apporté sa théorie.

Palassou a donné ce nom d'ophite à la roche pyrénéenne.

Dufrénoy et Elie de Beaumont eurent les premiers le mérite de reconnaître le rôle éruptif de cette roche.

L'ophite est une roche basique ayant une texture particulière comprise entre le granite et le porphyre et composée de Pyroxène ou Diallage et de Feldspath (oligoclase, Labrador).

La véritable ophite, celle de Palassou à grands cristaux est très caractéristique et très facile à reconnaître pour celui qui l'a vue une fois. Mais il y a une infinité de variétés se rapprochant des diabases, des basaltes, des mélaphyres, des andésites et constituant toute une famille pétrographique.

On a étendu la dénomination d'ophite à des Diorites, Diabases et autres roches vertes.

On avait cru d'abord que l'ophite était un type de roche

spécial aux Pyrénées, mais on l'a rencontrée ensuite sur bien des points du bassin méditerranéen. En Espagne les roches ophitiques ont été reconnues et étudiées par M. Macpherson, en Algérie par MM. Curie et Flamand, en Tunisie par M. Thomas. Il y a donc des ophites sur bien des points du bassin méditerranéen, et ce qui a contribué à assimiler ces roches au type pyrénéen c'est qu'elles sont accompagnées en général d'un cortège spécial d'argiles bariolées, de soufre, de gypse, de sel et de dépôts métallifères. De là est venu le nom de *phénomène ophitique*.

L'étude de ce phénomène éruptif est fort intéressante.

Diverses opinions ont été émises sur l'origine des ophites.

Les uns ont voulu expliquer leur formation par un dépôt chimique sédimentaire. La présence si fréquente des ophites dans le trias était le principal argument en faveur de cette théorie dont les partisans étaient MM. Virlet d'Aoust, Magnan, Garrigou et Dieulafait.

Parmi les partisans de l'éruption à l'état de fusion nous avons cité Elie de Beaumont et Dufrenoy.

L'examen microscopique par M. Michel Lévy est venu confirmer cette origine ainsi que la reproduction artificielle de ces roches par ce savant. D'autres géologues ont admis l'éruption boueuse.

Enfin, M. Calderon a proposé une théorie particulière sans aucune éruption. L'ophite aurait une origine métamorphique et se serait formée sous l'influence d'agents chimiques et orogéniques.

« Lorsqu'un terrain salifère riche en marnes et argiles,
« magnésien et gypseux, est soumis à l'effort tangentiel,
« il doit reproduire les phénomènes épigéniques dits
« ophitiques et donner naissance à de véritables roches
« cristallines massives dans les anticlinaux. (S. Calderon.
« 1889.) »

Il y aurait donc en résumé quatre théories : origine sédimentaire, origine éruptive proprement dite, origine éruptive boueuse, origine métamorphique.

Nous pensons que les savants auteurs de ces théories ont été un peu trop absolus.

On n'a pas étudié à notre avis et individualisé pour ainsi dire les diverses phases du phénomène, et qui peuvent jusqu'à un certain point, donner satisfaction à toutes les opinions émises, mais dans des cas particuliers.

Nous en dirons autant de l'âge des ophites.

Les uns ont voulu voir une seule éruption triasique, d'autres une éruption tertiaire, à la fin de l'Eocène. Il résulte des observations et des faits acquis à ce jour que le phénomène ophitique s'est reproduit à diverses époques géologiques.

Il est facile de le prouver sans s'acharner comme on l'a fait à une région particulière, les Pyrénées, où l'âge est quelquefois difficile à établir.

La continuité de ce phénomène est indiscutable. A une époque antérieure au carbonifère, une venue ophitique a eu lieu dans la Montagne Noire. Le Dévonien est affecté dans la région de St-Pons (Hérault) que nous décrirons.

Dans le sud de l'Espagne et dans les Pyrénées une venue d'ophites triasique est parfaitement démontrée. Dans l'Ariège M. de Lacvivier, a observé le lias comprenant des brèches ophitiques et recouvrant des dykes d'ophite. D'après les observations de ce savant, la venue serait antérieure aux marnes irisées.

En Andalousie elle serait postérieure. L'étage des marnes irisées renferme des argiles bariolées, du gypse, du sel provenant de salines naturelles, mais aussi peut être, dans quelques cas d'une venue interne ayant suivi l'éruption des ophites. Dans les Pyrénées on rencontre des cailloux d'ophites dans le lias, dans le Cénomanien et dans le pondingue de Palassou.

La Lherzolithe de l'étang de Lherz, d'après les observations de MM. Lacroix et de Lacvivier serait venue à l'époque du Lias moyen. Le Jurassique est affecté par ces roches à Montillana (Grenade) et à Caravaca, Cehejin, Calasparra, région dont nous décrirons les dykes ophitiques avec coupes détaillées.

Dans les monts Cantabriques et au sud des Pyrénées l'ophite affecte le crétacé et jamais le miocène.

Il y a donc une venue tertiaire probablement fin Eocène de même âge que le plissement des Pyrénées.

Dans le sud de l'Espagne, le miocène est affecté ainsi qu'en Algérie. De plus, ce terrain renferme du gypse, des argiles bariolées, du soufre, du sel qui peuvent être attribués en partie à des sources minérales.

Enfin, en Algérie et en Tunisie, une venue d'ophite pliocène a été parfaitement constatée.

La continuité du phénomène est donc démontrée dans le bassin méditerranéen.

On avait d'abord admis que l'ophite était toujours accompagnée de gypse, d'argiles bariolées, de sel. Il est établi aujourd'hui qu'il existe des ophites sans ce cortège habituel.

D'autre part, dans les Pyrénées, les gypses, argiles et sel étaient toujours attribués au Trias. M. Stuart Menteah a signalé d'autres terrains au voisinage d'ophites, présentant les mêmes matières.

Si l'on considère les diverses phases du phénomène ophitique, toutes les divergences d'opinion et toutes les anomalies apparentes que nous venons de signaler peuvent s'expliquer à la rigueur.

Nous pensons qu'il faut distinguer dans le phénomène ophitique 4 phases différentes :

1° *Phase éruptive :* venue d'ophite vraie, métamorphisme de contact, actions dynamiques ;

2° *Phase boueuse éruptive :* ophites altérées, d'intrusion ou en nappes et sorte de moraine interne ou brèche interne boueuse ;

3° *Phase solfatarienne thermale :* grande venue geyserienne ayant produit l'altération ou l'épigénie des roches et des terrains. Les ophites sont elles-mêmes altérées, dépôts de boues, argiles bariolées, gypse ou calcaires transformés en gypse, sel ;

4° *Phase métallifère :* Emissions ferrugineuses et de sulfures, insuffisantes à notre avis pour expliquer les grandes venues métallifères.

Tel serait le phénomène complet, mais il n'en a pas toujours été ainsi.

La phase éruptive seule a pu se produire, alors pas de marnes bariolées, sel, gypse ou sulfures.

En Algérie et en Tunisie, la phase solfatarienne thermale est souvent la seule manifestation visible, alors quelques fragments de la roche éruptive se rencontrent parfois dans les argiles, témoignant de son existence en profondeur.

§ 3. — LES CALCAIRES MÉTALLIFÈRES DU BASSIN MÉDITERRANÉEN

Nous ne terminerons pas ce chapitre de généralités sans dire un mot des calcaires métallifères du bassin méditerranéen.

L'ingénieur qui a parcouru les Pyrénées, l'Espagne, la Sardaigne, et, en général, le bassin méditerranéen, n'est pas sans avoir entendu parler d'un calcaire métallifère dont l'âge est toujours assez problématique.

Il y a en effet dans ces divers pays généralement un calcaire, sans fossiles visibles, d'âge indéterminé et attribué à des terrains très variés.

Dans la région des Pyrénées, tous les calcaires sont métallifères, mais ce sont les calcaires Dévoniens et Carbonifériens qui renferment le plus souvent des minerais et qui forment pour ainsi dire de véritables horizons métallifères.

Dans le sud de l'Espagne, ce sont des calcaires triasiques qui sont le plus souvent minéralisés à Carthagène, à Morata et dans les Sierras de Gador, Nevada, etc.

Dans le Nord, les calcaires carbonifériens sont minéralisés aux Picos Europa (Blende, Calamines, Galènes, Cuivre, etc.); à Bilbao, c'est le calcaire crétacé (aptien) qui est transformé en minerai de fer.

En Algérie, c'est le lias, à la Tafna.

Il y a encore d'autres horizons métallifères. A l'île de Sériphos (Grèce), nous avons vu un calcaire avec minerais de fer et cuivre d'âge indéterminé et affecté par une venue d'amphibolites.

Les niveaux métallifères du Laurium sont avec des calcaires intercalés dans des schistes et l'âge de ces roches est inconnu.

En Sardaigne, les calcaires métallifères sont considérés comme Siluriens, peut être à tort.

Dans les Alpes, le lias est métallifère.

Il y a donc des calcaires métallifères dans tout le bassin méditerranéen, mais ils sont de divers âges. Cependant quelques observateurs ont été tentés d'attribuer l'arrivée des minerais qu'ils renferment à un phénomène contemporain de leur dépôt et n'ont pas craint d'assimiler les calcaires triasiques du sud de l'Espagne aux calcaires métallifères de Sardaigne.

Si, comme nous le démontrerons, il n'en est point ainsi,

comment expliquer l'origine des minerais qu'ils encaissent ? C'est ce que nous allons examiner.

Constatons d'abord que la détermination de l'âge des calcaires métallifères n'est pas toujours facile, parce qu'ils sont altérés par des intrusions de roches éruptives, par les eaux minérales, ou par dynamométamorphisme. On n'y rencontre pas de fossiles précisément dans les régions les plus accidentées.

La confusion de calcaires primitifs, Siluriens, Dévoniens, Carbonifériens et de calcaires secondaires : triasiques, jurassiques, crétacés, peut paraître au premier abord difficile à comprendre. Il semble que par des études stratigraphiques détaillées on doive arriver à les distinguer facilement. Il n'en est cependant pas toujours ainsi et les discussions entre les savants géologues qui les ont étudiés prouvent au contraire qu'il est très facile de les confondre, tant dans les Pyrénées qu'en Sardaigne, dans le midi de l'Espagne, en Algérie, etc.

Dans les Pyrénées, des calcaires Dévoniens ont débordé sur des massifs primitifs et ont été considérés comme des cipolins.

Des calcaires carbonifères sont quelquefois immédiatement superposés à des calcaires Dévoniens. Le crétacé repose en certains points sur le trias et même sur le granite.

Les calcaires du Lias de Vicdessos et du lac de Lherz dont l'âge a été reconnu par Dufrénoy étaient considérés par de Charpentier comme primitifs.

Nous pourrions citer de nombreux exemples de confusion de calcaires de divers âges dans tout le bassin méditerranéen. La transgressivité que nous venons de signaler des dépôts de ces différents âges explique ces erreurs.

La transgressivité Cénomanienne est la plus remarquable. Ce dépôt débordant par suite d'un affaissement du sol, les formations antérieures, s'est avancé jusque dans l'axe des Pyrénées et sur le granite où il a été métamorphisé soit par les arrivées de granulites ou Pegmatites, soit par des émanations minérales, soit enfin par dynamométamorphisme.

Si nous remarquons maintenant que c'est précisément sur les bords d'un massif en voie de surrection que les efforts de plissements ont produit des fractures par lesquelles sont arrivées les sources métallifères précédées de roches éruptives, il nous paraît naturel que les parties d'un dépôt calcaire, émergées à la suite de ces plissements aient été immédiatement attaquées par les sources minérales et par suite plus ou moins imprégnées de minerais et que dans des conditions telles d'instabilité du sol, au début des plissements du moins, il n'ait pu se former en général que des gisements de minerais disséminés peu puissants et irréguliers. C'est dans de telles conditions que les calcaires Dévoniens et Carbonifériens paraissent avoir été minéralisés lors du soulèvement de l'ancienne chaîne des Pyrénées à l'époque Hercynienne.

A l'époque tertiaire ou alpine, des calcaires triasiques, jurassiques et crétacés se sont trouvés émergés et ont été minéralisés dans les mêmes parages.

Il y aurait donc des calcaires métallifères de tous les

âges dans les Pyrénées mais minéralisés surtout à deux époques importantes, lors de la formation des chaînes Hercyniennes et des chaînes alpines.

Dans l'Oural nous avons constaté aussi que des zones de calcaires Dévoniens et Carbonifériens ont été minéralisées à l'époque des plissements Hercyniens.

L'origine que nous venons d'indiquer expliquerait comment un calcaire dans une chaîne ou massif en formation est généralement minéralisé dans ses parties transgressives et littorales qui venaient d'être émergées et qui reposaient sur un terrain d'ancienne consolidation déjà fracturé, et aussi pourquoi les calcaires antérieurs et émergés ont été minéralisés.

Au centre de massifs tels que les Pyrénées ou les Alpes, on ne rencontre pas de gros gisements métallifères et on conçoit que les sources minérales se produisant à une certaine distance des centres orogéniques et éruptifs, dans le massif d'ancienne consolidation où les mouvements du sol étaient moins saccadés et accentués, aient pu donner naissance à des gisements plus puissants, abondants et réguliers, soit en filons dans des fractures préexistantes ou nouvelles, soit en amas dans les thalwegs superficiels ou souterrains que formaient les couches calcaires ou autres, soit en niveaux métallifères, comme l'or au Transvaal, le plomb à Carthagène, aux îles Baléares, etc.

Tel pourrait bien être le cas de la Sardaigne qui se trouvait émergée à l'époque Hercynienne et à une distance assez grande des centres éruptifs des Maures:

Il y a, il est vrai une question d'intensité du phénomène dont il faut tenir compte, mais qui est peut-être liée aussi à cette distance du centre orogénique ou éruptif au centre métallifère.

Si l'on considère une région plissée et ondulée on constate que les îlots émergés pendant une période de dépôts ont été affectés par les sources minérales qui ont suivi les dislocations et les éruptions de roches contemporaines de ces dépôts.

En Algérie, par exemple, les venues métallifères de l'Eocène supérieur, contemporaines du mouvement pyrénéen ont affecté les îlots jurassiques qui pointaient au milieu de la mer oligocène.

En Tunisie, c'est le crétacé (calcaire à inocérames) qui joue un rôle analogue. Les calcaires les plus anciens de ces régions ont été les plus minéralisés sur des points fort éloignés les uns des autres, mais pour ainsi dire dans les mêmes conditions.

On peut conclure il nous semble que le phénomène métallifère, se serait produit particulièrement dans les régions émergées ou littorales.

CHAPITRE II.

Le plateau central de la Péninsule Ibérique

§ 1. — APERÇU GÉOLOGIQUE.
VENUES MÉTALLIFÈRES

Aperçu géologique. — La région que nous désignons sous le nom de plateau central (1) ibérique est immense. Elle s'étend du nord au sud de l'Espagne et comprend presque tout le Portugal.

Au point de vue géologique c'est un massif de terrain de l'ère primaire, affecté par les plissements hercyniens.

Il est limité par des bandes très nettes de terrains triasiques et jurassiques qui l'entourent :

1° Au Nord, aux environs d'Oviedo et Aviles.

2° Au Nord-Est, aux environs de Burgos, et dans les provinces de Soria, Teruel.

3° Au Sud-Est, suivant une ligne du cap Saint-Vincent au cap de la Nao (faille du Guadalquivir).

4° Enfin à l'Ouest par une ligne jalonnée par Aveiro Coïmbre, Lisbonne, Setubal, San Thiago de Cassem et le cap St-Vincent.

M. Calderon pense avec raison que les principales limites du plateau central sont des failles.

Si l'on jette un regard d'ensemble sur la carte géologique d'Espagne on voit sur cette grande surface des

---

(1). Meseta, (plateau, peneplain).

bandes de terrains dirigées N.-O. — S.-E. Les bandes de Granite, de Cambrien, de Silurien sont très nettes.

On observe la même direction dans les bassins houillers de Puertollano, de Belmez ainsi que dans la zone marquée par les affleurements de Villanueva, Fuente del Arco, Bienvenida, los Santos à Fuente del Maestre, Badajoz.

Sur le prolongement de la zone formée par ces affleurements houillers on rencontre les petits bassins portugais des environs de Coïmbre et de Porto.

Cette direction N.-O. — S.-E. très apparente surtout dans le sud-ouest du plateau central est pour ainsi dire troublée vers ses extrémités.

Au Sud, dans les provinces de Huelva et d'Alemtejo (Portugal), la direction Est-Ouest devient caractéristique et dominante.

Les couches du Silurien, du Culm, les bandes de porphyres et de roches basiques, les gîtes de pyrites de fer cuivreuses de Rio-Tinto, Tharsis, Santo-Domingos, les gîtes de manganèse eux-mêmes, tout est dirigé Est-Ouest.

C'est qu'après le dépôt du Culm, un plissement Est-ouest a commencé à se produire dans cette région, émergeant les dépôts marins du Culm, pendant que les dépôts houillers se formaient dans les rides du plateau central.

Des éruptions de roches porphyriques ou mélaphyriques se produisirent probablement à l'époque Permienne comme dans les Maures en France.

Des venues métallifères importantes suivirent ces éruptions affectant une immense surface de terrains et produisant les gisements si remarquables et si importants de la région de Huelva, de Linarès, Almaden, Ciudad real, Castuera, etc.

C'est croyons nous vers la même époque que la région sud-est de l'Espagne s'effondra suivant la faille du Guadalquivir, entrainant le massif de Linarès et le prolongement de la zone de Rio-Tinto.

Les dépôts triasiques qui vinrent recouvrir cette zone effondrée ont préservé les filons et les gisements qui venaient de se former, des dénudations ultérieures qui ont dû affecter les parties émergées du plateau central et détruire les parties riches et puissantes voisines de la surface.

C'est ainsi que dans les environs de Llerena, Aznaga, Berlanga, la minéralisation des filons paraît cesser à 200 mètres de profondeur.

Quelques gîtes ont pu être recouverts par des dépôts tertiaires que l'on rencontre en lambeaux sur ce plateau ou sur ses bords.

Le terrain primitif est représenté dans la Sierra Guadarrama des environs de Madrid par 5.000 mètres de gneiss granitoïdes et glanduleux.

Dans la Sierra Morena on rencontre des gneiss, des micaschistes, des talcschistes, des amphibolites et quelques calcaires. Nous devons signaler aussi des roches d'altération au voisinage des roches éruptives.

Les schistes et calcaires Cambriens paraissent avoir une très grande puissance dans la Sierra Morena.

Tantôt fortement plissés et presque verticaux ils se présentent parfois en couches peu inclinées et régulièrement stratifiées, comme au Cerro de Hierro, termino de Cazalla la Sierra, qui renferme un grand gîte de fer que nous décrirons.

Le Silurien est généralement fort plissé et ses couches presque verticales, qui reviennent à la surface par suite de plis et replis, font paraître sa puissance très grande.

Le Dévonien, bien caractérisé par ses fossiles, occupe des surfaces peu étendues et se compose de schistes argileux et de grès micacés, de calcaires bleus et de quartzites.

Les premières études paléontologiques de ces terrains, par M. de Verneuil, datent de 1850. Le carbonifère est représenté par ses deux étages. Le calcaire carbonifère existe dans les environs de Llerena et Bienvenida, entre Fuente del Maestre et los Santos, etc. M. Gonzalo y Tarin y a rencontré le Productus giganteus.

Les lambeaux carbonifères de cette région présentent les mêmes roches et les mêmes fossiles. Quelques veines de houille y ont été rencontrées mais n'ont pas d'importance industrielle.

Le seul îlot exploité est celui de Villanueva del Rio, situé près de la faille du Guadalquivir.

Une analyse du charbon de cette mine a donné :

Matières volatiles	24.19	
Coke compact	61.31	soufre 0.26
Cendres	14.50	
	100.00	

Tous ces terrains ont été fortement plissés et rabotés par les dénudations antérieures au Trias d'abord, puis jusqu'au Tertiaire pour certaines régions et pour celles émergées jusqu'à l'époque actuelle.

Les dépôts Tertiaires ont en effet envahi le plateau central par suite d'affaissements du sol comme en France, dans l'Oural et en Sibérie.

Venues métallifères. — L'étude des phénomènes métallifères du plateau central de la Péninsule Ibérique nous porte à les diviser ainsi au point de vue chronologique :

1° Des venues métallifères très anciennes ayant succédé à l'arrivée des granites, granulites, et aux roches basiques de l'époque Silurienne. Ces venues anciennes nous paraissent présenter peu d'intérêt, parce que les dénudations ont dû faire disparaître les gîtes dont il ne resterait dans quelques régions que les parties profondes, telles que les gîtes d'étain et quelques sulfures que l'on rencontre dans le nord de l'Espagne, au Portugal, etc. Nous signalerons et décrirons quelques gîtes de minerais de fer qui paraissent anciens.

2° Des venues métallifères Hercyniennes fort importantes ont suivi les éruptions porphyriques et mélaphyriques probablement Permiennes.

Ces venues paraissent avoir suivi l'ordre suivant :

A. — Venue de fer et sulfures de fer avec cuivre (Pyrites de fer cuivreuses);

B. — Venue de sulfures de cuivre, plomb, zinc, antimoine, mercure, or.

Les minerais ne sont pas arrivés partout ensemble et il y a des régions caractérisées par les minerais de cuivre, d'autres par ceux de plomb, de mercure, d'antimoine, etc.

Nous examinerons les gîtes dans l'ordre suivant :

Gîtes de fer et manganèse,

Gîtes de cuivre,

Gîtes de plomb argentifère et zinc,

Gîtes de mercure,

Gîtes d'antimoine,

Gîtes de sulfures complexes, et gîtes d'or et d'argent.

3° Des venues métallifères tertiaires, paraissant se rattacher aux phénomènes métallifères du sud-est de l'Espagne, auraient laissé des traces sur le plateau central et nous considérons quelques gîtes de fer et de manganèse comme appartenant à ces phénomènes. Tels sont les gîtes de fer du Cerro de Hierro et de Guadalcanal que nous allons décrire.

§. 2. — GISEMENTS DE MINERAIS DE FER ET DE MANGANÈSE

Les gîtes de minerais de fer sont nombreux sur le plateau central de la Péninsule Ibérique.

On ne s'est occupé que de ceux qui sont au voisinage des chemins de fer et de la mer.

Une petite usine avait été créée à quelques kilomètres au N.-E. du Pedroso sur la ligne de Merida à Séville afin d'utiliser les minerais de la région qui appartiennent à deux venues bien différentes à notre avis. Nous considérons les minerais de fer spathiques de la région de Guadalcanal et Fuente del Arco, ceux de fer oligiste et hématites du Cerro de Hierro, près St-Nicolas, comme d'âge tertiaire, tandis que ceux des environs du Pedroso, de Llerena, et bien d'autres appartiennent soit aux venues Hercyniennes, soit aux venues plus anciennes.

Gîtes de fer du Pedroso. — Nous examinerons deux régions : La Sierra du Pedroso située au Nord un peu Ouest de la petite ville du Pedroso et celle de Navalazaro située à 2 kilomètres au Sud-Est. La région est constituée de terrain primitif et de Silurien, traversés par des granites, porphyres et roches vertes basiques.

Dans la Sierra du Pedroso on distingue, au sommet les mines et filons Zabalza et sur le versant N.-E., la mine Juanteniente, située à 4 kilomètres de la petite usine dont nous venons de parler, altitude 436 mètres, station Fabrica del Pedroso et qui appartenait à la Compagnie du Pedroso lors de notre visite en 1890. Les filons, sont suivant la stratification des couches fortement relevées et accidentées. La coupe (*Pl. I. pag. 31*), donne une idée de la constitution géologique et des gisements de cette région.

Le filon de Juanteniente dirigé N.-O. — S.-E., atteint 12 mètres de puissance, mais sur bien des points il est constitué par du schiste imprégné de minerai oxydulé magnétique. Il s'étend sur environ 600 mètres.

Le minerai est impur et renferme en certains points beaucoup de silice intimement associée. En profondeur il devient pyriteux et cuivreux. Ce n'est pas un minerai d'exportation.

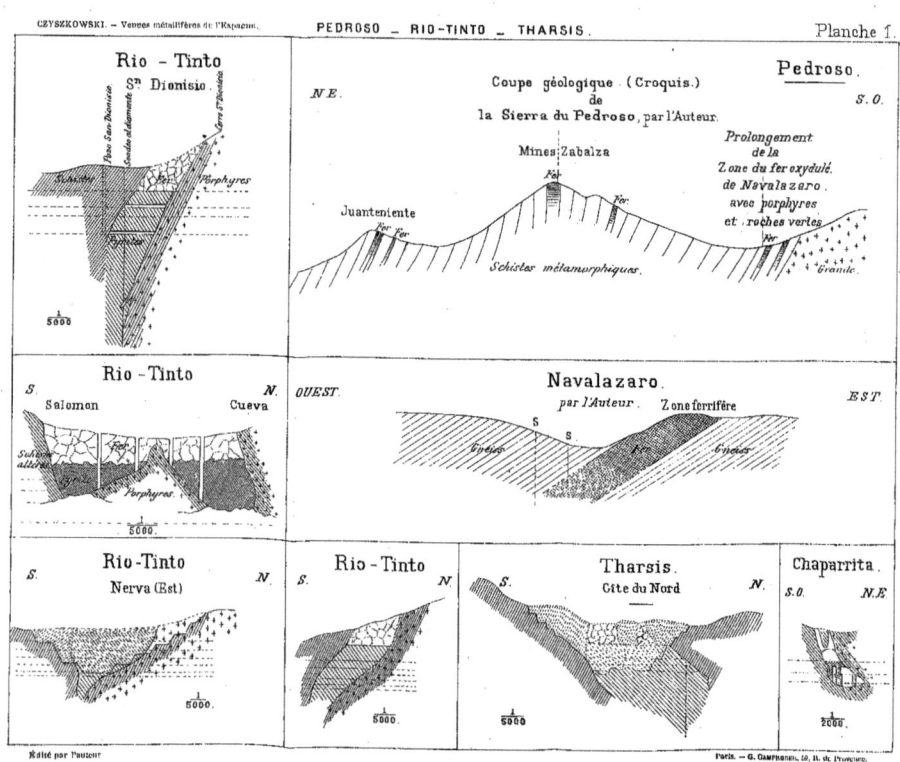

Le filon Zabalza, du sommet de la montagne, est plus pur probablement parce qu'il est situé 200 mètres plus haut, mais il y a plus d'hématites et le minerai paraît moins riche. La puissance est plus grande et ce filon est plus étendu, mais sur bien des points nous avons trouvé du minerai impur mélangé de quartz et de schiste ou bien avec hématite pauvre.

Les échantillons choisis sont très riches, mais les tas importants de minerais extraits présentent un aspect caractéristique. Le minerai y est comme veiné de blanc et n'est pas de premier choix. Un triage soigné est donc indispensable surtout pour l'exportation.

Le position de ces mines est très favorable et un chemin de fer de 3 kilomètres au pied de la montagne peut les transporter à la station du Pedroso située à 68 kilomètres de Séville.

Voici d'après quelques analyses exécutées à Madrid, par Don E. del Busto y Lopez, ingénieur des mines, en 1882, la composition des minerais de Juanteniente et Navalazaro :

	Silice	alumine	chaux	magnésie	fer	soufre
Juanteniente	6.50	1.20	0.50	6.19	58.46	0.10
Navalazaro	5.30	0.90	0.84	»	64.14	0.03

Ces minerais sont plus purs et plus riches près de la surface. Peut-être proviennent-ils de la décomposition des pyrites de fer cuivreuses ainsi que paraîtraient l'indiquer les mouches de ces sulfures que l'on rencontre en profondeur à Juanteniente. C'est l'avis de M. J. Gonzalo y Tarin qui considère tous les minerais de fer de la région comme ayant cette origine, cependant nous pensons qu'il ne faut pas trop généraliser et, que si certains gîtes ont bien cette origine, d'autres peuvent ne pas s'être déposés à cet état de sulfure.

Le gisement de Navalazaro. — (*Pl.I,pag.31*) est situé à 2 kilomètres de la station du Pedroso et relié avec elle par un chemin de fer à voie étroite.

Il n'est pas de même nature que les gîtes dont nous venons de parler. C'est un amas lenticulaire stratiforme dans un gneiss décomposé et altéré non loin des granites.

Le gisement et le terrain encaissant altéré forment une zone de 50 à 100 mètres de largeur, traversée par des porphyres quartzifères, dont la teinte claire tranche nettement sur la couleur foncée du minerai ou de la roche verte basique à laquelle il est associé.

Le minerai de fer oxydulé magnétique de Navalazaro, est pour ainsi dire, une roche verte minéralisée et transformée en minerai de fer.

La zone ferrifère ou d'altération, dirigée sensiblement Nord-Sud, s'étend sur environ 600 mètres à la surface et, à ses extrémités Nord et Sud, on observe beaucoup de grenat ou grenatite. La lentille de minerai de fer est à peu près au centre de la zone et la puissance autant qu'on pouvait en juger en 1890, lors de notre visite, d'après quelques tranchées, était d'environ 10 mètres.

Elle était reconnue sur 50 mètres en direction, et son inclinaison était à l'Ouest.

Le minerai est riche quoique mélangé de roche verte, Norite de Marbella?

Une prise moyenne faite par nous sur du minerai extrait avait donné 62 o/o de fer. Un inconvénient de ce minerai c'est qu'exposé à l'air pendant un certain temps il devient friable par suite de la décomposition de la roche verte qui lui sert de gangue.

Pour l'exploiter il est indispensable d'abattre toute la masse, c'est-à-dire du porphyre, de la roche verte et du minerai.

Les veines ou bancs de porphyres recoupent la roche verte ferrifère, mais il est possible, que ces roches enchevêtrées soient arrivées en même temps à l'état pâteux. La roche verte aurait amené le fer oxydulé, qui se serait concentré vers la surface, mais cette origine n'exclut pas les sources minérales ferrugineuses qui ont substitué, le minerai au calcaire par exemple, en certains points où on ne voit pas la roche basique.

Voici l'analyse exécutée par M. Parreño de Carthagène :

Eau et ac. carb.	Silice	Alumine	Chaux	Soufre	Phosphore	Fer
0.39	12.05	0.90	0.09	0.07	0.01	62.43

Nous avons suivi la zone de contact des granites et des schistes et calcaires anciens en nous dirigeant vers le Nord du Pedroso et nous avons constaté la présence de ce minerai oxydulé presque partout, mais généralement inexploitable. On le rencontre dans la ville même du Pedroso, puis à 15 kilomètres au Nord-Ouest, nous l'avons vu affecter les calcaires et y remplir des poches.

Il est donc postérieur aux roches de la région puisqu'on le rencontre dans les gneiss et dans le silurien. On ne peut le considérer comme appartenant aux gneiss ainsi qu'aurait pu le laisser supposer le gisement de Navalazaro.

L'arrivée du fer, a eu lieu au contact des granites et des terrains anciens en même temps que les porphyres et roches vertes dont les pâtes sont enchevêtrées à Navalazaro. Du reste l'association de minerais analogues aux roches vertes basiques n'est pas rare et nous la retrouverons à Marbella et dans le sud-est de l'Espagne.

Le gisement de minerai de fer de **San Thiago** (1), Alemtejo (Portugal) est situé à 90 kilomètres de Lisbonne, à 4 kilomètres de la station de Casa Branca.

Il s'étend sur une série de petits mamelons parallèles à la voie ferrée et 7 concessions ont été prises sur 7 kilomètres du Nord au Sud, à une altitude de 100 mètres environ au-dessus de la plaine.

Le minerai en veines presque verticales près de la surface forme à 5 ou 6 mètres de profondeur un filon d'environ 10 mètres dirigé N. 35° O, encaissé dans le gneiss. Le minerai est tantôt à l'état de fer oxydulé magnétique pur, tantôt mélangé d'hématite brune.

Voici d'abord les premières analyses exécutées par M. Pattison :

Silice	Alumine	Magnésie	Chaux	Soufre	ac. phospho.	Eau	Résidu ins.	Fer	Manganèse
7.25	1.20	0.63	1.90	»	0.07	5.66	0.81	57.20	0.61
5.43	0.40	0.54	2.55	»	0.05	5.84	0.76	58.80	0.80
3.67	0.40	0.39	9.83	0.06	0.06	11.51	1.37	46.25	5.60
3.47	0.20	0.48	8.65	0.02	0.07	11.23	1.57	45.90	7.22

(1) Rapport de M. Bartissol (1876).

Voici, quelques analyses faites en 1876 à l'hôtel des monnaies à Lisbonne par M. da Costa sur les prises de M. Bartissol à 10 mètres de profondeur et composées de 10 à 12 fragments chacune :

Silice soluble	Soufre	Ac. sulfurique	Ac. phosphorique	Eau	Résidu ins	Fer
1.88	»	»	»	0.42	5.12	56.74
0.31	0.36	0.91	»	0.23	5.31	62.90
0.65	0.09	0.24	»	0.20	3.58	61.86
0,83	0.20	0.51	traces	1.92	4.55	69.46

Gîtes de fer de Guadalcanal. — Le pays de Guadalcanal, célèbre par ses anciennes mines d'argent, a été affecté par une venue très importante de fer spathique, la même à notre avis que celle de Bilbao, mais ici les circonstances locales sont moins favorables. Le terrain encaissant, composé de schistes et calcaires cambriens, est fort incliné, ce qui n'a pas permis aux eaux minérales ferrugineuses de séjourner longtemps et de former de grands amas. Les gîtes sont plutôt filoniens, mais, comme la venue spathique a été fort importante, les filons sont quelquefois très puissants.

Nous avons trouvé du carbonate de fer presque partout sur toutes les zones calcaires, dans la ville même, à la station du chemin de fer, dans les Sierras de Guadalcanal et de la Jayona.

Le fer oligiste spéculaire forme dans le fer spathique des colonnes, des amas ou des veines qui paraissent avoir rempli toutes les fissures du carbonate.

Il semble donc y avoir eu une venue de fer spéculaire qui aurait rempli tous les vides du carbonate.

Les anciens exploitants ont suivi l'oligiste jusqu'à 40 ou 50 mètres de profondeur et ont exploité la tête des filons-couches.

Nous examinerons 3 régions :

Le Cerro del Agua ou de Guadalcanal ;

La Mine Florida à 3 kilomètres N.-O. de Guadalcanal ;

La Sierra de la Jayona, sur 10 à 15 kilomètres au N.-E. de cette ville.

Cerro del Agua ou de Guadalcanal. — Le croquis géologique des environs de Guadalcanal que nous donnons *planche II, pag. 37*, indique la constitution géologique de la région, les concessions en 1890 et les gîtes de minerais.

Dans les concessions Salustiano et Sta-Angel, nous n'avons guère vu que du carbonate plus ou moins pauvre. Le fer oligiste a été exploité dans la tranchée de Sta-Angel et les cavernes des environs. (Voir notre coupe géologique passant par la station du chemin de fer et cette tranchée.)

Le gîte est sous forme de poches dans le calcaire.

Dans la concession Robinson y Sylvestre nous n'avons vu que du carbonate sur la même zone calcaire.

La Buena Ventura renferme des anciens travaux, des Cuevas ou cavernes produites par l'enlèvement du minerai.

La **Cueva del Calvario** montrait un gîte stratiforme, une sorte de poche de minerai de 60 mètres de

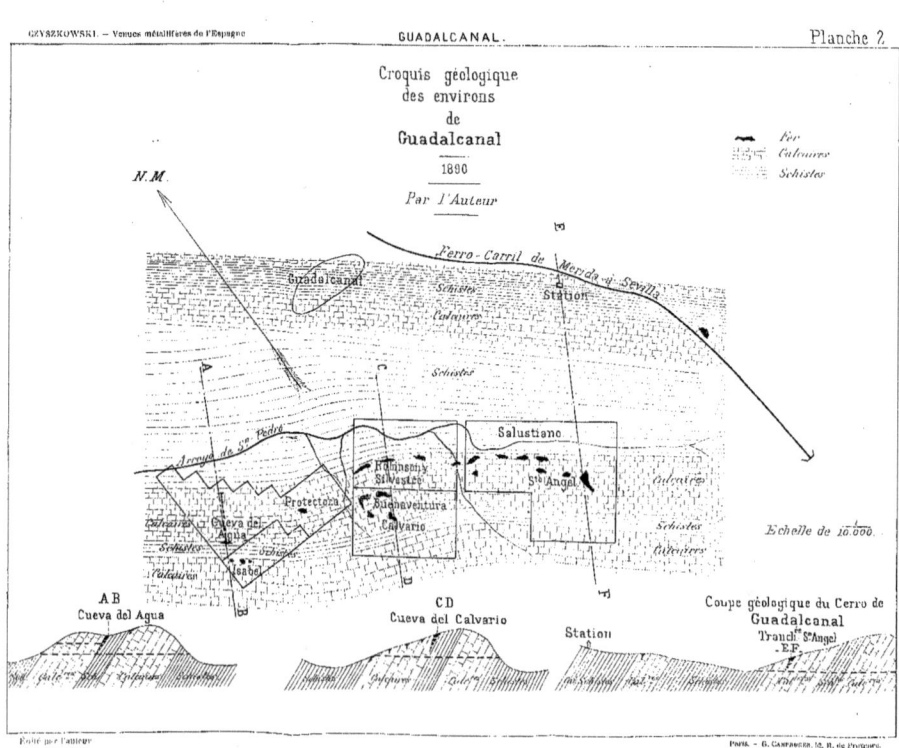

long environ et les travaux descendaient à 50 mètres de profondeur. La puissance était de quelques mètres. Dans la concession Protectora, on voyait une surface ferrugineuse et quelques Cuevas. La *Cueva del agua* est la plus remarquable. Le gîte de fer est au contact des schistes et des calcaires. (Voir pl. 2). Le calcaire est au toit, les schistes au mur. Ces derniers, en raison de leur imperméabilité, retiennent les eaux, et il y a dans cette cueva une petite source.

Traversant les schistes, on retrouve dans la concession Isabel, quelques anciens travaux sur des poches de minerais encaissés dans une autre bande de calcaires.

Tels sont les gîtes du Cerro de Guadalcanal. Les zones calcaires de la ville, de la station et une autre plus à l'Est, renferment aussi du carbonate de fer. Ce carbonate blanc comme celui de Bilbao, est peu connu dans la région. Il n'a attiré l'attention que lorsqu'il était veiné de fer spéculaire.

Sierra de la Jayona. — La Sierra de la Jayona commence au nord-ouest de Guadalcanal et s'étend sur 12 à 15 kilomètres. Elle est dirigée comme les couches du terrain Cambrien N.-O. — S.-E., et constituée d'alternances de schistes et calcaires. A 11 kilomètres environ de la ville, nous avons visité un magnifique filon-couche ou amas stratiforme de fer carbonaté renfermant des poches et veines d'oligiste spéculaire recherché par des anciens travaux qui s'étendent sur plus de 300 mètres. En ce point la couche calcaire a été presque entièrement épigénisée et la puissance du fer spathique atteint 30 mètres.

Des colonnes calcaires et de carbonate sont restées debout au milieu de vastes excavations dans lesquelles la présence de scories indique que les minerais étaient traités au centre du filon.

Nous avons vu dans ces parages d'autres couches calcaires, toujours fort inclinées, plus ou moins transformées en fer spathique; deux ayant de 5 à 10 mètres de puissance et une de 40 mètres.

Le grand filon dont nous venons de parler s'étend sur plusieurs kilomètres et l'absence d'anciens travaux sur bien des points paraît indiquer aussi l'absence du fer oligiste spéculaire.

Les minerais que l'on rencontre dans ce gisement sont :

1° Le carbonate blanc pur;

2° Un mélange de carbonate et d'oligiste spéculaire (carbonate veiné d'oligiste);

3° Oligiste spéculaire;

4° Hématite et accidentellement carbonates décomposés à l'état de campanil ou vena.

Le sulfate de baryte est plus rare qu'au Cerro de Hierro que nous allons décrire. Enfin nous avons observé des traces de cuivre.

En somme, malgré des gîtes aussi imposants, nous n'avons pas vu là de masses importantes de minerais d'exportation, mais des minerais qui devraient être traités sur place pour en tirer un parti avantageux.

La Florida. — Le gîte de la Florida, situé à 3 kilomètres au N.-O. de Guadalcanal, couvre le sommet d'un petit mamelon calcaire. Il a environ 40 mètres de largeur sur 150 de longueur. La puissance est de 10 mètres environ, mais il y a la moitié de carbonate au moins et l'oligiste compacte et riche forme des poches dans le carbonate.

Quelques anciens travaux indiquent que le fer oligiste spéculaire le plus friable était recherché.

L'allure superficielle de ce petit gisement nous parut évidente, car, au fond de la vallée qui le recoupe, on voit le calcaire sans aucune minéralisation.

Grand gîte du Cerro de Hierro. — Le Cerro de Hierro est une montagne située près de St-Nicolas et à 14 kilomètres de la station de Cazalla, dont tout le versant nord est recouvert de minerai de fer, sur une largeur de 700 à 800 mètres, de la base au sommet, et sur plus de 1.500 mètres de long. Couverte de chênes, lièges et de broussailles impénétrables, il ne nous a pas été possible d'explorer la partie orientale du gisement.

Le plan géologique (*pl. III, pag. 41*), ainsi que notre coupe géologique, donneront une idée de son importance et de son allure.

Nous avons indiqué sur le plan l'épaisseur du minerai traversé par les sondages.

Le minerai de fer occupe la place d'une assise calcaire du terrain Cambrien.

M. Santz, ingénieur des ponts et chaussées à Séville, a dirigé l'exécution des sondages et a trouvé pour la partie étudiée du gisement 5.032.108 mètres cubes de minerai.

Il a calculé la densité du minerai 4,2775 et est arrivé au cube de 21.524.843 tonnes.

Le chiffre 4,2775 pour la densité nous paraît élevé car le gisement renferme des hématites et il faut tenir compte du minerai à éliminer par le triage.

Quoiqu'il en soit, il ne s'agit que d'une partie du gisement qui est certainement le plus important du bassin méditerranéen. Le minerai de fer du Cerro de Hierro est exploitable à ciel ouvert.

Les frais d'exploitation seront très faibles.

Les minerais seront assez variés :

1° Oligiste spéculaire écailleux ou micacé ;
2° Oligiste compact ;
3° Oligiste cloisonné, minerai caractéristique du Cerro de Hierro ;
4° Hématites rouges ou brunes ;
5° Gettate (genre île d'Elbe) ;
6° Ocres et carbonate.

Il serait difficile d'apprécier, sans travaux importants, quelle proportion de ces diverses variétés on rencontrera dans la masse du gisement.

Ce que nous pouvons dire c'est qu'on aura des minerais de choix, très riches, à 60 ou 62 o/o de fer, minerais d'exportation, et des minerais moins riches que nous indiquions comme pouvant être traités sur place.

Comme à l'île d'Elbe, il y a dans ce gisement un dépôt d'argiles renfermant des nodules de fer oligiste très purs qui par un débourbage donneront un minerai analogue au gîte de Rio-Marina.

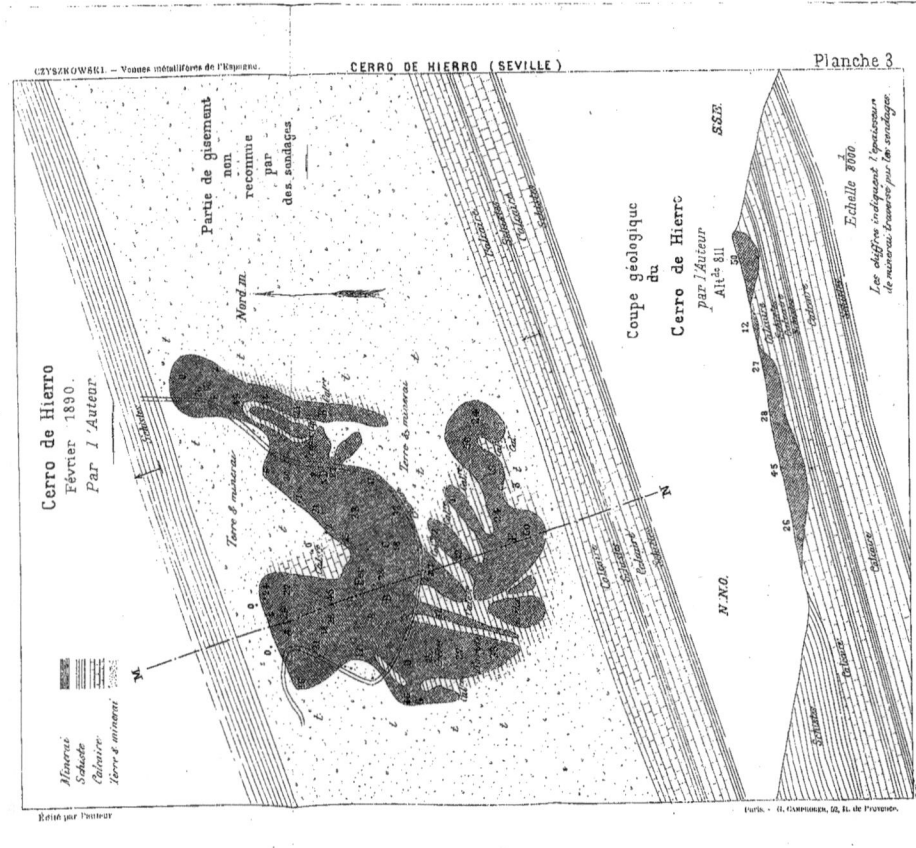

Signalons enfin le principal inconvénient : la présence du sulfate de baryte.

Cette gangue nuisible est venue, pour ainsi dire, maculer ce magnifique gisement, et il faudra, par un triage soigné, éliminer les minerais qui en renferment.

Le sulfate de baryte, étant blanc et en veines parfaitement visibles, sera facile à éliminer. Certaines parties du gîte en renfermant beaucoup devront être abandonnées.

Voici le résultat des analyses exécutées à Carthagène par M. Parreño sur les échantillons que nous lui avions remis :

	moyenne des sondages A.et B. du plan	moyenne de C et D.	moyenne du sondage E (50ᵐ)	moyenne du sondage G (46ᵐ)
Eau et acide carboniq.	8.12	4.35	6.02	6.86
Silice	9.55	8.05	3.85	3.54
Oxyde de fer	79.51	86.02	86.80	86.51
Peroxyde de mn.	0.69	0.12	0.22	0.84
Alumine	1.05	0.41	2.05	0.79
Chaux	0.42	0.22	0.20	0.38
Soufre	0.10	0.17	0.06	0.08
Phosphore	0.01	0.01	0.02	0.01
	99.45	99.35	99.22	99.01
Fer métallique 0/0	55.66	59.97	60.76	60.56

La teneur en fer 55.66 moyenne des sondages A et B nous parut au-dessous de la moyenne de cette partie du gisement, d'après l'examen des minerais de la surface.

Enfin, le sondage F. (46ᵐ) a donné seulement 46 o/o de fer. La poussière était jaune, et on a peut être traversé du carbonate en ce point.

Le résultat de ces analyses nous parut très satisfaisant.

Ces minerais doivent donner des fontes de moulage d'assez bonne qualité. Ils ne renferment pas de plomb, et peuvent être traités seuls.

L'exploitation de ces gisements est aujourd'hui commencée.

Gîtes de manganèse. — Une venue de manganèse a affecté le sud de l'Espagne et du Portugal, ainsi que les environs de Ciudad Réal.

L'âge de la venue est déterminé dans cette dernière région, la couche de minerai de manganèse étant intercalée dans le miocène.

Région de Huelva et Alemtejo. — Dans la province de Huelva et le sud du Portugal, les gîtes de manganèse sont sur la même zone que les pyrites de fer cuivreuses (1) mais affectent une plus grande surface. Toutes les observations prouvent que les venues de ces deux natures de minerais sont indépendantes.

La venue de pyrites de fer cuivreuses est ancienne et à la suite des plissements Hercyniens, elle a rempli les vides, et cimenté les fractures.

A l'époque tertiaire, sur cette zone depuis longtemps consolidée, il ne paraît pas y avoir eu d'éruptions importantes de roches. Le sol n'a pas été plissé, mais seulement disloqué. La direction des strates et des zones de roches différentes est restée la même : est-ouest sensiblement. Dans les dislocations nouvelles et particulièrement dans les parties évasées de la surface, au contact des roches

---

(1) *Voir plus loin la constitution géologique de la région.*

résistantes, quartzites et jaspes, ou dans les fissures de ces roches, les sources manganésifères tertiaires ont produit les dépôts de minerais. On constate aussi quelques dépôts de manganèse au contact de la pyrite de fer cuivreuse mais le fait est exceptionnel et rare. Il eut été bien extraordinaire, vu le nombre considérable de gîtes de pyrite, qu'il ne se fut produit aucune réouverture ou fracture nouvelle dans l'un de ces gisements et ensuite un dépôt de manganèse.

Une observation importante, à notre avis, est signalée par M. Gonzalo y Tarin. Il arrive quelquefois, lorsque le minerai de manganèse se perd en profondeur, que le jaspe cède la place à une roche verte très siliceuse ou à un quartz blanc et compact, dans lequel on n'a jamais rencontré de minerai.

Les gîtes de minerai de manganèse sont dirigés Est-Ouest et sont superficiels. L'exploitation a démontré qu'ils ne vont pas, en général, à plus de 20 mètres de profondeur, sauf les plus importants qui atteignent 40 mètres en moyenne. Un seul a atteint 100 mètres, dans la mine Santa Catalina, termino de Granada.

Les minerais sont généralement au contact des jaspes dont ils remplissent aussi les vides, mais les jaspes sont eux-mêmes superficiels.

Les lentilles de minerai ont généralement de 30 à 60 mètres de long, 5 à 15 mètres de puissance et 20 à 40 mètres de profondeur. Elles s'alignent, avec des intervalles stériles, sur un même horizon qui a quelquefois plusieurs kilomètres.

Il y a des jaspes sans minerai, de même qu'il y a quelquefois des minerais sans jaspe, mais alors ils sont souvent pauvres et argileux.

Il est difficile de dire à quelle époque a eu lieu la transformation des schistes en jaspes. Peut-être y a-t-il eu une venue spéciale de silice à l'époque triasique.

Quoiqu'il en soit, la venue du manganèse est postérieure.

La pyrolusite est tantôt pure, tantôt accompagnée d'oxyde de fer et d'argile. On rencontre aussi de la psilomélane et de l'acerdèse.

La gangue est siliceuse et argileuse. Il y a un peu de soufre et de phosphore.

Les chargements exportés en 1881, 1882 et 1883 avaient la composition suivante d'après M. Gonzalo y Tarin.

Mine la Granada	41 0/0 de manganèse	8 0/0 de silice
— la Grulla (almonester)	49	14
— Joya	46	16
— Valderreina (calañas)	50	8
— Cerro Jure (el alosno)	44	12

Le premier ingénieur qui s'est occupé, dès 1858, des mines de manganèse de Huelva est M. Victor Sévoz. Deux ans plus tard, il publia, en collaboration avec M. Jean Breuihs, un mémoire remarquable sur les mines de manganèse de Huelva. (*Bulletin de la Société de l'Industrie minérale*).

Région de Ciudad Real.—Dans la région de Ciudad Real, la venue a eu lieu pendant le dépôt du miocène et une couche de minerai de manganèse de 1 mètre environ a été découverte dans les environs de Ballesteros et de Valdepeñas. Le minerai est plus argileux et plus siliceux que celui de Huelva. Il est aussi ferrugineux dans certaines régions et contient du soufre et du phosphore. Ce dernier corps, quelquefois abondant, nuit à la vente des minerais.

A Ballesteros la couche presque horizontale incline au Sud-Ouest.

L'affleurement est recouvert d'un dépôt argileux, avec fragments de basaltes, et l'exploitation peut être commencée à ciel ouvert.

La teneur des minerais (pyrolusite) peut varier de 30 à 50 o/o.

Le gîte de Ballesteros est à 5 ou 6 kilomètres de la station de chemin de fer « La Cañada ». Pour atteindre Alicante il y a 20 pesatas de transport par tonne.

§ 3. — GISEMENTS DE PYRITES DE FER ET DE PYRITES DE FER CUIVREUSES

La grande zone des pyrites de fer cuivreuses du sud de l'Espagne a son centre dans la province de Huelva où sont les grands gîtes de Rio-Tinto, Tharsis, la Zarza, etc. et se prolonge à l'Ouest dans l'Alemtejo (Portugal), avec les gîtes de Santo-Domingos, Aljustrel et Grandola, près de l'Océan, tandis qu'à l'Est elle se poursuit jusqu'à la faille du Guadalquivir, dans la province de Séville.

La constitution géologique de cette zone, de plus de 200 kilomètres, est la suivante :

Sur le terrain primitif de la Sierra Morena repose le silurien, représenté par des schistes, des grauwackes et des phyllades argileux ou micacés.

Au-dessus, on rencontre un étage de schistes et grauwackes, avec fossiles marins du Culm, notamment à Rio-Tinto.

Le Culm marin paraît occuper une très grande surface au sud du Portugal, depuis Aljustrel jusqu'à la bande triasique et jurassique de Faro, qui limite le plateau central au Sud. C'est au milieu du Culm de cette région que se montre, dans la Sierra Monchique, le massif de la roche éruptive appelée Foyaïta.

Sur toute cette grande zone, on rencontre des roches éruptives telles que : microgranulites, porphyres quartzifères, foyaïte, diabases ophitiques et autres roches porphyriques ou mélaphyriques.

Toutes les bandes de roches éruptives sont stratiformes dans les terrains primitifs, silurien et carbonifèrien dont la direction est toujours Est-Ouest.

Il paraît donc y avoir eu, ainsi que nous l'avons déjà dit, un plissement Est-Ouest, à la suite duquel ont eu lieu les éruptions de roches.

Les gîtes de pyrites de fer cuivreuses étant aussi dans les mêmes zones, en amas stratiformes, quelquefois au contact même des roches éruptives, il en résulte, à notre avis, que la grande venue des sulfures a eu lieu après l'éruption de ces roches. Les dépôts se sont formés dans les vides ou zones disloquées et altérées par la venue des masses éruptives. Les sources minérales abondantes et thermales ont contribué pour beaucoup à l'altération des roches et les porphyres eux-mêmes sont profondément altérés et décomposés.

Les gîtes de pyrites de fer cuivreuses sont fort nombreux sur la grande zone de Huelva. Afin de donner une idée exacte de leur nature, de leur forme, de leur allure et de leur composition, nous décrirons les grands gîtes de Rio-Tinto et Tharsis, en Espagne, ainsi que les petits gisements d'Aljustrel, au Portugal, d'après nos notes de voyage de 1875.

M. Gonzalo y Tarin a consacré un volume de 660 pages à la description minière de la province de Huelva en 1888, auquel nous renvoyons le lecteur et où nous avons puisé de précieux documents.

Le « *Bulletin de la Société de l'Industrie minérale* » possède des documents importants sur cette région et nous citerons : le mémoire de M. Victor Sévoz, qui date de 1866, et celui de M. Deumié, qui est de 1886.

Disons d'abord un mot de la nature des minerais.

Nature des minerais - chapeau de fer. — Les minerais de la région de Huelva sont des pyrites de fer mélangées d'un peu de pyrite de cuivre.

La proportion de pyrite de cuivre est variable et irrégulièrement répartie dans les masses. La moyenne d'un gisement dépasse rarement 2 1/2 à 3 o/o de cuivre.

Les minerais au-dessus de 3 o/o sont exportés pour être traités pour la fabrication de l'acide sulfurique, puis on en retire le cuivre, l'or, l'argent, le plomb, et le résidu,

« Purple ore » ou « Blue Billy » est traité comme minerai de fer. Ceux au-dessous de 3 o/o sont traités sur place par grillage et lavage, puis le cuivre est précipité par le fer à l'état de cuivre de Cément.

Quelques minerais riches à plus de 6 o/o sont fondus à Rio-Tinto.

Les pyrites de fer sans cuivre ne sont pas rares, mais ne sont exploitées que si elles sont riches et pures. Tel est le cas du gîte de *los Confesonarios* qui est exploité par la Compagnie *d'Aguas Teñidas*.

Ce gisement est situé non loin de Cortegana et les minerais sont expédiés par la station de Valdelamusa du chemin de fer de Zafra à Huelva.

La pyrite de ce gisement est très pure et a la composition suivante :

Pyrite		Résidus de grillage	
Soufre	52.87	Peroxyde de fer	95.50
Fer	45.77	Protoxyde de fer	0.27
Arsenic	0.02	Sulfate de fer	3.22
Silice	0.87	Sulfate de silice	0.68
Humidité	0.47	Acide sulfurique	0.30
	100.00	Arsenic	0.10
			100.07

Fer 68.77
Soufre 1.92

Les résidus sont traités comme minerai de fer, on les emploie aussi au garnissage des soles de fours à puddler.

Les pyrites de fer pures paraissent s'être déposées d'abord, puis arrivèrent des sulfures de cuivre, ainsi que d'autres sulfures mais en faible proportion, de telle sorte qu'en réalité les amas de pyrites de fer cuivreuses, sont un mélange de sulfures très complexe, ainsi qu'on le verra par les analyses suivantes extraites de l'ouvrage de M. Gonzalo y Tarin.

Minerai d'exportation mélange de S⁰ Dionisio et Nerva		Autre analyse sur 1 tonne d'exportation	
Soufre	48.00	Soufre	477.6 kilos
Fer	40.74	Fer	439.9
Cuivre	3.42	Cuivre	36.9
Plomb	0.82	Arsenic	8.3
Zinc	traces	Zinc	2.4
Arsenic	0.21	Plomb	1.0
Thalium	traces	Cobalt	0.5
Magnésie	0.08	Bismuth	3.7
Chaux	0.21	Chaux	2.3
Oxygène	0.09	Magnésie	0.7
Silice	5.67	Silice	19.9
Humidité	0.91	Selenium-Thalium	traces
(PATTENSON)		Argent	40 gram.
		Or	892 milligr.
		Humidité	4 kil. 8

La gangue de ces minerais est en très faible proportion et consiste en silice intimement mélangée.

Chapeau de fer. — Au voisinage de la surface et sous l'influence des agents atmosphériques, la pyrite de fer s'est décomposée, oxydée et a donné naissance au chapeau de fer des filons, dont la hauteur verticale varie de 20 à 50 mètres. Il est constitué par une hématite rouge, terreuse, compacte ou caverneuse.

Ce chapeau de fer, qui a été exploité à Rio-Tinto, Tharsis, los Confesonarios est quelquefois remplacé par une brèche ferrugineuse qu'il ne faut pas confondre avec le minerai de fer provenant de l'altération sur place de la pyrite.

Il y a aussi un dépôt récent de minerai de fer lacustre sédimentaire, renfermant des insectes fossiles, par exemple le gîte de la *Mesa de los Pinos*, à Rio-Tinto, qui s'étend sur environ 1000 mètres de long, 130 de large, mais qui a été dénudé et occupait une grande surface.

M. Gonzalo y Tarin donne les deux analyses suivantes :

Analyse de M. Phillips sur minerai pur et compact.			
Eau.	1.40	Fer métallique . . .	62.80
Eau combinée . . .	11.85	Silice	1.00
Silice	1.53	Alumine.	traces
Ox. de fer.	84.65	Oxygène.	26 »
Alumine.	traces	Soufre.	0.15
Ac. phosphorique. .	0.14	Phosphore	1.008
Soufre	0.28	Perte au feu	7.50
	99.80		97.258

Mais le minerai expédié aux Etats-Unis n'a donné que 40 o/o de fer en moyenne.

Les gisements de Rio-Tinto. — Une arête porphyrique qui comprend les Cerros Sⁿ Dionisio, Colorado et Salomon, divise les gisements de Rio-Tinto en deux zones distinctes :

Les gisements du Nord ;

Les gisements du Sud.

Cette arête qui atteint 527 mètres d'altitude au Cerro Colorado a été traversée par un tunnel. Sa composition est donc connue. Toute la masse qui sépare les gîtes nord des gîtes sud est porphyrique.

Cette masse, en s'introduisant suivant la stratification des schistes et phyllades du Culm fortement relevé, a produit, à leur contact, une altération qui les rendait faciles à entraîner, par les puissantes éruptions d'eaux minérales qui suivirent l'arrivée de la roche éruptive. La première phase du phénomène a donc été de balayer, pour ainsi dire, le contact de la roche éruptive et des schistes, et d'y produire de grands vides, remplis à mesure qu'ils se formaient par les puissants dépôts de sulfures de fer et de cuivre.

Telle a été, à notre avis, l'origine des gîtes de Rio-Tinto.

Examinons ces gisements.

Gîtes sud. — La zone sud comprend, en allant de l'Est à l'Ouest les masses *Nerva* et *S⁰ Dionisio*, du même gisement, mais séparées par un intervalle stérile. (*V. pl. I, pag. 31*).

La masse *Nerva*, s'étend sur 1.700 mètres à la surface, suivant une direction O.12° 1/2 N. Elle incline au Sud. La forme est lenticulaire et la puissance atteint 126 mètres.

Dans la partie orientale, l'amas se ferme en profondeur. On peut se demander si au-dessous de cet amas il y en aura un autre. La chose ne paraît pas impossible, mais il faut remarquer que les dépôts métallifères, ont des limites en profondeur, et qu'ici les dénudations, depuis l'époque Permienne, ont dû enlever les gisements sur une assez forte hauteur verticale. Il est donc possible que cette lentille soit la dernière dans cette partie orientale.

L'amas de S^n *Dionisio*, dirigé 0.14° N., situé à l'Ouest, est fort important et mesure 1.050 mètres de long, et une puissance maximum de 100 mètres. Un sondage a reconnu le minerai, jusqu'à 148 mètres au-dessous du tunnel, ce qui assure l'avenir de Rio-Tinto pour longtemps si la puissance se maintient.

La teneur en cuivre paraît bonne et supérieure à celle de Nerva.

Le contact de la masse pyriteuse, avec le toit et le mur, est très irrégulier et se fait par des surfaces sinueuses, ce qui vient appuyer l'origine filonienne du gisement, dit avec raison, M. Gonzalo y Tarin.

Le chapeau de fer, atteint 47 mètres d'épaisseur.

On rencontre des sulfures de cuivre avec quartz, dans les fissures de la masse pyriteuse, et dans les salbandes de roches altérées.

Le cuivre gris se rencontre dans les mêmes conditions. Ces minerais en veines, qui se séparent de la masse pyriteuse, ont une teneur de 7 à 8 o/o de cuivre.

La galène et la blende, accompagnent quelquefois les sulfures de cuivre.

De plus, on a rencontré des brèches, avec fragments de pyrites de fer cuivreuses, cimentés par le quartz, la galène et les sulfures de cuivre.

Tout cela indique une venue de sulfures postérieure au dépôt des pyrites de fer cuivreuses et nous n'admettons pas l'origine de ces minerais par voie de ségrégation.

Nous verrons du reste que cette venue de sulfures est parfaitement caractérisée, mais nous devons noter ici en passant, les faits que nous venons de signaler qui établissent bien que cette venue est postérieure à celle des pyrites de fer cuivreuses.

Gîtes Nord. — Au nord de l'arête porphyrique il y a trois gîtes : Balcon del Moro, Cueva del Lago, et Salomon.

Le chapeau de fer est plus vaste que les gîtes de pyrites qu'il recouvre.

Des roches porphyroïdes stratiformes séparent les crêtes ferrugineuses qui forment deux branches. La branche la plus rapprochée du Cerro Colorado ne correspond pas a un gîte de pyrite, à moins que ce gîte n'ait été complétement décomposé et ne soit représenté que par son chapeau de fer.

Le gîte Balcon del Moro a été fortement exploité avant la période actuelle. De grands amas de scories existent un peu au Nord.

Sa longueur est de 725 mètres, sa largeur maximum 100 mètres.

Son chapeau de fer, a atteint 49 mètres.

Dans les parties les plus riches en cuivre, les anciens travaux sont considérables.

Le gîte Salomon a 450 mètres sur 180. Il renferme

des travaux anciens dans les parties riches en cuivre. Les massifs vierges sont pauvres. Le chapeau de fer a été exploité comme minerai de fer et donnait de belles hématites rouges.

L'amas de la *Cueva del Lago* a 300 mètres de long sur 75 de large.

Son chapeau de fer avait de 22 à 36 mètres.

La pyrite est très pauvre en cuivre.

Il a été affecté par la venue postérieure des sulfures de cuivre et plomb que l'on observe aussi dans les roches altérées et porphyriques.

Ces gîtes Nord n'ont pas la même régularité que ceux du Sud.

L'examen des coupes, montre qu'ils ont rempli des anfractuosités, des conduits irréguliers, soit au contact de la roche porphyrique et des schistes, soit dans la roche porphyrique elle-même.

Il existe enfin, au sud de Rio-Tinto le gisement *del Valle*, moins important et inexploité.

Telles sont les grandes masses de minerais de Rio-Tinto, restes de gisements dont les dénudations ont enlevé les parties voisines de la surface et dont les dimensions, à en juger parce que nous voyons, devaient être extraordinaires.

Les gisements de Tharsis. — La Sierra de Tharsis est située à 5 kilomètres au nord de la ville d'El Alosno et atteint l'altitude de 331 mètres. Elle est constituée de schistes et quartzites siluriens. On distingue les gîtes situés au nord de la Sierra, ceux du centre et ceux du sud.

Le *Criadero del Norte* est la plus grande masse de Tharsis, qui mesure 600 mètres en direction o.12° Sud et 100 mètres d'épaisseur.

L'inclinaison moyenne, est de 60° au Nord.

La coupe (*pl. I. pag. 31*) indique bien l'allure de cette grande masse de minerai qui est encaissée dans les schistes siluriens. Dans la partie centrale, un sondage qui a reconnu le minerai sur 110 mètres de profondeur au-dessous des travaux actuels serait resté dans le minerai, mais il n'aurait pas dû tarder à rencontrer le mur d'après la coupe.

On voit, d'après cette coupe, que l'affleurement du chapeau de fer était moins puissant que la masse pyriteuse sous-jacente et qu'un noyau schisteux divisait le gîte en deux branches. Ce noyau schisteux a disparu en profondeur.

M. Gonzalo y Tarin, cite l'analyse suivante sur le minerai d'exportation. qui donnera une idée de la composition de cette grande masse métallifère :

Matières organiques	0.13
Arsenic	0.33
Antimoine	0.14
Plomb	0.58
Bismuth	traces
Argent	0.01
Cuivre	3.73
Fer	41.30

Nickel	traces
Cobalt	0.06
Zinc	traces
Manganèse	traces
Chaux	0.67
Magnésie	0.10
Acide sulfurique	1.40
Soufre	47.43
Oxygène	0.44
Silice	3.68
	100.00

Les deux autres gîtes du Nord : *Bullones* et *Poca-Pringue*, sont moins importants.

La coupe indique l'allure de ces gisements qui se ferment en profondeur et qui, près de la surface, se divisent quelquefois en deux branches.

Ce fait est assez général et nous le retrouverons dans les gîtes du Portugal.

Il montre bien l'allure filonienne des gisements.

Le *Criadero del Centro* a la forme d'un huit horizontal, et est dirigé Est-Ouest. Il s'étend sur 385 mètres.

Sa puissance dans la partie orientale atteint 53 mètres, dans la partie occidentale 71 mètres et dans la partie rétrécie 2 mètres seulement.

Le minerai d'exportation de ce gisement renferme 2.53 o/o de cuivre.

Le *Criadero del Sur* paraissait être une grande masse exploitée par les anciens. Une galerie prise au-dessous et qui était destinée à recouper tous les gisements à travers la Sierra de Tharsis, a rencontré trois lentilles de minerai d'environ 150 mètres sur 30.

Sur le prolongement du Criadero del Centro, au quartier de *los Silillos*, les schistes sont fortement imprégnés de pyrites de fer et de cuivre, mais des sondages de recherches n'ont rencontré aucune masse de minerai.

Nous sigalerons enfin, sur le prolongement du gîte du Sud, le gîte de « *la Esperanza* » qui consiste en schistes broyés dont les fissures ont été imprégnées de cuivre ainsi que les joints de stratification presque verticaux.

Cette zone de schistes cuivreux s'étend sur 364 mètres de long et 97 de large.

Leur densité est 2.50

Mis en tas et arrosés avec de l'eau ferrugineuse pendant 8 mois ils auraient donné 0. 70 o/o de cuivre pur.

Mine Chaparrita. — Nous citerons encore le gisement de Chaparrita, non à cause de son importance, mais parce que sa forme a été bien reconnue par des travaux et qu'il a été pour ainsi dire épuisé.

Cette mine, qui a été exploitée pendant 35 ans, est située à 3 kilomètres de Rio-Tinto. Le gîte limité en profondeur, a rempli une sorte de conduit ou tube irrégulier, fermé en profondeur et dont les parois sont formées moitié par les schistes, moitié par les roches altérées ou éruptives.

L'affleurement était très peu important.

Les minerais analogues à ceux de Rio-Tinto étaient plus riches en cuivre, par suite de la présence de sulfures. On a aussi rencontré un peu de blende et de galène.

La coupe (*Pl. I. pag. 31*) indique des piliers laissés pour soutenir les excavations.

Les mines d'Aljustrel (1), (Portugal). — Les concessions d'Aljustrel, situées à 20 kilomètres de la station de Figueirinha de la ligne du Sud, comprennent deux gisements de pyrites de fer cuprifères situés à 1.500 mètres environ de distance l'un de l'autre :

Le gisement de Saint-Jean-du-Désert,

Le gisement des Algares.

Le terrain encaissant est le Culm.

Les gîtes sont encaissés suivant la stratification des schistes de ce terrain. L'inclinaison se rapproche de la verticale. Leur direction est différente.

Le gîte de Saint-Jean-du-Désert, quoique le plus important, avait été délaissé par les anciens, probablement parce que le minerai était trop pauvre en cuivre pour eux, tandis qu'ils avaient fait des travaux considérables sur celui des Algares, au voisinage duquel on rencontre beaucoup de scories.

Examinons ces gisements :

Gisement de St-Jean-du-Désert. — Ce gisement s'annonçait à la surface par des crêtes de fer et, dans la

---

(1) Nous avons visité ces mines en 1875, et nous extrayons ces documents de notre rapport.

partie orientale, par un affleurement de pyrite sur lequel les anciens avaient fait quelques travaux peu importants.

Des galeries ont été exécutées à trois niveaux et ont reconnu le gisement.

Au premier niveau, la puissance a atteint 25 mètres ; au deuxième niveau, c'est-à-dire 9 mètres plus bas, elle a atteint son maximum, soit 35 mètres.

La masse de minerai, reconnue par une galerie partant du puits Barranco (11 mètres au-dessous de son orifice) et par des traverses, a une forme lenticulaire et va en augmentant de l'Est à l'Ouest.

Des parties schisteuses stériles sont intercalées dans le minerai, dans la région du puits St-Jean. Une galerie d'environ 110 mètres (galerie Baixa), débouchant à la surface à ce niveau assurait l'écoulement des eaux.

Le gîte s'étendait sur environ 350 mètres en direction à ce niveau.

Un troisième niveau avait été ouvert 20 mètres plus bas, pour reconnaître le gisement, à 42 mètres au-dessous de l'orifice du puits St-Jean.

La section horizontale de la masse de minerai était plus faible qu'au deuxième niveau et il est probable que le maximum de développement est entre le deuxième et le troisième niveau. Ce gisement était incomplètement reconnu lors de notre visite en 1875.

Gisement des Algares. — Le gîte des Algares présentait aussi à la surface des crêtes ferrugineuses. D'anciens travaux importants avaient été poussés dans cette mine jusqu'à 70 et 80 mètres de profondeur, mais la partie plus particulièrement exploitée était au niveau 56.

Les travaux furent repris à ce niveau au moyen d'une galerie d'écoulement de 800 mètres. Le gisement, divisé en deux branches, a été reconnu sur 248 mètres d'étendue, avec une puissance moyenne d'environ 9 mètres. 14 mètres plus bas, au *niveau 70*, la forme du gîte change, et la masse de minerai se divise en trois branches vers le Nord. Sa puissance moyenne est à peu près la même, 9 à 10 mètres. Son étendue en direction est de 232 mètres.

Au *niveau 80*, la section de la masse minérale devient très faible. Elle n'a plus que 120 mètres et 6 mètres de puissance.

Les avancements nord et sud n'ont plus que 0.50 à 1 mètre de minerai.

Les schistes du toit et du mur sont imprégnés de pyrites.

Au *niveau 100^m*, la fin du gîte est encore plus manifeste : il n'y a plus que 100 mètres en direction et aux avancements 0^{m}60 de minerai seulement.

Nature des minerais. — Les minerais d'Aljustrel sont des pyrites de fer cuivreuses.

La teneur en cuivre est très variable d'un point à un autre.

Une commission prise dans le sein de la Société Transtagana, propriétaire des mines, avait évalué à 2.70 o/o, la teneur moyenne. Elle garantissait dans les marchés un minimum de 2 o/o de cuivre et 46 o/o de soufre. La mine des Algares, plus riche en cuivre, devait donner du 3 o/o au moins, en laissant les parties pauvres contenant moins de 1 o/o.

Voici quelques analyses pour la mine St-Jean :

1° à l'est du puits St-Jean,

    1ᵉʳ niveau 3.09 0/0
    2ᵉ niveau 4.34 »   } moyenne 4.55
    3ᵉ niveau 6.24 »   de cuivre.

2° à l'ouest du puits St-Jean,

    1ᵉʳ niveau 3.94 0/0
    2ᵉ niveau 2.60 »   } moyenne 2.28
    3ᵉ niveau 3.32 »   de cuivre

Mais nous croyons que les échantillons avaient été choisis involontairement et que ces analyses ne représentaient pas des moyennes.

Gisement de Santo-Domingos. — Le gisement de Santo-Domingos est un amas vertical encaissé dans des schistes siluriens. Une Diabase ophitique a été rencontrée au contact des schistes et de l'amas pyriteux.

Cet amas mesurait 600 mètres de long et sa puissance à 47 mètres de profondeur était de 60 mètres.

Ce gisement est très restreint à 150 mètres de profondeur.

Des fragments de schites et de quartz ont été englobés par la pyrite, ce qui tend à prouver son origine filonnienne.

§ 4. — GÎTES DE CUIVRE

Après la grande venue des pyrites de fer, une venue d'autres sulfures a affecté non seulement la zone de Huelva, mais une nouvelle zone s'étendant jusqu'à Linarès et se prolongeant en Portugal.

Nous allons signaler les gîtes où le cuivre paraît être le métal dominant et qui indiquent une venue cuivreuse spéciale. A *Linarès* le cuivre n'est pas le métal dominant, et nous reviendrons sur les filons de cette région si importante par sa production en plomb argentifère.

Nous dirons seulement ici que la venue de sulfures de cuivre paraît avoir eu lieu à un moment donné avec une assez grande intensité, puisque le filon d'Arrayanès a présenté sur 100 mètres de hauteur, deux zones cuivreuses importantes, l'une au toit, l'autre au mur, depuis la profondeur de 50 mètres jusqu'à celle de 150.

Cette intensité a ensuite diminué et on ne rencontre la pyrite de cuivre qu'à l'état accessoire dans les filons plombeux de Linarès.

Sur le *versant nord de la Sierra Morena*, les affleurements de gîtes cuivreux avec anciens travaux ne sont pas rares.

Nous pouvons citer quelques régions, où les exploitations anciennes ont eu une assez grande importance.

Dans les environs de Llera, Valencia de las Torres, Usagre, Villagarcia, Llerena, on rencontre des anciens travaux et des scories.

Près de Llera, deux affleurements parallèles ont été travaillés sur plus de 800 mètres.

La zone cuivreuse de Villagarcia-Llerena, avec ses roches vertes et ses affleurements cuivreux est fort remarquable.

Deux puits de recherches, foncés dans la mine Carmela, avaient donné de très beaux minerais.

Le filon avait de 0^{m}40 à 0^{m}75 de puissance et donnait un minerai homogène à 15 o/o de cuivre, sans aucun triage à faire.

Ce minerai caractéristique était un schiste imprégné d'oxysulfure de cuivre.

Il renfermait aussi de l'or et de l'argent. A la surface, le sulfure était remplacé par du carbonate provenant de sa décomposition et la teneur était de 12 à 14 o/o de cuivre.

A 5 mètres de profondeur, l'oxysulfure de cuivre brillant, a remplacé le carbonate et la teneur a atteint 17 à 18 o/o de cuivre. Une prise moyenne faite par M. Léopold Garnier sur un tas de minerai de 20 à 25 tonnes a donné :

```
Cuivre . . . . . . . . . . .   15.06
Fer . . . . . . . . . . . . .   2.70
Silice et argile. . . . . . .  67.50
```

Voici l'analyse de M. Parreño, chimiste à Carthagène, sur le minerai brillant :

```
Eau, oxygène, acide carbonique. . . .   6.08
Silice. . . . . . . . . . . . . . . .  67.15
Cuivre . . . . . . . . . . . . . . .  17.28
```

Fer	3.47
Chaux	1.16
Magnésie	1.14
Soufre	2.87
	99.15

Au sud de Carmela, on rencontre des affleurements cuivreux et, dans la concession Abundancia située à 3 k. de Llerena on voit un gros filon quartzeux renfermant des oxysulfures de cuivre dont les teneurs ont atteint 25 à 30 o/o de cuivre.

Dans la concession « Esperanza », située au nord de Carmela, trois filons quartzeux, dont la puissance varie de 0.30 à 4 m,50 renferment des minerais de cuivre et sont reconnus sur plus de 300 mètres.

Les affleurements ne donnaient qu'un minerai pauvre à 4 ou 5 o/o de cuivre.

Une recherche à quelques mètres de profondeur donnait déjà du 8 o/o et au milieu de ce minerai des veines d'oxysulfure donnaient 30 à 52 o/o de cuivre.

A 500 mètres environ de là, le filon de la mine « Jupiter », de 0^{m}50 de puissance, renfermait de la pyrite de cuivre aurifère avec quartz et calcite.

Enfin, du côté de Villagarcia, avec la zone de roches vertes anciennes, on rencontre des affleurements cuivreux et quelques anciens travaux.

Tous les minerais de cette région sont aurifères et argentifères.

Quelques analyses ont indiqué jusqu'à 7 grammes d'or et 250 grammes d'argent par tonne de minerai.

Séville. — Au sud de cette région, une autre zone cuivreuse existe aux environs de *Cazalla la Sierra*, *Guadalcanal* et se prolonge vers *Cordoue* par la Sierra de los Santos.

Les gîtes des environs de Cazalla sont de deux natures :

Schistes imprégnés (la Union) et filons dans les Diabases (la Cartagenera).

Les schistes imprégnés renferment de la pyrite de cuivre et des sulfures.

Les zones minéralisées sont dirigées sensiblement Est-Ouest et atteignent 10 mètres d'épaisseur. La gangue est quartzeuse.

Le filon de Cartagenera, situé Cañada de los Conejos, est dirigé N. 20° E. près du Cortijo del Pardo, avec inclinaison Ouest.

Il est encaissé dans la roche verte.

Sa puissance est de 0.40 à 0.50, avec renflement quelquefois considérable de 1^m50 à 2 mètres. Le remplissage est constitué de pyrite de cuivre et de sulfures. La gangue se compose de baryte, calcite et quartz.

En se dirigeant vers Cordoue, dans les environs de Guadalcanal et dans la Sierra de los Santos, on rencontre encore des témoins de cette venue de sulfures de cuivre qui est incontestable et bien caractérisée, comme venue de cuivre.

Nous citerons encore un filon cuivreux, dans la province de Caceres, dans la vallée de San Roman, à 25 kilomètres environ au sud-est de la station de Navalmoral, ligne de Madrid-Caceres-Lisbonne.

Encaissé dans les schistes siluriens, ce filon est dirigé N. 60° E. et est presque vertical, Son affleurement est visible sur 1500 mètres, et se compose de deux ou trois bancs de quartz, ayant chacun 1 à 2 mètres d'épaisseur séparés par des schistes argilo-quartzeux. Sa puissance totale varie de 15 à 20 mètres, en certains points, 10 à 12 dans d'autres ; à 60 mètres de profondeur elle est encore de 6 à 7 mètres.

Les minerais sont à l'état de sulfures de plomb, fer, cuivre, décomposés à l'affleurement.

Les sulfures de fer et de cuivre dominent.

M. E, Jacob estime, dans son rapport de 1895 sur cette mine, que chaque mètre de hauteur de filon représente une valeur de 100.000 francs, sur les 500 mètres d'étendue reconnue, en comptant la valeur de la tonne de cuivre à 1000 francs et celle de plomb à 250 francs.

En mai 1895, il y avait sur le carreau de la mine 1000 tonnes d'une teneur moyenne de 3 o/o de cuivre et 5 o/o de plomb, prêtes à être traitées.

La province de Huelva renferme aussi un grand nombre de gisements sur lesquels nous trouvons des renseignements dans l'ouvrage de M. Gonzalo y Tarin.

Dans les environs de Valencia del Montbuey, Fregenal de la Sierra, Ensinasola, Aroche, Cumbre S⁰ Bartolome, Sierra Aracena, Barrancos (Portugal), on rencontre de nombreux affleurements avec anciens travaux.

Dans les déblais, des sulfures de cuivre, du cuivre natif, du quartz ne laissent aucun doute sur la nature des gîtes exploités, mais il est difficile, ainsi que le dit M. Gonzalo y Tarin, d'apprécier dans l'état actuel l'importance de ces mines. Au monte Romero (termino de Almonester la Real), on a trouvé des outils en pierre qui témoignent de l'antiquité des travaux sur un gîte ou le cuivre natif paraissait dominer et qui est encaissé dans des roches porphyriques très altérées.

Dans la *Sierra de Rite*, le gîte de la Ratura, situé à 5 kilomètres au N.-E. de Valverde del Camino est un filon de 2^{m}50 à gangue de quartz. Il renferme de la pyrite de cuivre avec un peu de galène. A la surface on rencontre des carbonates de cuivre et des oxydes de fer.

A un kilomètre du N.-E. de ce gisement se trouvent le gîte de San Fernando et autres gîtes analogues, avec travaux anciens et scories. Sur 5 kilomètres en direction N.-O.—S.-E., on ne voit qu'anciennes mines, anciens travaux et scories.

La *Sierra Tejeda*, située au Sud de Berrocal et à l'Est de la rivière de Rio-Tinto, est remarquable par ses anciennes mines.

Lors de la construction du chemin de fer de Séville à Huelva, un grand nombre de concessions furent demandées dans cette région du Rio Corumbel jusqu'à 3 kilomètres au sud de Berrocal.

Les minerais exploités paraissent avoir été très riches.

Sur 6 kilomètres dans le Barranco Abadejo, on voit

plus de 20 affleurements Est-Ouest, sous forme de crêtes de quartz, dirigées Est-ouest et accompagnées de minerais de cuivre à l'état de carbonates à la surface et de sulfures argentifères en profondeur.

Il y a aussi quelquefois des sulfures de plomb et de zinc.

A la *Barcita, el Barranco abadejo y la Tallisca*, une zone de 500 mètres renferme huit filons qui s'étendent en direction, sur 250 mètres à plus de 2 kilomètres avec anciens travaux. Le plus méridional de ces huit filons connu sur 300 mètres a donné des minerais ayant la composition suivante :

Cuivre 10 °/₀₀, Plomb 20 °/₀₀, Argent 0.145 °/₀₀.

La Tallisca y el Barranco abadejo donnaient du minerai à :

Cuivre 14 °/₀₀, Argent 0.08 °/₀₀.

Sur 250 mètres d'étendue,

Le filon *Santa Isabel* avait 1.200 mètres d'étendue et le minerai contenait :

Cuivre 4.500 °/₀₀, Argent 0.012 °/₀₀, Zinc 10.000 °/₀₀, Plomb traces.

Au Nord de Santa Isabel, les schistes argileux étaient pénétrés de sulfures complexes dont voici l'analyse :

Arsenic 34.00 °/₀₀, Cobalt 1.300 °/₀₀, Nickel 0.200 °/₀₀.
Argent 0.003 °/₀₀, Cuivre traces, Bismuth traces.

La mine *Colon*, dont le filon a 0^{m}50 à 1^{m}50 de puissance sur 800 mètres d'étendue, a donné du minerai à 49 o/o de cuivre et 0.11 d'argent.

A la *Cueva del Monje* un filon quartzeux Est-Ouest inclinant au Nord, donnait du minerai à 4 o/o de cuivre.

Tels sont les principaux filons de la Sierra Tejeda qui nous paraissent présenter un certain intérêt géologique et industriel.

Les travaux anciens importants et nombreux que l'on y observe, la richesse des minerais, l'étendue des gisements nous font penser qu'ils ne sont point accidentels et superficiels, et qu'un jour, lorsque le cours du cuivre le permettra l'exploitation d'un certain nombre de ces gisements pourra être reprise avec avantage.

Ce que nous venons de dire s'applique aux gîtes portugais parmi lesquels on peut citer, dans le district d'Evora : Pecena, Commenda, Sobral, Alpedreira, Alcale, Alcalaim, au sud d'Evora, San-Manços, Xérès et Barcas, non loin de la frontière espagnole, Bugalho, Azambujera, Mostardeira, etc.

Dans le district d'*Aveiro*, il existe une région métallifère intéressante. Le cuivre est le métal dominant dans certaines mines telles que Pailhal, Telhadella.

Ayant visité la mine *Telhadella* en 1875, nous donnerons quelques détails sur le filon exploité, bien qu'il ne soit pas le plus important de la région.

Dans les environs de Telhadella et Pailhal, à 10 kilom. de la station Estarreja, massif de la Beira alta, le terrain encaissant est constitué par le gneiss qui est décomposé au voisinage des fractures et filons Est-Ouest et N.-E. — S.-O. Les gneiss sont généralement dirigés N.-S.

La direction est-ouest est celle des filons les plus importants.

La nature compacte du sol se traduit par son imperméabilité aux eaux de la surface.

Ainsi le puits maître de Talhadella n'épuisait que 24 mètres cubes d'eau en 24 heures et avait 140 mètres de profondeur.

Le filon principal est-ouest incline de 60° vers le Nord, ses caractères extérieurs sont très peu apparents. Une galerie l'a reconnu sur la rive droite de la rivière de Caïma et a suivi une colonne minéralisée d'une étendue de 200 mètres.

La puissance du filon principal varie de $0^m 10$ à $1^m 50$.

Dans les parties stériles il est rempli de gneiss, tantôt compact, tantôt broyé et décomposé ou en fragments anguleux qui lui donnent l'apparence d'anciens travaux remblayés.

Dans les parties minéralisées, les minerais sont au toit et au mur généralement, le centre du filon étant occupé par du gneiss fissuré parallèlement au toit et au mur.

On y rencontre la pyrite de cuivre, de fer, la galène, la blende et des sulfures de nickel et de cobalt avec des gangues peu abondantes de quartz et spath calcaire.

Quelquefois ces minerais sont disséminés dans la masse du filon.

La zone minéralisée de 200 mètres incline à l'Est dans le filon et se projette en plan suivant une ligne N.-O S.-E.

La pyrite cuivreuse forme les $9/10^e$ du minerai, la galène et les autres métaux $1/10^e$.

La blende, la pyrite de fer, le nickel et le cobalt sont accessoires.

La disposition des minerais est assez enchevêtrée dans le filon, cependant il nous a semblé que généralement le cuivre était au mur, on observe aussi plus fréquemment sur la pyrite de cuivre, ces plans de glissement appelés « miroirs ».

La pyrite de cuivre paraît être arrivée la première. Le cobalt et le nickel ont été trouvés seulement à l'ouest de la zone minéralisée. Leur arrivée dans le filon paraît postérieure au cuivre et au plomb.

Les minerais après la préparation mécanique, étaient classés en deux qualités pour le cuivre, une seule pour le plomb.

La première donnait 20 à 28 o/o de cuivre, la seconde 20 o/o.

La teneur de la galène variait de 70 à 78 o/o. Peu argentifère, l'argent n'était pas payé.

La tonne de minerai marchand valait en moyenne :

 222 francs à la mine,
 232 francs à Porto,
 252 francs à Svansèa.

Le mètre carré exploité dans la zone riche donnait environ en moyenne 100 kilos de minerai marchand.

Il fallait donc exploiter 10 mètres carrés de filon pour avoir une tonne de minerai marchand valant 222 francs.

Ce filon était, comme on le voit, assez pauvre, mais il y a dans le district d'Aveiro des filons beaucoup plus riches. Les filons de la mine voisine de Pailhal étaient plus importants et mieux minéralisés.

Ces mines sont aujourd'hui abandonnées.

§ 5. — GITES DE PLOMB ET ZINC

Nous avons vu que la venue de sulfures de cuivre et plomb avait affecté, dans la région de Huelva, les dépôts de pyrites de fer cuivreuses et que cette venue paraissait être la deuxième phase du phénomène métallifère dans cette région.

Après les sulfures de cuivre, il semble que les venues de sulfures de plomb et zinc, antimoine, mercure et sulfures complexes, ont constitué une troisième phase des phénomènes métallifères hercyniens. Ainsi à la zone cuivreuse que nous venons de signaler dans la Sierra Tejeda, vient s'accoler au Sud une zone plombeuse d'une largeur d'environ 6 kilomètres dans la vallée du Corumbel, au nord de la station de Villalba du chemin de fer de Huelva à Séville.

M. Gonzalo y Tarin cite à l'ouest de la province le quartier de los Barros, Termino el Almendro, des galènes pauvres en argent.

Terminos de la Nava, Galazora, Fuenteheridos et Aracena, on connaît des gisements du plomb et zinc. L'un d'eux, au contact du granite et des phyllades, près de la Nava, renferme de la galène, du carbonate de fer et de la blende.

Plusieurs tentatives de reprise de travaux n'ont pas été couronnés de succès.

Termino de Aracena, la Sierra de los Azores renferme des galènes antimoniales très argentifères. Il existe des travaux anciens et modernes sur plus d'un kilomètre.

Le minerai est très disséminé dans les schistes.

Sur la zone du Rio Corumbel, dans la *Sierra Tejeda* dont nous venons de parler, il existe de nombreux travaux anciens sur des gîtes de galène argentifère et blende qui forment des veines suivant la stratification des schistes Est-Ouest ou bien suivant des fractures les recoupant.

Le quartz accompagne le plomb et la blende, et ces gisements, encore peu étudiés, se rencontrent particulièrement sur la rive gauche du Rio Corumbel.

La teneur en argent est très variable et atteint jusqu'à 12 kilos par tonne de galène.

Un travail en profondeur nous paraît indiqué sur ces gisements qui pourraient se concentrer et devenir exploitables avantageusement.

Au *Portugal*, nous pouvons citer des gîtes de galène à Varzea dos trovoës, Carvalhal, Coval da mo, Braçal et Malhada, district d'Aveiro, où la galène contient 65 o/o de plomb et 0.025 o/o d'argent.

De nombreux affleurements Est-Ouest existent dans les schistes sur la rive du Guadiana.

A Mertola, les galènes ont 65 à 70 o/o de plomb, 500 à 600 grammes d'argent par tonne. Le carbonate de plomb est plus riche en argent. On rencontre quelquefois du cuivre gris argentifère à 1 kilo d'argent par tonne.

Enfin, on a signalé également de la galène dans la Sierra de Grandola, dans le district de Lisbonne.

Nous reproduisons ici quelques notes que nous devons à l'obligeance de M. Terraillon, ingénieur aux Forges-Buglose (Landes).

Région plombo-cuivreuse — Les filons de pyrite de cuivre, plus ou moins mélangée d'autres sulfures métalliques, se font voir principalement dans quelques vallées où coulent des affluents du Rio-Vouga et dont l'orientation générale est Nord-Sud.

Ce sont, en marchant du Sud au Nord : les filons de Talhadas, sur un affluent du Rio-Alfusqueiro, de Carvalhal, du Palhal, de Telhadella, de Nogueiro, de Cravo et autres de moindre importance, soit sur le Rio-Caima, affluent du Vouga, soit dans d'autres vallées parallèles et indépendantes de celle de cette rivière.

Les filons, presqu'exclusivement plombeux, sont ceux de Braçal et de Mealhada sur le Rio-Mau, du Coval de Mó sur un petit affluent du Caima et autres.

On rencontre aussi quelques gisements d'antimoine sulfuré sans importance.

Je suivrai ces divers gisements en marchant du Sud au Nord.

Talhadas. — Ce gisement, qui a été considéré d'abord comme un gisement de contact, les premiers travaux d'exploration ayant été faits non loin de la limite du granite et des schistes micacés, est constitué par un énorme filon de quartz dont les affleurements peuvent se suivre facilement sur 5 ou 6 kilomètres de longueur du hameau de Fragua, à l'Ouest, à celui d'Avide, à l'Est, paroisse de Talhadas.

Ce filon coupe à peu près à angle droit le ruisseau de Santos, affluent de l'Alfusqueiro qui va se jeter lui-même dans le Vouga non loin de son embouchure.

La direction du filon est sensiblement E. 30° N. (heure 4) et son inclinaison de 70° Nord-Ouest.

Le thalweg est du ruisseau de Santos appartient exclusivement aux schistes micacés qui disparaissent sous le trias à environ 10 kilomètres à l'Ouest. Ces schistes ont une direction environ Nord-Ouest et des inclinaisons variables avec une tendance générale vers l'Est.

Le thalweg est du même ruisseau est également formé par les schistes micacés; mais, à peu de distance, ceux-ci font place au granite, la ligne générale de contact ayant, à la superficie, une direction sensiblement parallèle à la direction des strates schisteux.

De nombreuses et puissantes interstratifications quartzeuses se font voir dans ces schistes micacés.

La minéralisation du filon paraît s'être concentrée sur les salbandes nord et sud (toit et mur) du filon de quartz. C'est du moins ce que l'on peut observer dans les travaux exécutés dans le thalweg ouest; sur l'autre versant, on n'a travaillé jusqu'ici qu'au toit du filon de quartz et l'on ignore encore si la métallisation du mur se poursuit de ce côté.

Une des particularités de ce gisement est la suivante :

Dans les schistes micacés le minerai prédominant est la chalkopyrite argentifère, fortement mélangée de pyrite de fer. La galène, la blende et, peut-être, le nickel, ne se font voir que tout à fait accidentellement. La présence de l'or aurait été aussi constatée dans le minerai.

Dès que le filon abandonne la zone schisteuse pour entrer dans la zone granitique, la métallisation change. La galène argentifère domine ; la chalkopyrite, avec accompagnement de pyrite de fer, ne paraît plus que rarement.

La gangue paraît être formée exclusivement par du quartz, des fragments des schistes encaissants ou des granites décomposés.

Les travaux de recherche, qui n'ont pas encore atteint le niveau du fond de la vallée et se poursuivent dans deux mines voisines l'une de l'autre, ont reconnu le filon sur une longueur d'au moins 600 mètres à savoir : 450 mètres dans les schistes et 150 mètres dans le granit.

Dans le voisinage de ce gisement, au Nord et au Sud on voit émerger à la surface quelques pointements dioritiques dont l'alignement suit à peu près une direction Nord-Sud. Des émissions dioritiques très importantes existent dans le district de Bragance.

Braçal. — A 11 kilomètres au nord-ouest du gisement de Talhadas se trouve celui du Braçal, dont l'allure est assez accidentée par quelques failles. La direction moyenne est Est 40° Sud (heure 8.40') et son inclinaison de 65° vers le Sud-Ouest. Sa puissance varie de 0 à 4 mètres.

Les terrains encaissants sont des schistes micacés, argilo-talqueux, dont la direction générale s'approche de Nord-Sud, parmi lesquels on distingue une assez grande quantité de bancs de quartzites intercalés dans la statification.

La gangue du filon est quartzo-schisteuse avec quelque peu de chaux carbonatée.

Les gneiss et granites existent dans le voisinage à environ 2 kilomètres, non loin du village de Silva Escura. Au nord-est de ce village existeraient des roches éruptives dioritiques, d'une couleur vert foncé, passant au noir, qui peuvent bien avoir quelques relations avec les pointements dioritiques des Talhadas.

Le minerai se compose de sulfure de plomb argentifère, accompagné accidentellement de sulfures de zinc, cuivre et fer en petites quantités.

La profondeur atteinte dans les travaux n'est relativement pas considérable et n'a pas dépassé 200 mètres au-dessous du fond de la vallée.

Mealhada. — Le gisement de Mealhada, plus riche, plus régulier que le précédent, se trouve à environ un kilomètre au nord de ce dernier et constitue une importante exploitation de galène, argentifère accompagnée parfois de blende et de sulfures de cuivre et de fer.

Il est constitué par deux filons dont l'un, le filon de

Malta, a une direction Est-Ouest (heure 6), l'autre le filon Mestre une direction Est. 15° Nord (heure 5). Ces directions sont plus ou moins régulières et on croit avoir remarqué que l'enrichissement ou l'appauvrissement des filons variaient selon que ces directions s'approchaient ou s'éloignaient de la direction Sud-Est (heure 9), la stérilisation des filons s'accentuant lorsque leur direction s'infléchissait vers la ligne Nord-Est (heure 3). Ce n'est cependant pas le cas pour le Brançal dont le filon s'approchant de la ligne heure 9 n'a pas réalisé les espérances fondées sur son exploitation.

L'inclinaison des filons, plus ou moins régulière, est d'environ 70° vers le Sud et leur puissance est très variable, de 0 à 6 mètres.

Les gangues et les roches encaissantes sont les mêmes que celles du gisement du Braçal.

Les travaux ont dépassé la profondeur de 300 mètres avec 15 étages d'exploitation.

Coval do Mó. — A près de 3 kilomètres à l'ouest des mines du Braçal se trouvent celles du Coval do Mó, situées sur un petit affluent du Caima.

Les roches encaissantes sont les mêmes que celles du Braçal et de Mealhada; la minéralisation du filon est aussi identique; la gangue paraît plus riche en chaux carbonatée dans le filon du Coval do Mó.

La direction de ce dernier est, d'une manière générale, Est 30° Sud (heure 3), c'est du moins celle avec laquelle le filon présente la métallisation la plus abondante,

La profondeur atteinte dans les travaux a été d'environ 250 mètres avec 4 ou 5 étages d'exploitation.

Carvalhal. — A 4 ou 5 kilomètres à l'ouest de la mine du Coval do Mô se trouvaient celles du Carvalhal sur la rivière Caima. Ce gisement est actuellement abandonné comme, du reste, ceux du Braçal et du Coval.

Je n'ai aucun renseignement sur les filons qui ont été explorés au Carvalhal, ainsi que dans une autre mine, la mine da Pena, à 2 k. 1/2 en aval et au sud de celle du Carvalhal. D'après ce qui m'a été dit, le minerai prédominant dans ces deux gisements était la pyrite de cuivre.

Palhal. — Le gisement du Palhal est à environ 2 kilomètres au nord de celui du Carvalhal, il est abandonné depuis peu d'années, son exploitation a eu une assez grande importance.

Un grand nombre de filons ont été reconnus et explorés dans le périmètre de cette concession, soit sur les rives du Caima, soit sur les ondulations de la rive gauche entre cette rivière et celle de Ribeira dont le ruisseau du Coval de Mó est un des affluents.

Dans les terrains encaissants et d'une manière générale les schistes silico-talqueux paraissent faire place au gneiss avec de nombreux bancs de quartz interstratifiés.

Les filons reconnus sont au nombre de huit, savoir :

1° Filon Basto ayant une direction moyenne Est-Ouest (heure 6) et une inclinaison vers le Nord d'environ 70°. C'est dans ce filon qu'ont été exécutés les travaux les plus importants. Vingt étages d'exploitation y ont été ouverts. La puissance moyenne est d'environ 1 mètre.

2° Filon Mill, à peu près parallèle au précédent en tant que direction et inclinaison, et d'une puissance moyenne de 0^{m}40. Il renferme 11 ou 12 étages d'exploitation.

3° Filon Branch a été exploré et exploité au moyen de 5 étages.

4° Filon Bridge attaqué par deux étages.

5° Filon Counter attaqué par neuf étages.

6° Filon House attaqué par trois étages.

7° Filon Great-Counter attaqué par trois étages.

8° Filon Slide. Ce dernier paraît être un filon croiseur. Son remplissage est exclusivement formé d'argile. Sa direction est Nord-Ouest, Sud-Est (heure 9); son inclinaison de 60 à 70° vers le Nord et sa puissance moyenne de 0^{m}50. Ce filon a été rencontré dans tous les étages d'exploitation du filon Basto et a été reconnu sur une assez grande longueur puisqu'il y a été exécuté plus d'un kilomètre de galeries. Il a toujours été stérile et les rejets qu'il a occasionnés n'ont jamais été considérables.

Ces divers filons et particulièrement le premier sont parfaitement caractérisés avec des salbandes argileuses.

Le minerai dominant est la pyrite de cuivre, associée parfois à du cuivre gris, à des oxides noirs, à du cuivre sulfuré, à du cuivre natif, à de la galène, de la blende et à des arséniures et arséniates de nickel et de cobalt. Tous ces minerais sont très argentifères.

La gangue est composée de pyrite de fer plus ou moins

arsenicale, de chaux carbonatée, de quartz, de fer carbonaté et d'argile,

La plus grande profondeur atteinte est d'environ 400 mètres,

Telhadella. — A 2 kilomètres environ au nord des mines du Palhal se trouvent celles de Telhadella, abandonnées aussi depuis un plus long laps de temps encore.

Deux filons parallèles y ont été mis en exploitation. Ils ont une direction Est-Ouest (heure 6) avec une inclinaison de 60 à 70° vers le Nord.

L'un de ces filons, le filon Maria, a une puissance moyenne de 0^{m}70 et a été reconnu par 2 ou 3 étages d'exploitation. L'autre, le filon Bocage, a une puissance moyenne de 0^{m}80 et a été reconnu par 8 ou 9 étages jusqu'à la profondeur d'environ 200 mètres.

Les terrains encaissants sont, comme au Palhal, des gneiss plus ou moins décomposés, passant quelquefois au schiste, avec des interstratifications quartzeuses.

Les minerais prédominants ont été la blende et la chalkopyrite argentifères, la galène argentifère et le nickel arsénié avec une gangue composée de pyrite de fer arsenicale, de quartz, de chaux carbonatée et de fragments des roches encaissantes.

Nogueira do Cravo. — A 11 ou 12 kilomètres au nord de Telhadella et à 5 ou 6 d'Oliveira d'Azemeis, sur la rivière Antoao, qui se jette dans la lagune d'Aveiro à Estarreja, se trouve un gisement de pyrite ferrugineuse et cuivreuse sur lequel ont été faits quelques travaux de reconnaissance et d'exploitation.

On y voit un filon de pyrite de fer cuivreuse d'environ 2 mètres de puissance, minéralisé aux affleurements. Sa direction est sensiblement Est-Ouest (heure 6) et son inclinaison vers le Nord.

On connaît et on exploite des filons de galène plus ou moins argentifère dans les environs de *Llerena*, *Berlanga*, *Azuaga*, *Peñarroya*.

Ces filons sont généralement peu puissants, mais la galène est assez concentrée et massive.

Elle n'est pas très riche en argent : 3oo grammes environ à la tonne.

La minéralisation paraît cesser vers 200 mètres de profondeur.

Près d'Usagre nous avons vu des filons de galène à gangue de quartz et sulfate de baryte non reconnus, mais très visibles dans les terres cultivées et un gros filon quartzeux renfermant du Cinabre.

On voyait les ruines d'une ancienne mine et d'anciens fours.

On connaît aussi dans cette région un filon de blende pure, ce qui est assez rare. Nous ne connaissons qu'un autre gîte de zinc à l'état de calamine qui a été exploité dans les environs de Cazalla-la-Sierra (province de Séville).

A *Llera*, on connaît un filon de galène à larges facettes contenant très peu d'argent.

Plus au Nord, dans la Sierra de Hornachos les galènes deviennent argentifères.

C'est que nous arrivons à la grande zone plombo-argentifère du plateau central espagnol qui s'étend sur

180 kilomètres, suivant une direction Est-Ouest, marquée par la ligne tracée entre : *Castuera, Almorchon, Cabeza del Buey, Almodovar del Campo, Veredas, Santa-Cruz de Mudela*.

Grande zone plombo-argentifère du plateau central Espagnol. — Cette zone atteint une largeur de 50 kilomètres dans la province de Ciudad Réal.

Elle comprend des terrains Cambriens, Siluriens, Dévoniens fortement relevés, plissés et fracturés. Un petit bassin houiller existe à Puertollano.

Elle a été traversée par des éruptions porphyriques et mélaphyriques contemporaines de celles de Huelva, et nous verrons le célèbre gisement d'Almaden en relation avec des mélaphyres et une sorte de tuf d'origine éruptive appelée « Fraylesca ».

Les terrains ont une direction d'ensemble sensiblement Est-Ouest, quoique assez variable dans les schistes, mais mieux marquée par les quartzites et les roches éruptives qui, comme dans le Sud du plateau central sont arrivées au jour par des joints de stratification préalablement relevés jusqu'à la verticale par les plissements hercyniens.

Ces éruptions n'ont pas été suivies ici par une abondante émission de sulfures de fer, mais par de puissantes venues de sulfures de plomb argentifère, de mercure et d'antimoine.

Il y a eu en outre, aux environs de Ciudad Real, des éruptions de roches récentes, vers la fin de l'ère tertiaire dont on retrouve des traces jusque près d'Almaden.

Cette grande zone métallifère peut être divisée en quatre centres de gisements :

1° Gîtes de plomb argentifère de Castuera, Almorchon, Cabeza del Buey ;

2° Gîtes de mercure des environs d'Almaden ;

3° Gîtes de plomb argentifère des environs d'Almodovar del Campo ou de la province de Ciudad Real :

4° Gîtes d'antimoine des environs de Valdepeñas, Santa-Cruz de Mudela.

Dans la région de *Castuera Almorchon*, des anciens travaux importants ont attiré l'attention sur les filons de ce pays.

Encaissés dans le Cambrien, ils se groupent autour de deux directions : Est-Ouest et Nord-Sud.

Leur puissance varie de 0^{m}20 à 1 mètre.

Leur remplissage consiste en galène argentifère à gangue de quartz.

Il paraît y avoir eu deux phases dans la venue des galènes. L'une de galène pauvre en argent, l'autre de galène très argentifère, donnant de 2 à 8 kilos d'argent à la tonne de plomb.

Le minerai est assez abondant et assez concentré ce qui permet une exploitation avantageuse.

La région d'*Almaden* est caractérisée par l'exploitation du mercure, et nous y reviendrons en parlant des gîtes de mercure.

Le centre d'*Almodovar* ou de Ciudad Real est important.

Il comprend les mines de la Sierra Gorda dans la vallée du Rio Tirteafuera, Villagutierrez, la Victoria, Navalmedio, Valdeinfierno, puis celles de Argamasilla de Calatrava au sud de Almodovar et du chemin de fer, les mines des environs de Veredas, la Veredilla et Encarnacion, celles des environs de Bienvenida, dans la vallée de la Cabra, celles des environs de Santa Enfemia et de Torrecampo, de la Sierra Alcudia, de el Horcajo, la Salvadora, San Carlos, etc.

Parmi ces mines, il en est qui sont riches et dont l'exploitation a acquis un assez grand développement.

Les filons N 75° E, recoupant les terrains cambriens, siluriens, dévoniens, se distinguent par leur richesse et la teneur en argent des galènes qui atteint 8 kilos à la tonne de plomb (normalement 5 kilos environ).

Les travaux à el Horcajo, dépassent 1.000 mètres d'étendue en direction et 300 mètres de profondeur.

Les filons sont quartzeux et ne renferment guère que de la galène argentifère en plaques de 0.05, 0.010 et 0.15 d'épaisseur.

Les colonnes riches s'y succèdent régulièrement avec des intervalles stériles de 50 à 100 mètres. On trouve de l'argent natif.

Dans les autres mines, le remplissage des filons est généralement formé, en proportions variables, de roches provenant des épontes, de quartz, de sulfate de baryte et de fer spathique.

La galène est le minerai dominant, mais on rencontre

quelquefois des pyrites de fer et de cuivre, un peu de blende.

La teneur en argent est souvent élevée et atteint 7 à 8 kilos à la tonne de plomb.

Le centre de *Valdepeñas et Santa-Cruz de Mudela* est caractérisé par une venue de sulfure d'antimoine.

Grand centre métallifère de Linarès. — Le grand centre producteur de plomb de Linarès est situé sur la lisière orientale du plateau central espagnol au voisinage de la faille du Guadalquivir.

La venue métallifère nous paraît appartenir aux phénomènes hercyniens.

Elle a eu en ce point sa plus grande intensité.

Un vaste champ de fractures a été pour ainsi dire inondé par la venue plombeuse.

Presque toutes les directions ont reçu des minerais analogues, ce qui indique l'unité du phénomène. Dans la première phase, il s'est déposé des minerais de cuivre, mais les sulfures de plomb ont ensuite pris le dessus et l'arrivée des sulfures de cuivre a cessé ou considérablement diminué.

Il y a, dans cette région, plus de 50 filons sur lesquels existent plus de 1.000 concessions exploitées par un grand nombre de sociétés, qui produisent plus de 100,000 tonnes de galène par an.

Il y a des filons N.-S. rares ou stériles, des filons N.-E.—S.-O. fréquents à Linarès, des filons Est-Ouest, surtout près de la Carolina, et des filons N.-O. — S.-O.

Ces filons recoupent des terrains analogues à ceux que nous venons d'observer sur le plateau central, mais le centre du réseau de fractures est ici dans le granite et les filons s'étendent du granite aux schistes cambriens ou siluriens.

Le terrain encaissant, est pour ainsi dire, un lambeau du plateau central qui a été recouvert par des terrains plus récents, étudiés par de Verneuil et autres savants.

Sur le granite on observe des *grès rouges*, à grains plus ou moins gros et qui n'ont que 8 à 10 mètres d'épaisseur sur le plateau de Linarès où ils ne sont pas recouverts.

M. Lan disait, en 1857, dans ses notes de voyages dans la Sierra Morena, (*Annales des Mines*) : « Sur le plateau « de Linarès, les minerais en masses lenticulaires ou en « veines de texture cristalline et à grandes facettes sont « exploités et *traversent à la fois le granite et le* « *grès* ».

On a dit, d'autre part, que les filons ne traversent jamais les grès.

Il y a donc là une contradiction qui peut s'expliquer par la présence de grès d'âges différents.

M. Lucas Mallada attribue les grès de Linarès au trias.

M. de Mesa, qui a décrit avec soin la région métallifère de Linarès dans la « *Revista minera* », en 1890, pense qu'ils peuvent être miocènes en grande partie.

M. Lan a étudié, en 1857, dans la province de Séville,

des dépôts analogues, dans la vallée du Rio Viar que nous avons parcourue. Elle traverse la Sierra Morena, à l'ouest de Guadalcanal et Cazalla de la Sierra, et se jette dans le Guadalquivir, à l'ouest de Tocina.

Le *terrain rouge* de M. Lan, indiqué aujourd'hui par la teinte triasique sur la carte géologique d'Espagne, comprend à la base des poudingues et grès rouges avec traces de charbon, qui avaient été considérés en 1851, par M. F. de Lujan, comme du terrain houiller et du Permien. A la partie supérieure, on observe des psammites, des argiles et des calcaires.

M. Lan contestait l'existence du terrain houiller en ce point et pensait que ce terrain rouge pouvait être triasique. C'est l'opinion des savants auteurs de la carte géologique d'Espagne.

Mais, sur d'autres points en Espagne, l'existence du Permien à la base du trias, a été constatée par de savants observateurs, notamment par M. Jacquot dans la région de Cuenca, par MM. Michel Lévy et Bergeron aux environs de Malaga.

Il est donc naturel de se demander, si dans la région qui nous occupe, ces grès rouges ne représenteraient pas le Permien, bien que la partie supérieure de ces terrains puisse être triasique et recouverte par le miocène.

Il n'y aurait, dans ce cas, rien d'extraordinaire à ce que les grès rouges Permiens aient été affectés par la venue plombeuse et que les grès triasiques aient recouvert les lambeaux de grès Permiens et les îlots granitiques, avec leurs filons, comme d'un manteau protecteur, à l'époque de l'affaissement du Guadalquivir.

Les filons de Linarès recoupent le granite et les terrains qui l'entourent jusqu'au Permien. Ils sont presque verticaux et reconnus sur 10, 15, 20 kilomètres d'étendue.

Le remplissage se compose de galène avec blende, pyrites de fer et de cuivre.

La galène est le minerai dominant, les autres sont accessoires.

Les gangues sont des débris de roches encaissantes, du quartz, de la baryte, de la calcite, du fer spathique.

La galène est répartie dans les filons sous forme de lentilles ayant souvent de 30 à 50 mètres de large sur 50 à 60 de profondeur.

La puissance de ces filons varie de 0^m75 à 1^m50 2 mètres, 3 mètres.

Les parties les plus riches en galène sont, dans les régions les plus puissantes des filons, 2 à 3 mètres.

La teneur en argent des galènes qui, après la préparation mécanique renferment 77 o/o de plomb, varie de 160 à 320 grammes à la tonne de minerai à Linarès, et à la Carolina elle varie de 300 à 350, 450 et 500 grammes.

La richesse de ces filons peut être appréciée par l'épaisseur de galène concentrée qui varie de 0,08 à 0,15, ce qui est énorme.

Parmi les faits intéressants constatés par l'exploitation, nous signalerons les suivants :

Les minerais de cuivre n'ont été exploités que dans la partie supérieure des filons jusqu'à 80 à 100 mètres de profondeur. Le grand filon d'Arrayanès, le plus riche de Linarès et qui est reconnu sur 12 kilomètres, a été exploité pour cuivre, particulièrement entre 50 et 150 mètres de profondeur.

Dans certains filons la pyrite de cuivre existe d'une manière constante, mais en très faible quantité et comme minerai accessoire.

La gangue de fer spathique paraît avoir disparu avec le cuivre.

Dans un filon la barytine rose avec argent natif indiquerait peut-être une venue postérieure d'argent.

Des filons croiseurs quartzeux stériles indiquent une venue siliceuse, peut-être celle de l'époque triasique.

§ 6. — GÎTES DE MERCURE.

Nous avons signalé des traces de la venue de sulfure de mercure dans les environs de Cazalla la Sierra et d'Usagre, mais la région d'Almaden est la seule qui ait donné lieu à une exploitation importante et méthodique de mercure sur le plateau central de la Péninsule Ibérique.

Il existe d'autres gisements en Espagne mais qui appartiennent à la venue tertiaire, tels que ceux de Mières (Asturies), de la Sierra Nevada de Grenade, des environs de Baza, de Tijola, Castaras et Aguilas.

Les environs d'Almaden sont caractérisés par une venue de sulfure de mercure qui a affecté les terrains siluriens et dévoniens.

Cette arrivée paraît avoir suivi celle des mélaphyres et de la Fraylesca, sorte de tuf de diabase d'après, M. Calderon, moraine interne ou brèche boueuse, ayant suivi les éruptions de roches, à notre avis. Les terrains encaissants sont fortement relevés et presque verticaux.

Leur direction est sensiblement Est-Ouest, et les roches éruptives sont venues s'intercaler, suivant la stratification et sous forme de lentilles plus ou moins importantes. Les premiers documents sur ce district minier si célèbre de l'Espagne, sont dus à M. Casiano de Prado, qui dirigea les mines d'Almaden en 1841 et publia ses observations en 1855.

Une bonne description de ces mines a été donnée, dans les *Annales des Mines*, par M. Kuss, en 1878.

Le gisement consiste en trois colonnes de minerai presque verticales et sensiblement parallèles.

Ce sont trois bancs de grès ou quartzites imprégnés de cinabre et séparés par des schistes et quartzites.

L'étendue en direction de ces colonnes est extraordinairement faible et va un peu en augmentant en profondeur.

Elle n'est cependant que de 200 mètres à 300 mètres de profondeur. Ce sont donc de véritables cheminées métallifères. La puissance de chaque colonne varie de 3 à 12 mètres et est de 8 à 10 mètres en moyenne. L'imprégnation est plus ou moins complète et a produit des minerais à teneur de 1 à 85 o/o de mercure.

La richesse et la puissance augmentent avec la profondeur.

Le cinabre imprègne quelquefois les roches du toit et du mur, mais les schistes ont résisté à l'imprégnation en raison de leur imperméabilité.

On distingue trois sortes de minerais :

Pauvres de 1 à 8 o/o de mercure;

Moyens de 8 à 20 o/o;

Riches au-dessus de 20 o/o.

L'aspect des minerais est différent suivant la nature de la roche.

Les grès sont assez régulièrement imprégnés, tandis que dans la Fraylesca les schistes ou les calcaires, la minéralisation est faible. Lorsque les schistes ont pu être disloqués le cinabre s'est introduit entre les feuillets. Il remplit aussi les fissures transversales.

Dans les quartzites il a pris la place du quartz, comme si cette roche avait présenté des vides intérieurs, qui n'existent pas là où il n'y a pas de cinabre. Pour les grès la chose s'explique, car les vides entre les grains de quartz sphériques sont de 26 o/o qui, remplis de cinabre, donneraient pour la masse 47 o/o de mercure (1). Les grès d'Almaden donnent 33 o/o au maximum. Il est donc difficile d'expliquer la minéralisation des quartzites, ainsi que le fait remarquer M. Kuss.

On peut donner les explications suivantes :

Les quartzites minéralisés peuvent provenir des grès par métamorphisme; ou bien le quartz et le cinabre auraient été déposés par les mêmes sources minérales.

(1) Fuchs et de Launay. Traité.

Ceci revient à dire qu'il y aurait des quartzites du terrain encaissant, des quartzites provenant du métamorphisme, des grès imprégnés de cinabre et des quartzites filoniens.

On rencontre accidentellement des traces d'autres sulfures, dans le gîte d'Almaden, et du sulfate de baryte.

D'autres gisements ont été exploités, aux environs d'Almaden, mais ces exploitations ont été abandonnées par suite de l'appauvrissement en profondeur.

Les deux gîtes d'*Almadenejos*, à 12 kilomètres au sud-est d'Almaden ont été suivis jusqu'à 50 et 250 mètres de profondeur; on y a rencontré du cinabre associé à des pyrites et carbonates de cuivre.

Il en fut de même dans les gîtes de *Valdeazogues*, situés à 15 kilomètres Sud-Est d'Almaden, qui n'ont pas donné de résultats plus favorables.

A 2 kilomètres au nord d'Almaden, une couche de quartzite imprégnée d'un peu de cinabre et de carbonates de cuivre donna lieu à des recherches pour cuivre abandonnées bientôt après.

La présence d'autres sulfures avec le cinabre n'était pas une circonstance favorable car, ainsi que le dit M. Kuss, on sait depuis 1817, époque à laquelle de Jussieu fit cette remarque, que le sulfure de mercure a une tendance à s'isoler des autres minerais. Il n'a d'affinité que pour les matières charbonneuses. Les schistes d'Almaden sont en effet un peu graphiteux.

On a cherché à aligner sur les plans les gîtes d'Almaden et de ses environs, afin de les assimiler à des filons recoupant les strates. Il ne faut voir, à notre avis, dans cette région, que des colonnes ou cheminées métallifères dans des couches favorables où les eaux et vapeurs minérales ont pu circuler.

Ces colonnes appartiennent donc au même phénomène mais elles sont indépendantes les unes des autres, comme les cheminées d'une même usine.

§ 7. — GÎTES D'ANTIMOINE

On connaît des gîtes d'antimoine dans la province de Cordoue, à Espiel près de Belmez et à Sta Maria de Trasiera, à 3 kilomètres Nord-Ouest de Cordoue.

Les filons d'antimoine sont à gangue de quartz et ont une puissance de 0,50 à 1 mètre, mais le sulfure d'antimoine est quelquefois disséminé et difficile à concentrer.

Dans la province de Huelva on connaît deux gisements;
L'un à 3 kilomètres Nord-Ouest de Tharsis, termino del Cerro, l'autre à el Aguijon, termino de Calañas. Les filons à gangue quartzeuse sont dirigés Est-Ouest, comme le terrain silurien qui les encaisse.

Ils présentent des renflements de 2 à 3 mètres de puissance de quartz, avec zones de sulfure d'antimoine quelquefois très beau et très riche. L'étendue en direction est de quelques centaines de mètres.

Enfin, nous signalerons les gîtes des environs de Valdepeñas et Santa Cruz de Mudela à l'extrémité orientale de la zone métallifère de Castuera, Almorchon, Almodovar, dont nous avons indiqué les caractères.

Nous devons la note suivante, sur la région plombo-antimonieuse des environs de Porto, à M. Terraillon.

Région plombo-antimonieuse du Douro et des environs de Porto. — Les gisements métallifères de cette région se rencontrent dans les micaschistes qui se trouvent au Nord de la bande granitique que l'on voit à Talhadas, à Pecegueiro, Silva Escura, au N.-E. d'Oliveira d'Azemeis, à Feira, et qui aboutit à la mer dans les environs de Granja au sud de Porto.

D'une manière générale, le sulfure d'antimoine qui y abonde est aurifère; il en est de même des quartz qui servent de gangue au minerai.

Portal. — Le gisement du Portal, comprenant les mines du Portal et celles de Valle da Rocha, est situé sur les bords même du Douro, rive gauche, et à très peu de distance de ce fleuve.

On y observe plusieurs filons (on en a compté jusqu'à huit) dont l'orientation se rattache aux directions suivantes :

N. 20° E. (heure 1 à 2) avec inclinaison E.-O. (Valle da Rocha).
N. 35° E. (— 2 à 3) — S.-E. (Portal et Valle).
N. 50° E. (— 3 à 4) — N.-O. (Portal).
N. S.   (— 12) — E. (Portal).

Dans les filons N. 35° E. la métallisation est variable et présente parfois, à l'exclusion de l'antimoine, de la galène et de la blende avec une gangue qui, pour tous les filons, est composée de quartz, de pyrite de fer et de fragments des terrains encaissants. Cette observation n'est peut-être qu'accidentelle, mais elle mérite d'être notée.

La métallisation de ces divers filons est irrégulière.

La teneur en or du minerai a été parfois de 19 gr. à la tonne et celle du quartz s'est élevée jusqu'à 25 gr., certains échantillons ont même donné jusqu'à 200 gr. d'or à la tonne de quartz.

Les terrains encaissants sont des schistes micacés argilo-siliceux, gris ou plus ou moins colorés par les oxydations ferrugineuses, limités d'un côté par les granites et de l'autre par le terrain carbonifère. Leur orientation générale est N. 10 à 20° Est et leur inclinaison assez faible est de 15° vers l'Est.

Gondarem. — A 4 ou 5 kilomètres à l'ouest du gisement antimonieux du Portal et dans les terrains qui limitent au N.-E. le terrain carbonifère, sur la même rive gauche du Douro, se trouve le gisement plombeux de Gondarem, dans lequel on retrouve les filons avec une direction sensiblement E.-O. comme ceux de la région plombo-cuivreuse déjà décrite.

Les terrains encaissants, schistes argilo-siliceux cambriens, ont une orientation générale moyenne N. 20° O. avec des inclinaisons variant de 40° à 90° vers l'Est.

Cinq filons ont été explorés dans ce groupe, ayant tous une direction se rapprochant de la ligne E.-O. (heure VI), avec une inclinaison de 70° à 80° vers le Sud.

On observe cependant peu de régularité dans l'allure et la métallisation ou minéralisation de ces filons qui sont assez fréquemment ramifiés ou coupés et rejetés par des filons croiseurs ou failles, à remplissage de schistes noirs, dont l'allure n'a pas été déterminée.

La gangue des filons est quartzeuse avec des fragments de schistes et de la pyrite de fer.

Le minerai est composé de galène argentifère ($2^k 1/40$ argent à la tonne de minerai) et de blende et de leurs dérivés.

Ribeiro do Rebentao. — Ce gisement de sulfure d'antimoine est un des premiers que l'on rencontre sur la rive droite du Douro, en marchant du S.-E. au N.-O.

Il est enclavé dans les schistes silico-argileux orientés sensiblement N.-S. et inclinant à l'Est.

Un seul filon y a été reconnu. Sa direction est N. 20° E. et son inclinaison vers l'Est.

Le remplissage est formé de quartz et de fragments de schistes encaissants.

Ribeiro da Serra. — Plusieurs filons ont été reconnus et exploités dans cette concession ; ce sont les filons César, Ferreira, Cardoso, Precioso, Alvorinhos, Esperanza.

Le filon César a une direction sensiblement N. 15° E. (heure I) tout à fait identique à celle des schistes encaissants, mais il coupe presque perpendiculairement la stratification de ces derniers avec une inclinaison Ouest.

Les filons Ferreira Cardoso et Esperanza ont une direction E.-O. (heure VI).

Le filon Precioso suit la direction E. 20° N. (heure IV 40')

La direction du filon Alvorinho est N. S. (heure XII).

Les filons croiseurs, très nombreux et généralement stériles, ont une direction se raprochant sensiblement de heure III ou heure IV, avec une très faible inclinaison sur l'horizon, 15 à 20°. l'inclinaison générale des filons métallisés variant de 30 à 60° sur l'horizon.

La puissance de ces derniers varie de 0^{m}50 à 2 mètres; leur remplissage est composé de quartz presque toujours aurifère, de schistes encaissants plus ou moins décomposés et tendres, de pyrite de fer et de sulfure d'antimoine. Ce minerai n'est pas répandu d'une manière uniforme dans la masse des filons et se présente, au contraire, en amas assez irréguliers et sans suite.

Fontinha. — Dans cette concession on distingue trois filons principaux : l'un, qui paraît être la continuation du filon César de la mine do Ribeiro da Serra et qui en a tous les caractères; un second, le filon Outeiro, qui a une direction se rapprochant de l'heure III, et le troisième qui a une direction N.-S. Tous ces filons ont donné lieu, ainsi que ceux do Ribeiro do Santos, à des travaux d'une certaine importance.

Les terrains encaissants, de même nature et allure que ceux do Ribeiro, ont une direction N. 10° E. et une plongée de 30 à 45° vers l'Est. Il sont toujours constitués par des schistes argilo-siliceux cambriens.

Tapada do Padre. — Dans des conditions identiques se trouve le gisement de Tapada do Padre. Un filon y est reconnu et exploré. Sa direction est toute autre que celle des précédents filons et se rapproche de la ligne E.-O. avec des inflexions plus ou moins grandes vers le Nord ou vers le Sud et son inclinaison est d'environ 40 à 45° vers le Nord. Sa puissance, très variable, peut être considérée en moyenne de 0^{m}70 à 0^{m}80. Son remplissage est composé de fragments de schistes encaissants, de quartz, presque toujours suffisamment aurifère pour pouvoir être utilisé, et de stibine.

C'est un des filons de la région qui ont été le plus complètement étudiés et exploités. Dans la zone d'exploitation, d'environ 350 mètres de longueur, trois colonnes minérales, toutes inclinant vers l'Est et formant un angle de 30 à 35° avec la ligne de plus grande pente, ont été déterminées. Les travaux ont été poussés à plus de 200 mètres de profondeur au-dessous des affleurements du filon.

Sitio do Corgo. — Le gisement du Corgo, au voisinage et au N.-O. du précédent, renferme un filon exploré jusqu'à la profondeur d'environ 150 mètres suivant l'inclinaison et à peu près autant en direction. Cette dernière suit une ligne E. 20° N. et l'inclinaison est d'environ 45° vers le Sud.

Les conditions de remplissage du filon sont absolument les mêmes que celles des gisements précédents.

Valle de Pinheirinhos. — Ce gisement, à l'Ouest de celui da Tapada do Padre, comprend deux filons dont l'un à une direction E. 40° N. avec une plongée de 60 à 70° vers le S.-E., et l'autre une direction E.-O. avec une inclinaison de 30° seulement vers le Sud.

On y a reconnu aussi un filon croiseur métallisé ayant une direction N. 30° O. et une inclinaison de 30° vers l'Ouest. Ce filon croiseur est postérieur aux précédents, ces derniers étant rejetés par le premier.

Le quartz, qui se trouve dans le remplissage des filons, est aurifère.

BouçaVelha. — Le gisement de Bouça Velha, au N.-N.-E. et à un ou 2 kilomètres de celui da Tapada do Padre, n'a qu'une importance minime et je ne le signale que par la direction particulière du filon N. 35° O. qui se rapproche singulièrement de celle du filon croiseur précédemment décrit. La métallisation est irrégulière et généralement pauvre.

Fojo Ribeira et Tapada da Escusa. — Les terrains dans lesquels se trouvent ces mines, font partie du versant Ouest de la montagne des Açores, contrefort occidental de la montagne de Santa Justa.

Ils appartiennent, d'une manière générale, aux terrains cambrien, silurien et carbonifère.

Les gisements d'antimoine sont compris dans le premier de ces terrains dont les roches dominantes sont des schistes argilo-siliceux, parfois talqueux, diversement colorés et dont la direction est généralement N. 10 à 20° O. (heure XI).

Il existe dans ces concessions, des vestiges d'anciens travaux comme, du reste, dans toute la zone antimonifère et aurifère de cette région qui s'étend de Vallongo au N.-O. à Castello de Paiva au S.-E.

La direction des filons, dans la concession de Fojo et da Ribeira, est approximativement E.-O. Leur inclinaison est de 50° environ au Nord. Dans la concession de Tapada da Escusa, la direction du filon paraît être un peu différente et se rapprocher sensiblement de celle des schistes encaissants N. 20° O. Son inclinaison vers l'Ouest est encore indéterminée.

Ces gisements se rencontrent à 2 kilomètres environ au Nord de celui du Valle do Pinheirinho.

Mont'alto. — A 3 kilomètres N.-O. de la concession da Tapada da Escusa, se trouve celle de Mont'Alto, une des pricipales de la région et où l'on exploite un filon dont la direction générale est N. 45° O. (heure IX) et l'inclinaison de 50° O.

Son remplissage est formé par du sulfure d'antimoine associé à des schistes grisâtres et à du quartz plus ou moins compact, plus ou moins cristallisé et plus ou moins aurifère. Il n'est pas rare d'y apercevoir des particules d'or à l'œil nu. Il en est de même dans les trois concessions précédentes.

Ce filon a été exploré et exploité jusqu'à une profondeur de 200 mètres au-dessous du fond de la vallée où coule la rivière Sousa, affluent du Douro.

Dans la même région on a reconnu un autre filon d'allure indéterminée.

Levada do Rego. — A 2 kilomètres à l'Est du gisement de Mont'Alto, se trouve celui de la Levada do Rego, où l'on a reconnu l'existence d'un filon E.-O. avec une inclinaison de 40° environ vers le Nord.

Abelheira. — A 3 kilomètres au Nord de la concession de la Levada, se trouve celle d'Abelheira, où l'on a reconnu un filon ayant une direction N.-E. (heure III) et une inclinaison indéterminée.

Medas. — La concession Medas est limitrophe à l'Est de celle d'Abelheira. On y a reconnu un filon N. 30° E. (heure II) presque vertical. Les schistes encaissants ont une direction moyenne N. 10° O. et une inclinaison de 60 à 70° vers l'Est.

Moinho da Egreja. — Dans cette concession, à 4 kil. à l'Ouest de la précédente, on a reconnu trois filons dont la direction varie de N. 30° E. à N. 45° E. (heure II à heure III) et dont l'inclinaison varie de 70° à 80° E.

Les terrains encaissants ont la même allure et la gangue de remplissage est la même que celle des filons précédemment décrits. Le minerai est de la stibine.

Lameirao. — A 2 kilomètres au S.-O. du gisement do Moinho da Egreja, se trouve celui de Lameirao où il existe également trois filons reconnus, deux d'entr'eux ont une direction N. 10° E. Leur inclinaison tend vers l'Ouest, mais ils sont généralement verticaux. Les schistes argileux micacés ont une direction sensiblement N. 10° O. avec une inclinaison de 70 à 75° Est.

Logar do mó, Monte das Lampas. — Ces deux concessions se trouvent au N.-E. et dans la continuation de celle de Lameirao.

Dans la première, on a reconnu un gisement interstratifié dans les schistes argilo-talqueux et siliceux, ayant une direction N. 25° E. et une inclinaison vers l'Est.

Dans la deuxième, on a rencontré un filon avec une direction N. 40° E. et une inclinaison de 80° environ vers le Sud.

Visinhança — Toujours dans la même direction N.-E., et à 4 ou 5 kilomètres du gisement de Monte das Lampas, on trouve celui de Visinhança.

Le filon reconnu a un remplissage identique à celui des filons précédents, une direction N. 20° E. et est vertical. Le minerai est du sulfure d'antimoine.

Les roches encaissantes sont orientées sensiblement N.-S. et ont une inclinaison de 75° environ vers l'Ouest.

Pyramide de Santa Justa, Valle do inferno, Fojo das Pombas. — Ces trois concessions forment un groupe qui occupe le sommet de la montagne da Santa Justa et son versant oriental.

Cette montagne de Santa Justa est remarquable par la quantité d'anciens travaux, attribués aux Romains, dont elle est criblée.

En déblayant ses anciens travaux on a reconnu un filon avec une direction N. 60 à 65° O. (heure VII) et une inclinaison de 75° au N.-E., les schistes encaissants ayant une direction N. 15 à 20° O. et une inclinaison de 45° vers l'Ouest.

Ce filon a été complétement exploité par les anciens sur une hauteur supérieure à 100 mètres.

Deux autres petites veines ont été reconnues dans cette région, avec une direction Est 20° N. et une inclinaison au N. N.-O.

La montagne de Santa Justa est couronnée par des quartzites siluriens (?) dans lesquels existent plusieurs excavations irrégulièrement allongées et ayant la même orientation que celle du filon précédent. Est-ce l'antimoine? Est-ce l'or qu'on a recherché dans ces travaux?

Vallongo. — Autour de la petite ville de ce nom au nord-ouest de la montagne de Sta-Justa se trouvent les mines de Valle de Achas et de Ribeiro da Egreja dans les schistes siluriens séparés sans doute des schistes cambriens par les bancs de quartzites de la montagne de Sta-Justa.

Dans la mine de Valle de Achas on a reconnu un filon dont la direction est N. 30° E.

Dans la mine de Ribeiro da Egreja, il en existe deux, l'un avec une direction E. 35° N., l'autre avec une direction Est-Ouest.

L'inclinaison de ces trois filons est irrégulière, mais elle est généralement Nord.

Leur gangue est quartzeuse et leur minéralisation très irrégulière. Les schistes encaissants ont une direction N. 10° O. et des inclinaisons très variables.

Indépendamment des gîtes dont je viens de faire la description rapide, il en existe un grand nombre dans la même région de moindre importance, les concessions minières ayant pour objet l'exploitation de l'antimoine dépassant le chiffre de **70**.

Il existe aussi dans cette région des *gisements plombeux* autres que ceux de Gondarem déjà cités ; les principaux sont :

Ribeira da Estivada. — Sur la rive droite du Douro, à 4 ou 5 kilomètres nord-ouest de Gondarem et à peu près à 3 kilomètres à l'est de Melres, se trouve le gisement do Ribeiro da Estivada constitué par un filon ayant une direction E. 30° N. et un pendage presque vertical; les terrains encaissants, comme ceux de Gondarem, sont des schistes micacés, argilo-quartzeux, ayant une direction N. 35° O. et une inclinaison moyenne de 55 à 60° Est.

Ce filon, d'une puissance qui ne dépasse pas 0^{m}50 est bien caractérisé et sa métallisation continue et régulière. La gangue est quartzeuse.

Les travaux ont atteint une profondeur de 80 à 90 mètres et une extension en direction d'environ 200 mètres.

A 2 ou 3 kilomètres à l'est de ce gisement se trouvent encore deux autres mines de galène sur lesquelles je n'ai pas de renseignements.

A 4 ou 5 kilomètres au nord de Melres se trouvent également plusieurs gisements de galène avec un certain nombre de filons (4) dont l'allure ne m'est pas connue.

Valle Grande. — Dans ce gisement, situé à 6 kilomètres au S.-E. E. de Vallongo et à proximité du chemin de fer du Douro, on a reconnu un filon de galène dont la direction se rapproche de la ligne Nord-Est (heure 3) et dont l'inclinaison est d'environ 65° à l'Est, les schistes siluriens encaissants ayant une direction N. 30° O. et une inclinaison de 80° vers l'Ouest.

Dans la région, on connait encore, jusqu'à présent, deux ou trois autres gisements de galène sans importance.

En résumé, cette région de la *vallée du Douro*, abonde en gisements antimonieux aurifères.

L'orientation des fentes métallisées antimonieuses est des plus variables. Toutes les heures du cadran s'y trouvent représentées ou à peu de chose près, l'orientation la plus commune étant cependant la direction Est-Ouest (heure 6) c'est-à-dire étant la même que la direction générale des filons de plomb de la même région ou des filons plombeux et plombo-cuivreux de Talhadas ou du Caima. Il faut remarquer aussi que la plupart des filons se rapprochant de la direction heure III renfermant de la galène en même temps que de la stibine.

§ 8 — GÎTES DE SULFURES COMPLEXES ET GÎTES D'OR ET D'ARGENT

Pour terminer l'examen des principaux gisements du plateau central espagnol, il nous reste à parler des gîtes de sulfures complexes de la province de Huelva, signalés dans l'ouvrage de M. Gonzalo y Tarin, des gîtes d'or et d'argent.

Dans la partie occidentale de la province de Huelva, près la frontière portugaise, les principaux gîtes de sulfures sont dans les « terminos » de Paymogo, la puebla de Gusman et Cabezas Rubias.

Au nord de la Puebla, à 8 kilomètres environ le gîte est intéressant. On observe des affleurements quartzeux de filons sur plus de 2 kilomètres avec anciens puits. La zone minéralisée de 1^{m}25 à 18 mètres renferme un minerai composé de :

3 à 5 o/o de sulfure de cuivre ;
18 à 24 o/o de galène ;

27 à 32 o/o de blende ;

12 à 22 onces d'argent à la tonne ainsi qu'un peu d'or.

Une analyse moyenne a donné :
Cuivre 4 o/o, plomb 19 o/o, zinc 31 o/o
Argent 392 grammes par tonne de minerai ;
Or 7 grammes par tonne.

Un gîte analogue, dans le barranco de Trimpancho (termino de la Puebla) a 2 à 3 mètres. Certains échantillons ont donné jusqu'à 5 kilos d'argent par tonne.

La mine Fernanda a donné des minerais à 10 o/o de cuivre et plus de 2 k. 400 grammes d'argent à la tonne, malheureusement tous ces minerais riches en argent auraient présenté des difficultés de traitement insurmontables.

Gîtes d'or. — La décomposition des sulfures ou arsénio-sulfures de la venue métallifère hercynienne a mis en liberté l'or natif que l'on rencontre sur bien des points du plateau central, dans les alluvions ou terres rouges et dans les dépôts côtiers qui se formaient autour du massif primaire.

Dans la région de la faille du Guadalquivir, on connait entre Cordoue et Séville, aux environs de Lora-del-Rio et Peñaflor, stations du chemin de fer de Madrid à Séville, des gîtes d'or très variés peut être exploitables avantageusement et dont on s'est occupé à une certaine époque (1).

(1) Voir Noguès, *Ind. min.*, t. XIV., 1885.

On trouve l'or ;

1° Dans les roches éruptives basiques anciennes, gabbro, diabases ophitiques ;

2° Dans la zone de contact des terrains traversés par elles ;

3° Avec les minerais de fer, zinc, plomb, cuivre, antimoine, nickel, amenés par les sources thermo-minérales ;

4° Dans les conglomérats, miocènes côtiers, qui se formaient au pied des massifs anciens ;

5° Dans les terres rouges de la surface qui recouvrent les flancs de la Sierra de Peñaflor et proviennent de la décomposition des roches vertes et des minerais ;

6° Enfin, dans les alluvions de la plaine.

Les terres rouges, étudiées par M. Noguès et autres ingénieurs, ont donné des teneurs en or très variables, depuis un gramme jusqu'à 28 grammes par mètre cube de terre. M. Noguès a évalué à 5 à 6 grammes leur teneur moyenne. Il y aurait à peu près autant d'or combiné.

Ces terres lavées, laissent un résidu de sable noir caractéristique composé de fer oxydulé magnétique, de fer titané et de fer oligiste.

Dans la province de Guadalajara, il existe, au sud d'Atienza, un massif de terrain primitif renfermant le célèbre gisement d'argent de *Hiendelaencina*, entouré de schistes et quartzites siluriens qui ont été affectés par une venue aurifère.

Gîtes d'or de la Nava de Jadraque. — Des travaux anciens étaient connus aux environs de Arroyo de Fraguas et de la Nava de Jadraque (1), à l'altitude de 1.400 mètres environ.

En 1876, à la suite de la découverte dans les déblais anciens, par M. Savas, d'échantillons ayant donné 2 k. 739 grammes d'or à la tonne, un grand nombre de concessions furent demandées et une tentative de reprise de l'exploitation eut lieu, suivie bientôt après de l'abandon du plus grand nombre des mines.

Il en fut de même à Hiendelaencina à chaque reprise des travaux sur les mines d'argent.

A la Nava de Jadraque, les veines de quartz aurifère furent reconnues sur divers points avec une bien faible puissance et peu de continuité.

Les parties riches, dans les zones plissées et disloquées du terrain silurien, ont donné 8 à 10 grammes d'or amalgamable à la tonne de minerai et contiennent à peu près autant d'or combiné.

Ces minerais renferment aussi un peu d'argent qui paraît concentré dans les roches encaissantes et qui serait peut être d'une venue postérieure à celle de l'or d'après M. Autissier, peut être contemporaine de celle de Hiendelaencina, situé à 10 kilomètres à l'Est.

Mine d'argent de Hiendelaencina. — Cette mine, plusieurs fois abandonnée, renferme des minerais d'argent très disséminés.

M. Bontoux n'a pas craint de reprendre les travaux inondés à 500 mètres de profondeur et sa témérité a été

(1) Voir *Industrie minérale*, t. VII., 1884., Autissier.

récompensée par la découverte d'une nouvelle zone riche.

Quelques directions de filons (1) ont reçu des minerais à l'état de sulfures, chlorures, bromures d'argent, avec un peu de galène et de sulfure d'antimoine.

Les gangues sont le quartz, le sulfate de baryte et le fer spathique.

L'absence dans le voisinage de gisements analogues et de terrains plus récents affectés par les sources thermominérales rend bien difficile la détermination exacte de l'âge des gisements de ce pays. Nous les rapportons donc, avec réserve, aux phénomènes métallifères hercyniens (2).

Nous pouvons en dire autant de la venue d'argent des environs de Guadalcanal et Cazalla de la Sierra, province de Séville.

Gîtes d'argent de Guadalcanal et Cazalla de la Sierra. — A quelques kilomètres à l'est de Guadalcanal, il existe une ancienne mine d'argent qui a été, paraît-il, importante ainsi que paraissent l'indiquer de grands tas de déblais qui ont été repris et lavés il y a quelques années.

Les filons, à gangue spathique, contenaient de l'argent

---

(1) Voir L. Mallada. Explicacion del Mapa geológico de España.

(2) Nous trouvons l'analyse suivante dans une notice sur une société nouvelle de cette région *La Plata Roja*.

Echantillon de minerai d'argent de « La Morenilla » argent 3.600 %, cuivre 4.570, plomb 0.819, zinc traces, antimoine 5.525, fer 34.872, sulfate de chaux 5.400, soufre des sulfures 4.215, alumine 1.700, silice 5.300, sulfate de baryte traces, acide carbonique, oxygène 33.850 pertes 0.149. Total 100,00.

Signé A. Drouin.

et de l'arsenic natifs, des arséniures et sulfures d'argent, un peu de galène, de blende et cuivre.

Des travaux ont été repris sur une mine ancienne, située au sud-est de Guadalcanal, entre la ligne du chemin de fer et Cazalla-la-Sierra.

Ils n'avaient encore donné aucun résultat important lors de notre passage dans cette région en 1890.

Les minerais étaient de même nature que ceux de Guadalcanal.

CHAPITRE III.

Le Nord de l'Espagne
Chaîne Cantabrique

Aperçu géologique. — Si nous jetons un coup d'œil d'ensemble sur le nord de l'Espagne, nous distinguerons sur l'étendue de pays de 600 kilomètres, comprise entre le cap Finistère et St-Sébastien, trois zones de 200 kilomètres chacune, ayant un cachet géologique particulier :

1° La zone de Lugo ou de la Galice, caractérisée par les terrains primitifs, précambriens, siluriens, avec nombreux massifs granitiques et roches éruptives anciennes variées ;

2° La zone des Asturies et Léon, caractérisée par le terrain carbonifèrien reposant sur le dévonien et recouvert par les terrains secondaires au Nord, à Villaviciosa, Oviedo et au Sud par le crétacé et le diluvium de Léon ;

3° La zone de Bilbao ou de la Biscaye, caractérisée par le crétacé traversé par des roches ophitiques.

Le terrain primitif de Galice est composé de gneiss granitoïdes ou glanduleux, plus ou moins feuilletés, de gneiss micacés avec amphibolites, pyroxénites, serpentines, cipolins.

Le précambrien comprend des schistes verts avec quartzites et des phyllades. La puissance de cet étage (schistes de Rivadeo) est, d'après M. Barrois, de 300 mètres.

Le silurien inférieur (cambrien) existe en Galice et dans les Asturies où la faune primordiale a été reconnue dans les schistes et grès. On y rencontre aussi des calcaires et un horizon de minerai de fer.

Le silurien supérieur est représenté par des grès, des schistes ardoisiers ou graphitiques, des quartzites, des minerais de fer.

Le dévonien existe en Galice et dans les Asturies et comprend des grès, des bancs de minerais de fer, des calcaires et des marbres griottes. La puissance, d'après M. Barrois, est de 1.000 mètres.

Le carbonifère comprend deux étages : l'inférieur composé de schistes, grès et poudingues, alternant avec des calcaires à fusulines ; le supérieur ou terrain houiller à flore stéphanienne, avec couches de houille exploitées dans les Asturies et reposant sur le précédent, à stratification discordante.

L'existence du terrain permien ne paraît pas démontrée et il est fort probable qu'il existait un massif émergé de la chaîne Cantabrique à cette époque. Ce terrain peut aussi avoir été confondu avec la base du trias comme sur d'autres points de l'Espagne.

Les terrains secondaires reposent toujours à stratification discordante sur le massif primaire relevé et plissé à l'époque des chaînes hercyniennes. Le trias se montre à partir d'Aviles où se développent les marnes irrisées, ainsi qu'à Villaviciosa. Il occupe de grandes surfaces au sud de Santander, à Reynosa et de petits îlots se rencontrent plus au Sud vers Burgos entourés de crétacé ou de tertiaire.

Une bande très continue existe dans les pyrénées espagnoles et il s'étend ensuite vers Barcelone, Valence, Cuenca autour du plateau central. En ce dernier point le permien a été étudié par M. Jacquot.

Le terrain jurassique recouvre généralement le trias, cependant sur divers points il n'existe pas et c'est le crétacé ou même des dépôts tertiaires qui viennent s'appuyer sur lui. Il y a eu, après le dépôt du trias, un exhaussement du sol et c'est probablement à la suite de ce mouvement que sont venues les ophites qui ont traversé les marnes irrisées et qu'on observe sur un grand nombre de points en Espagne et dans les Pyrénées françaises.

Le crétacé occupe toute la région de Bilbao et s'étend jusqu'à St-Sébastien. Il est fortement plissé et l'axe des ondulations est dirigé sensiblement N.-O. — S.-E.

Il a été traversé par des roches ophitiques et nous

verrons qu'il a été affecté par les phénomènes métallifères Pyrénéens ou tertiaires

§ 1. — ZONE DE BILBAO OU DE LA BISCAYE

Région ferrifère de Bilbao-Somorrostro. — Nous avons étudié la région ferrifère de Bilbao à la fin de 1876 et nous avons remis notre rapport à M. Parran, directeur de la Compagnie de Mokta-el-Hadid en janvier 1877, avec carte et coupes géologiques.

Vers la fin de 1878 parut dans la *Revue universelle des mines et de la métallurgie* T. IV, novembre et décembre 1878, un mémoire sur les mines de Somorrostro par M. Eugène Bourson.

Après avoir cité l'opinion de quelques auteurs, il ajoute comme résumé :

« Il est hors de doute, croyons nous, que ces minerais « ont été déposés par des sources chaudes pendant la « période crétacée ».

Notre étude nous avait laissé la conviction que ces gîtes étaient postérieurs au terrain encaissant, le crétacé, et probablement de l'âge de la chaîne des Pyrénées. Nos arguments, notre carte et nos coupes se trouvant dans notre rapport, nous demandâmes à M. Parran s'il n'y aurait pas intérêt à faire connaître nos conclusions et s'il nous autoriserait à publier la partie géologique de notre travail.

Avec sa bienveillance habituelle et puisqu'il pouvait y avoir un intérêt scientifique, M. Parran voulut bien nous accorder cette autorisation. Nous avons donc publié une notice sur Bilbao en 1879 (1). Enfin en 1884, dans notre travail sur les minerais de fer dans l'écorce terrestre nous avons donné un résumé sur Bilbao.

Nous allons citer quelques extraits de notre étude de 1876.

Nous citerons ensuite l'opinion de Don Ramon Adan de Yarza, d'après son ouvrage de 1892 (2) qui résume certainement toutes les observations faites pendant l'exploitation du célèbre gisement.

Résumé de notre rapport de 1876

1. — L'arrivée ferrugineuse a affecté tous les étages crétacés de la région et trois roches distinctes ; grès, calcaires, marnes auxquelles correspondent des minerais différents.

2. — La masse la plus importante de minerai est un dépôt en forme de thalweg sur le plateau de Triano : le minerai de fer se substitue à l'assise calcaire sur une certaine épaisseur et repose tantôt sur le calcaire, tantôt sur le grès. Sur quelques points il est à découvert, sur d'autres, recouvert par du calcaire minéralisé ou par une faible épaisseur de marnes supérieures. (p. 18).

3. — Les gîtes reposant directement sur les grès se

---

(1). Exploration géologique de la région ferrifère de Bilbao-Somorrostro avec carte géologique 1879. Baudry, 15, Sts-Pères. Paris.

(2) Description physique et géologique de la province de Biscaye 1892. Madrid, Comision del mapa geologico de España, 25 calle Isabel la Catolica.

sont effondrés par suite de l'entraînement des sables sur lesquels ils reposaient (p. 25).

Cette observation eut pu éviter de bien grandes erreurs si on en avait tenu compte.

4. — Dans la région de Somorrostro, les sources minérales ferrugineuses circulant sur des terrains presque horizontaux ont déposé les minerais de fer selon les thalwegs superficiels ou souterrains qu'elles suivaient au voisinage de la surface et on n'y rencontre que des gîtes superficiels. On comprend que sur les calcaires elles aient produit des gîtes de nature différente, et qu'au voisinage de la faille San Miguel elles aient circulé dans l'assise calcaire, suivant un thalweg souterrain recouvert par les marnes supérieures (p. 33).

5. — Dans la *région de Bilbao*, les sources minérales ont circulé au contact des grès et calcaires, y ont déposé du carbonate de fer et, près de la surface, ont minéralisé les terrains environnants.

De plus elles auraient à notre avis, remanié les gîtes déjà déposés, auraient stratifié les débris en certains points et déposé ces sables que l'on ne s'explique pas sur le mamelon de Miravilla. Ces eaux minérales, circulant à travers des fractures du grès, des failles au contact des deux étages, y auraient pris ces sables et les auraient déposés à la surface. Les argiles auraient été empruntées aux marnes.

L'action geyserienne a du être considérable dans ces régions. (p. 30).

6. — Les rapports qui existent entre l'allure de ces

gîtes et celle du terrain encaissant, nous portent à croire que l'arrivée des sources minérales est postérieure aux soulèvements qui ont donné aux couches leur direction, au relief du sol sa forme actuelle (p. 34).

Nous avons vu que les gîtes étaient presque toujours avec les failles aux environs de Bilbao, à Iturrigorri, à Triano, et que ces failles étaient minéralisées, au sud d'Ollargan, à Iturrigorri, à Loredo.

7. — Il nous paraît donc probable que l'arrivée des minerais doit être attribuée à un ébranlement du sol qui aurait produit la réouverture des failles de la contrée et par lesquelles seraient arrivées les sources minérales. La roche éruptive d'Axpe est peut être de même âge, mais nous n'avons pas étudié ces roches trachytiques (p. 35).

8. — La nature et la qualité des minerais sont toujours en rapport avec la roche encaissante. Ce fait remarquable prouve l'influence chimique des roches encaissantes sur la composition des minerais. On voit que sur le grès le minerai n'est jamais calcaire, ce qui tend à prouver que le carbonate de chaux n'existait pas dans les eaux minérales et a été emprunté au terrain encaissant (p. 38 et 40).

Nous avons considéré le campanil comme du carbonate décomposé, la vena comme du carbonate complétement décomposé, enfin le rubio comme un dépôt de surface.

Si nous insistons pour bien établir notre opinion exprimée en 1876, c'est parce qu'elle était peu admise à cette époque et même critiquée, surtout par ceux qui voulaient voir une couche de plus de 50 mètres de puissance parfaitement continue dans le terrain crétacé et s'étendant sur tout le pays. Le gisement devait être inépuisable.

Les faits nous ont donné raison, sur l'origine. l'âge et l'allure des gîtes, tant à Bilbao qu'en Algérie, au Canigou, en Espagne et un grand nombre d'observateurs et de géologues ont reconnu l'existence réelle de cette grande venue de fer spathique tertiaire, qui se retrouve dans tout le bassin méditerranéen et que nous avons signalée il y a longtemps.

Nous en faisons dans le présent travail une étude plus complète.

Nous avons lu avec soin la description géologique de Biscaye, de Don Ramon Adan de Yarza qui a paru en 1892.

Nous avons été heureux de constater qu'il arrive à des conclusions absolument identiques aux nôtres et qu'il s'est rangé à notre opinion qu'il ne partageait pas autrefois, M. de Yarza dit, page 187 :

« A l'époque du soulèvement des Pyrénées, les éruptions de trachytes et d'ophites furent une conséquence des fractures qui se produisirent. Suivant toutes probabilités les sources hydrothermales qui déposèrent les minerais de fer datent de la même époque, arrivant à la surface par ces fractures, comme le démontrent les exemples variés que nous avons cités et ou l'on voit la relation des minerais de fer avec les failles du terrain crétacé. »

Comme on le voit, nous sommes donc absolument d'accord aujourd'hui avec le savant géologue espagnol.

Nous allons résumer la description des gîtes de fer de Bilbao dans l'état actuel de nos connaissances.

Terrain encaissant. — Deux étages du terrain crétacé se montrent dans la région de Bilbao et ont été affectés par les sources ferrugineuses. L'inférieur composé de grès et calcaires était considéré comme Cénomanien, le supérieur composé de marnes, calcaires et grès comme peut-être Turonien. Aujourd'hui c'est l'étage supérieur qui est considéré comme Cénomanien et l'inférieur comme Urgo-aptien (1).

Il y aurait donc, dans la région de Bilbao, un étage appartenant à la partie supérieure de l'infra-crétacé et un étage représentant la partie supérieure du supra-crétacé.

Les trois sortes de roches : grès, marnes, calcaires ont été minéralisées.

Le crétacé de la Biscaye est fortement plissé.

L'axe des plissements, les zones parallèles formées par les étages et par les roches éruptives, les failles, les filons sont généralement dirigés N.O.-S.E.

La zone ferrifère partant du sud-est de Bilbao suit cette direction, passe par Somorrostro et se prolonge dans la province de Santander aux mines de Dicido. Elle a environ 35 à 40 kilomètres d'étendue sur 5 à 6 de large et renferme de nombreux gisements.

C'est la région de Somorrostro qui est la plus riche en minerais. Elle comprend deux grands gisements : Triano et Matamoros, séparés par le barranco de Granada

---

(1) De Yarza.

Nous reproduisons (*pl. 4, pag. 121*) notre coupe de 1876.

La zone qui renferme des minerais de fer est comprise entre la vallée de Galdamès et la faille S⁺ Miguel, sur la largeur de l'étage infra-crétacé.

Le gisement de *Triano* est le plus important et s'étend sur environ 3.000 mètres avec une largeur variant de 100 à 800 et 1.300 mètres. La surface minéralisée atteint 2 millions de mètres carrés, la puissance 30 mètres près de la faille S⁺ Miguel. C'est ce gisement qui a fourni la plus grande quantité de campanil et de vena c'est-à-dire des minerais associés au calcaire.

Il est presque horizontal et représente, à notre avis, un thalweg suivi par l'eau minérale, en partie superficiel sur les grès, en partie souterrain dans les calcaires et à leur contact avec les grès inférieurs.

Le gisement de *Matamoros* (mines Orconera et autres voisines) représente une partie de cet ancien thalweg sur les grès. La surface du gisement qui a échappé aux dénudations est là de 1.200.000 mètres carrés environ. Le dépôt de minerai comprend dans cette région :

1° Un minerai siliceux ou en rognons, mélange de grès et sables du terrain encaissant avec le dépôt des sources ferrugineuses ;

2° Du fer spathique ;

3° De l'hématite brune ou rubio.

Il n'y a pas de campanil, mais un minerai décomposé analogue à la vena.

Le fer spathique alterne quelquefois avec le rubio et

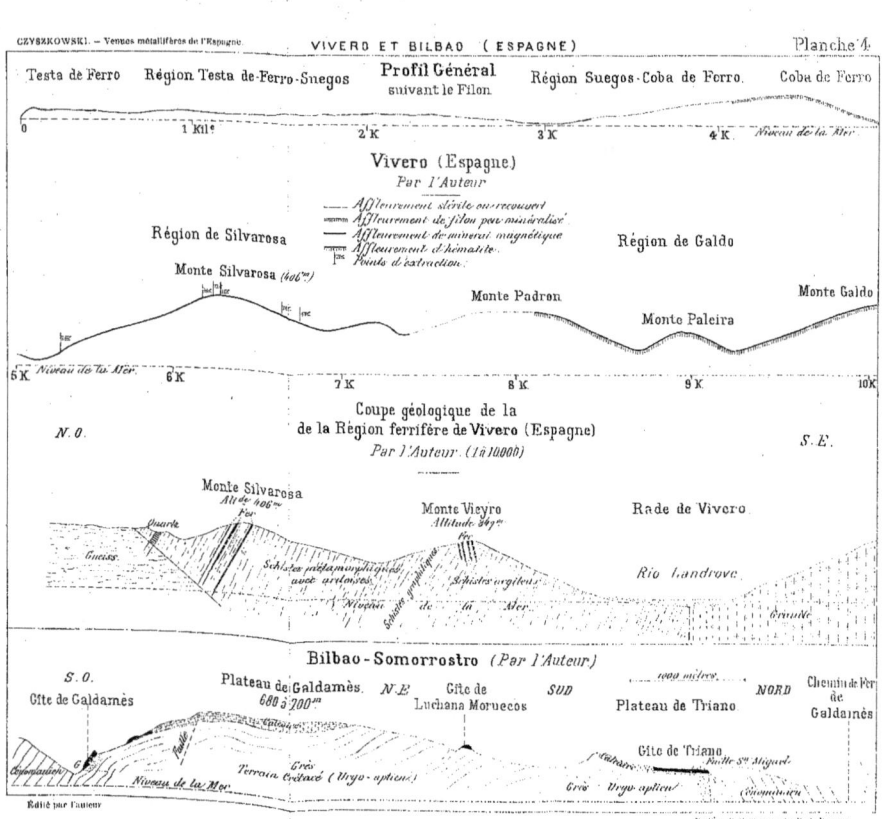

on aurait aussi traversé des veines d'argiles avec concrétions ferrugineuses par des sondages.

Tout cela vient bien confirmer des dépôts horizontaux successifs et superficiels.

La puissance a atteint dit-on 70 mètres, mais il reste à savoir comment elle a été mesurée. Est-ce perpendiculairement aux bancs primitivement horizontaux ? Quoiqu'il en soit, cette puissance peut s'expliquer ainsi que nous le dirons en parlant de l'origine.

La région de Bilbao avait fourni, en 1893, plus de 50 millions de tonnes à l'industrie, chiffre qui indique l'importance de ce gisement tout superficiel et presque épuisé.

En dehors de ces deux grands gisements, il existe, dans la région, un grand nombre de petits gîtes que nous ne décrirons pas et qui appartiennent au même phénomène.

Nous allons examiner l'origine et l'âge des minerais de Bilbao.

Age, origine et mode de formation des gîtes de minerais de fer de Bilbao. — L'arrivée des minerais de fer de Bilbao est postérieure au terrain encaissant qui est crétacé. En effet, deux étages de ce terrain ont été affectés. De plus on rencontre des minerais non remaniés dans les failles.

Les gîtes sont tous superficiels et alignés généralement suivant la direction N.-O. — S.-E. qui est celle des plissements du terrain crétacé.

Tous ces faits que nous avons fait ressortir dès 1876, ont été confirmés par les observations et les coupes de M. de Yarza.

Le minerai de fer est postérieur non seulement au terrain, mais aux failles.

Il paraît donc probable que l'arrivée des minerais est postérieure à toutes les failles du pays.

La faille de Ste-Miguel serait donc antérieure à l'arrivée des minerais et le gîte de Triano n'aurait pas été rejeté par elle. Cette faille peut renfermer du minerai si elle est, comme nous l'avons dit, une ligne d'arrivée.

Un fait qu'il serait aussi intéressant de constater c'est si dans le calcaire qui forme le mur dans ce quartier il existe encore du minerai.

Il semble qu'entre les deux théories mises en présence : la contemporanéité des minerais et du terrain encaissant, et la postériorité des minerais, il n'y ait pas d'hésitation à adopter la dernière.

Il a surgi cependant une troisième théorie, pour ainsi dire mixte, d'après laquelle le gîte de Triano ou du Campanil serait crétacé, les autres tertiaires. Et ce qui a fait admettre que le campanil était contemporain des calcaires qui l'encaissent, c'est qu'une lentille de ces calcaires qui divise la masse du minerai ne paraît pas altérée par les eaux minérales et que le passage du minerai au calcaire est brusque. On a admis que les sources n'attaquaient pas le calcaire et étaient calciques. Cet argument a une bien faible valeur, à notre avis. Ce fait se présente souvent dans les gîtes du bassin méditerranéen.

Les sources pouvaient ne plus être acides dans une certaine région du gîte, ayant déjà perdu cet acide en route, mais un calcaire très compact peut parfaitement ne pas être altéré dans sa masse tout en étant attaqué et dissous s'il est plongé dans un bain d'eau ferrugineuse. Du reste cette forme d'un noyau calcaire isolé dans le minerai de fer serait peu compréhensible. Ce calcaire est marin et analogue à celui de toute la région. Cette forme indique pour nous son origine. Puisqu'il y a noyau, il y a eu corrosion. Nous pensons donc qu'il n'y a eu dans la région qu'un seul phénomène d'arrivée de sources minérales ferrugineuses postérieur au grand mouvement pyrénéen qui est de la fin de l'eocène, mais qui a pu se prolonger pendant que l'oligocène se déposait au pied de la chaîne. Le phénomène a eu une certaine durée et a présenté pour ainsi dire plusieurs phases.

Il y a eu d'abord dépôt de fer spathique, suivant une zone de terrain crétacé dirigée N.-O. — S.-E., fracturée et voisine d'une zone de roches éruptives, trachytes et ophites d'Axpé, sur la rive droite du Nervion, en face de Portugalete.

Après une période d'éruptions de roches succédant au plissement des couches, il est naturel de penser que le sol devait être soumis à de violents tremblements de terre qui faisaient jouer les failles et pouvaient modifier le régime des sources minérales.

Il est donc très rationnel d'admettre que le premier dépôt de fer spathique formé dans des thalwegs superficiels et souterrains au contact des calcaires et à ses dépens, ait été disloqué, fissuré et que les mêmes eaux minérales troublées un instant aient ensuite traversé et rempli ces fissures. Que s'est-il produit alors ?

De nouveaux dépôts de fer ou de brèches ferrugineuses ont traversé les premiers, tandis qu'à la surface les mêmes eaux minérales déposaient des minerais hydratés.

Pour expliquer la formation des dépôts superficiels M. E. Gruner dit, dans son remarquable travail sur Bilbao (1) :

« Faut-il admettre l'explication de M. Stéphen Czysz-
« kowski qui suppose qu'il y a eu dépôt horizontal, puis
« affouillement des couches arénacées souterraines et
« effondrement des couches ferrugineuses qui sont venues
« se plaquer à flanc des vallées ainsi formées par érosion ?

« Ne faudrait-il pas plutôt admettre qu'il y a eu là un
« phénomène du même genre que celui de Hammam
« Meskoutine, près de Guelma, écoulement d'une source
« ferrugineuse qui, s'altérant à l'air, y déposait le fer à
« l'état d'hydrate en mélange avec les débris des couches
« traversées par les sources ».

Nous admettons parfaitement le phénomène de Hammam qui n'exclut pas les actions postérieures, mais il s'est produit non seulement en petit près de certains points d'émergence, mais surtout en grand dans un bassin ou lac d'eau ferrugineuse. Certaines crêtes isolées sont des témoins de l'extension du dépôt primitivement horizontal, tandis que d'autres, à un niveau différent, peuvent repré-

---

(1) Mémoires de la Société des ingénieurs civils, Février 1889. Barcelone.— Bilbao. Notes de voyages par M. E. Gruner.

senter des dépôts isolés, aux points d'émergence.

Nous ajouterons que le phénomène d'entraînement des sables sous les gîtes de rubio a dû se produire à l'époque d'émergence des eaux minérales qui ont pu déposer dans les vides, à mesure qu'ils se formaient, les amas de fer spathique qui ont été rencontrés par des sondages sous les masses de rubio de la région de Matamoros.

On aurait donc là des dépôts de minerais plus récents que ceux qui les recouvrent.

Ainsi avec les grès il y aurait eu, pour ainsi dire, substitution mécanique tandis qu'avec les calcaires il y avait substitution chimique.

Les sables entraînés venaient encore à la surface se mélanger à certains dépôts de minerais siliceux.

Ainsi tout s'explique par les mêmes sources minérales, mais, ainsi que nous l'avons signalé dans les Pyrénées, les sources ont pu devenir elles-mêmes siliceuses, puis amener des sulfures.

Nous allons voir que ce phénomène s'est produit dans la région de Bilbao.

Nature des minerais. — Le campanil type, est un péroxyde de fer anhydre, à gangue calcaire et siliceuse. Il renferme 53 à 54 o/o de fer, 5 à 8 o/o de silice, 4 à 5 o/o de chaux et magnésie.

La vena type ne renferme plus de chaux et presque pas de gangue sous forme d'un peu d'argile. La teneur en fer est de 58 à 60 o/o. Mais il y a des campanils et des vena plus ou moins décomposés et des teneurs intermédiaires.

Le rubio est le péroxyde de fer hydraté à gangue siliceuse : 54 à 55 o/o de fer, 10 o/o de silice, s'il est riche. Mais on traite des minerais à 18 et 20 o/o de silice et 46 à 48 o/o de fer, dans les usines de Bilbao.

Le fer spathique riche renferme 40 à 42 o/o de fer. Ces minerais renferment 1 à 1 1/2 o/o de manganèse.

Gîtes de plomb, zinc, cuivre. — Le terrain crétacé du nord de l'Espagne est traversé par de nombreux pointements ophitiques.

Les environs de Bilbao sont pour ainsi dire criblés d'ophites. La carte géologique d'Espagne n'indique que les affleurements importants.

M. de Yarza, qui a parcouru tout le pays, en signale en outre qui ne figurent pas sur la carte.

Ainsi, à Bilbao même, on en observe dans la rivière, à basse mer.

Près de Portugalete, à 4 kilomètres de la masse de minerais de fer de Somorrostro, on en voit plusieurs filons verticaux recoupant les couches. En face de Portugalete, il existe, sur la rive droite du Nervion, le mont Axpe qui est trachytique ; c'est la seule roche acide constatée dans la région, mais sur ses bords on rencontre des ophites. M. de Yarza considère les deux roches comme contemporaines. Il est plus probable que le trachyte a ouvert la voie aux roches basiques. Un massif important d'ophites existe à Guernica et est orienté N.-O S.-E. comme les filons, failles et plissements de ce pays.

Il n'y a aucun doute ici que les ophites sont postérieures au crétacé puisqu'elles le traversent et le recoupent en filons.

Il y a donc bien une venue post-crétacée indiscutable et l'on ne peut prétendre ici, comme dans les Pyrénées, que ces ophites sont triasiques.

Nous pensons, avec M. de Yarza, qu'elles sont postérieures au grand mouvement pyrénéen, et de la fin de l'éocène.

Les sources ferrugineuses auraient surgi immédiatement après, très probablement.

Les ophites n'ont pas produit de métamorphisme sensible et sont arrivées probablement à l'état boueux.

M. de Yarza signale du minerai de fer à leur contact avec le crétacé, à Rigoitia et en d'autres points.

Il paraît donc y avoir comme dans les Pyrénées une certaine relation entre les ophites et les minerais de fer.

Une venue de fer spathique, avec sulfures de fer et de cuivre a eu lieu ensuite comme dans les Pyrénées.

On peut citer, près de Bilbao, le filon cuivreux d'*Iturrigorri* qui atteint 6 à 8 mètres de puissance et qui renferme de la sidérose, du quartz et des pyrites de fer et de cuivre.

Du côté d'Axpe, près de la mer (Peña de Abando), un filon-couche de 0^{m}60 présente la même composition.

Enfin une venue de plomb et zinc avec quartz a laissé des traces : à l'est de Bilbao, à Lemona, Amorevieta, Galdacano, Marquina et Murelaga ;

A l'Ouest à Lanestosa, où des mines de zinc sont exploitées.

A l'est de Bilbao les filons à gangue de quartz sont généralement dirigés N.-O. — S.-E. et recoupent tantôt les calcaires cénomaniens, à Lemona et Amorevieta, tantôt les grès aptiens comme à Galdacano où la galène formait des renflements près de la surface, par suite de l'entraînement des grès décomposés par les sources minérales.

A l'ouest de Bilbao, non loin de la limite de la province de Santander, la région de Lanestosa, connue par ses mines de zinc, présente aussi des filons N.-O. — S.-E. qui recoupent les deux étages crétacés de Bilbao.

Ces filons sont presque verticaux et renferment de la blende, de la calamine et un peu de galène et carbonate de plomb.

La gangue est composée de quartz et de spath calcaire. On rencontre aussi quelquefois des minerais au contact des étages crétacés.

La puissance varie de 0.50 à 3 mètres.

Comme dans les environs de Tenès (Algérie), un filon a présenté 3 branches se réunissant en profondeur. C'est le filon exploité près de Matienzo.

La blende est riche et renferme 50 o/o de zinc, la calamine calcinée ne donnerait que 45 o/o.

M. de Yarza signale de petits amas calaminaires sur les montagnes calcaires de la région de Bilbao mais la production du zinc a toujours été peu importante en Biscaye.

En résumé, les phénomènes dans la région de Bilbao paraissent s'être succédé dans l'ordre suivant :

1. Plissements et failles N.-O. — S. E. (fin de l'Eocène);

2. Venue de trachytes et ophites;

3. Venue de fer spathique;

4. Venue de fer spathique et quartz avec sulfures de fer et de cuivre;

5. Venue de quartz, plomb, zinc, avec baryte et spath fluor.

§ 2. — ZONE DES ASTURIES

Gîtes de zinc, plomb, mercure, cobalt, arsenic. — Le phénomène de la venue des sulfures que nous venons de signaler dans la région de Bilbao prend beaucoup plus d'importance en allant vers l'Ouest.

Nous venons de parler d'un groupe de gisements exploités à *Lanestosa* dans le terrain crétacé. Il existe des gisements dans les même conditions géologiques à l'ouest de Santander à *Reocin, Mercadal, Udias, Comillas*. Il y a aussi des gîtes de zinc plus au Sud dans la région de *Reynosa*.

Les gîtes des environs de Santander sont des filons ou des amas dans les calcaires infra-crétacés qui renferment des calamines, des galènes avec carbonate de plomb et des blendes mielleuses d'un beau jaune clair. La gangue se compose de quartz, spath calcaire, sulfate de baryte.

Les exploitations importantes de cette région, la puissance des gîtes qui a dépassé 20 mètres, leur étendue sur plusieurs kilomètres, viennent bien nous prouver que l'intensité du phénomène métallifère y a été plus grande que dans les régions que nous venons de parcourir dans les Pyrénées, la Navarre et la Biscaye.

Il y a eu un *centre métallifère* fort remarquable dans les Asturies et les gîtes des *Picos de Europa* qu'il nous reste à signaler en font partie.

Ici le terrain encaissant est le carbonifère et avec le zinc et le plomb qui est rare, nous verrons apparaître les sulfures de mercure d'arsenic, de cadmium, de cobalt de fer et de cuivre plus ou moins oxydés à la surface.

Les Peñas de Europa ou picos de Europa forment un massif important et élevé de la chaîne cantabrique. La *Peña vieja* atteint 2.665 mètres d'altitude.

Les gisements d'Andara et Oliva sont dans cette région élevée au milieu des calcaires carbonifères. Le village le plus voisin est la Hermida.

La zone minéralisée s'étend sur environ 2 kilomètres du N.-O. au S.-E.

Ce gisement fort remarquable est pour ainsi dire régulier s'il est vu dans son ensemble, irrégulier si on l'examine en détail. Il y a des colonnes, des amas, des grottes remplies, des veines irrégulières, quelquefois des parties régulières en couches ou à allure filonienne. Le minerai se trouve partout.

La calamine est le minerai dominant, mais il y a des

blendes mielleuses riches jusqu'à la surface. Le plomb à l'état de galène ou carbonate est rare. Les calamines sont colorées quelquefois par le cinabre, l'oxyde de plomb, l'oxyde de fer; les blendes par le sulfure de cadmium et renferment du gallium.

En certains points, les gîtes sont au contact du calcaire carbonifère et du trias, par exemple dans les environs de Puente-Viesgo.

Dans la partie occidentale du massif, les calamines et les blendes forment des filons N.-O. — S.-E. toujours dans le calcaire carbonifère compact.

Dans le Rio Cares on rencontre des traces de la venue des sulfures. Des minerais de cuivre, de cobalt et de nickel ont été rencontrés. Des cavernes sont tapissées de carbonates de cuivre provenant d'un remaniement postérieur.

Les calamines et blendes des Picos de Europa sont pures et riches. Les calamines calcinées rendent 54 o/o de zinc, la blende crue 5o o/o mais elle renferme de la chaux.

La venue de sulfures s'est manifestée d'une manière sensible plus à l'Ouest dans les environs de Oviedo et à Mierès.

Dans cette dernière localité on exploite des gîtes de mercure avec avantage, bien que le minerai contienne moins de 1 o/o en moyenne.

C'est encore une zone de fractures qui est minéralisée et une brèche est cimentée par du cinabre. On rencontre aussi des sulfures d'arsenic, du réalgar, de l'orpiment, du mispickel, du sulfure de cobalt qui, par son altération, a donné des oxydes riches à 10 ou 15 o/o en quelques points.

En résumé, la venue des sulfures dont nous avons suivi les traces depuis Bilbao jusqu'en Galice a affecté tous les terrains de la région et particulièrement le crétacé des environs de Santander.

Dans les filons la direction N.-O. — S.E. caractéristique se retrouve souvent.

Les ophites ont traversé le crétacé et se retrouvent encore dans les environs de Reynosa surtout dans le Trias et le Jurassique.

En se dirigeant vers l'Ouest et se rapprochant de la Galice, on ne rencontre presque plus de fer spathique mais il y a encore des gisements à *Aviles* dont les minerais sont sulfureux.

Le phénomène de l'arrivée des sulfures paraît aussi s'éteindre en s'éloignant du centre métallifère des Asturies.

Nous n'allons plus retrouver en Galice que des traces de cette venue et d'une venue plus ancienne caractérisée par les minerais d'or et d'étain mais dont les gisements ont été en grande partie enlevés par les dénudations.

§. 3. — ZONE DE LUGO (GALICE)

Gîtes de fer. — On a exploité quelques petits gisements de minerais de fer en Galice et nous avons eu l'occasion d'y étudier, en 1880, une région ferrifère, celle de *Vivero*. Voici quelques extraits de notre rapport.

Le terrain encaissant est probablement silurien. Il se compose de schistes argileux de couleurs variées qui renferment une zone de petits filons d'hématite brune et rouge sur lesquels nous avons observé un grand nombre de tranchées d'exploitation ou de recherches, ce qui tend à prouver que les minerais étaient très recherchés probablement par la petite usine située à Sargadelos.

Ce minerai est riche et manganésifère, mais nous n'avons vu que des veines de 0^m10, 0^m40 et 0^m60 de puissance.

Ces petits filons inclinent vers l'Est et forment une zone assez continue suivant la direction du terrain.

Au-dessus des schistes argileux on observe, au Monte Vieyro particulièrement, une zone de schistes graphitiques noirs, tachant les doigts et renfermant de nombreuses veines de pyrites de fer. Nous y avons observé une tranchée destinée probablement à rechercher du combustible. Au-dessus, des schistes métamorphiques et ardoisiers renferment une zone de fer oxydulé magnétique avec amphibolites et grenats.

Près du contact des gneiss on observe un gros filon ou banc de quartz.

Cette bande de terrain, que nous avons considérée comme silurienne, a environ 3 kilomètres de largeur et est limitée à l'Ouest par le gneiss et à l'Est par le granite qui renferme des Kaolins, notre coupe (*pl. 4, pag. 121*) résume ce que nous venons de dire.

Le gisement principal de fer oxydulé est probablement

une couche disloquée par des failles sensiblement perpendiculaires à sa direction et fait partie d'une zone minéralisée que nous avons étudiée depuis la mer, pointe de Socastro, jusque dans la région montagneuse de *Silvarosa* et de *Galdo* sur 10 kilomètres, mais elle s'étend bien au delà vers le Sud-Est. Nous allons décrire le gisement depuis la mer jusqu'au dixième kilomètre, suivant le profil général (*pl. 4, pag. 121*).

Région Testa de Ferro-Suegos. — Concession Testa.

— Le gîte de fer oxydulé magnétique est visible dans cette concession sur 80 à 100 mètres en direction. Il est interrompu au Sud par une faille qui paraît peu importante, au-delà de laquelle le minerai est peu apparent et recouvert d'éboulis.

La partie minéralisée de 80 à 100 mètres est tout à fait sur le bord de la mer, dans la pointe de Socastro. Cette portion du gîte est pour ainsi dire éboulée, par suite de trois failles qui l'ont divisée en lambeaux distincts.

La puissance est de 8 à 10 mètres, mais on ne peut compter que sur 4 mètres de bon minerai.

Le mur est constitué par le fer oxydulé magnétique, et on observe au toit de l'hématite brune très mélangée de quartz. Il y a beaucoup de grenat dans le gîte et les roches encaissantes.

On observe au-dessous un filon formé de plusieurs branches d'une roche éruptive de couleur claire.

Concession Enrique. — Dans la concession Enrique, le gîte n'est visible que sur un point, au-dessus de la petite plage d'Allegrin, dans laquelle on recueille des sables magnétiques entraînés par les eaux.

On n'observe plus d'affleurement jusqu'en face de Suegos, dans la concession Manolo.

Région Suegos-Coba de Ferro. — Cette région est celle où l'on observe le moins de minerai, soit parce que l'affleurement est recouvert par les terrains cultivés, soit parce que le gîte est stérile sur une grande étendue.

Au sud-est de Suegos, dans la concession Manolo, on observe l'affleurement du gîte en trois points et sur environ 3oo mètres de longueur. Il est constitué par le fer magnétique sableux et désagrégé et par des traces d'hématite au toit.

Cet affleurement de 4 mètres paraît peu important, mais indique cependant une minéralisation en ce point.

L'affleurement n'est plus visible jusqu'au sommet de Coba de Ferro. On voit, sur le versant nord de cette montagne, des crêtes de quartz et des schistes avec grenats qui représentent le passage du gîte stérile.

Au sommet et sur le versant sud de Coba de Ferro, jusqu'au pied de la montagne de Silvarosa, l'affleurement est constitué par des indices d'hématite et de schistes criblés de grenats dont la grosseur atteint un centimètre.

Région de Silvarosa. — Nous arrivons à la partie la plus importante du gîte, celle où il a la plus grande puissance et le plus de régularité, malgré les accidents postérieurs qui l'ont disloqué et qui ont modifié sa direction première.

Cette région comprend la concession Galega 2ª et une partie de la concession Maria.

Afin de décrire plus clairement cette montagne de Silvarosa et les travaux qui y ont été exécutés, nous subdiviserons la région de la façon suivante :

Versant nord de Silvarosa,
Plateau de Silvarosa,
Versant sud de Silvarosa,

VERSANT NORD DE SILVAROSA. — Sur le versant nord de Silvarosa, le gîte principal est disloqué par des failles qui l'ont divisé en trois lambeaux distincts.

Sur un petit mamelon une tranchée a mis à nu le minerai magnétique compact, mais mélangé de parties pauvres et de beaucoup de grenat. La puissance est de 6 à 7 mètres en ce point qui est à environ 100 mètres d'altitude.

Au pied de ce mamelon, au niveau du ruisseau, c'est-à-dire 40 mètres plus bas, on observe le gîte composé de fer magnétique, avec hématite au toit, mais il est très pyriteux.

Attaque Galega inférieure. — L'attaque n° 1 ou Galega inférieure, est à environ 50 mètres au-dessus du ravin. Le gîte a une puissance d'au moins 15 mètres de minerai se séparant bien du schiste stérile et présentant une composition toute particulière : c'est un mélange intime d'amphibole, de fer oxydulé magnétique et de grenat.

L'attaque n° 2, située à 45 mètres plus haut et à 150 mètres horizontalement, n'a pas été reprise. Le gîte y est aussi puissant, mais très pauvre en fer, c'est plutôt un gîte de grenat avec de nombreuses veines de pyrite de fer.

A environ 100 mètres, nous avons fait exécuter une tranchée n° 3, qui a mis à nu un beau minerai magnétique, mais moucheté de cristaux de pyrite de fer.

Plateau de Silvarosa. — Sur le plateau de Silvarosa, cote 406^m, le gîte principal est très bien caractérisé et a une puissance de 15 mètres, mais sa direction n'est plus la même et il y a eu déviation vers l'Ouest.

L'inclinaison est plus faible, ce qui eût permis une exploitation à ciel ouvert assez importante.

On observe deux autres filons, l'un à 90 mètres au mur du filon principal, l'autre à une distance variant de 0 à 40 mètres du toit.

Le gîte du mur a été reconnu sur le plateau par deux tranchées, et a été en outre découvert sur 20 à 25 mètres de longueur. Le minerai pauvre et schisteux paraît sans valeur.

Le gîte du toit a été reconnu par quelques tranchées qui ont démontré qu'il vient rejoindre le principal et la puissance totale est de 20 mètres.

Attaque Silvarosa. — C'est en ce point que nous avions établi notre attaque à ciel ouvert la plus importante, et où on a abattu environ 2,600 tonnes, qui n'ont donné que 300 tonnes de minerai trié. L'exploitation se faisait par gradins droits.

Le minerai était très mélangé de parties pauvres, ne contenant probablement que de 20 à 30 o/o de fer. Le passage du minerai pauvre au minerai riche se faisait sans aucune loi, par des lignes de fracture ayant toutes les directions et que l'on pourrait appeler *lignes métamorphiques*.

Le minerai magnétique se présente sous deux aspects différents : tantôt grenu, il est formé de petits cristaux brillants de fer magnétique ; il possède deux pôles et constitue l'aimant naturel ; — tantôt compact, à cassure conchoïdale, il agit beaucoup moins sur l'aiguille aimantée.

Une attaque prise sur le gîte supérieur a donné 7 tonnes de minerai trié, sur 50 tonnes de minerai abattu. En allant vers le Sud, ce filon devient stérile. On l'observe cependant encore sur le versant sud de Silvarosa.

Le gîte inférieur renferme, sur tout le versant nord, du schiste peu minéralisé avec beaucoup de grenat, et est inexploitable. Le gîte principal est mieux minéralisé et plus puissant.

Versant sud de Silvarosa. — Les trois gîtes observés sur le plateau de Silvarosa sont visibles sur le versant sud de cette montagne jusque dans le ravin de Chaoupin.

Le gîte principal est parfaitement continu et a une puissance de 8 à 10 mètres, mais il renferme au toit de nombreuses veines de quartz.

Région de Galdo. — On ne voit d'abord plus que quelques crêtes stériles qui indiquent le passage du gîte puis l'affleurement devient très visible sous forme de grandes crêtes de quartz, avec veines d'hématite, sur le versant très escarpé du Rio Quilar.

Dans ce ravin, nous avons retrouvé le minerai magnétique, qui par sa dureté a résisté à l'action des eaux et forme une cascade. La puissance est d'environ 7 à 8 mètres.

En remontant sur les deux versants très escarpés, on ne retrouve que des traces d'hématite avec quartz.

A partir du sommet du Monte Paleira jusqu'au Monte Galdo, à la limite de la Cie Maria et même au delà, au 11ème kilomètre, le gîte se présente sous forme de grandes crêtes très imposantes d'hématite mélangée de quartz.

La puissance est aussi grande qu'à Silvarosa et varie de 8 à 15 mètres.

Dans le Rio Acido, on observe un rejet important du gîte qui, au fond de la vallée, est recouvert d'éboulis.

Le mélange du minerai et du quartz est tellement intime, que ces crêtes nous ont paru inexploitables et que nous n'avons pas cru devoir entreprendre une attaque dans cette région.

L'hématite de Galdo est mouchetée de fer magnétique, et il est très probable que le gîte passe en profondeur au minerai magnétique, ainsi que l'indique du reste l'affleurement observé dans le Rio Quilar.

Résumé. — **Caractères du gîte.** — La puissance

du gîte principal est généralement de 8 à 15 mètres dans les parties minéralisées. Le toit est toujours très siliceux et le mur renferme le meilleur minerai magnétique.

L'hématite occupe la région du toit plus particulièrement.

La direction observée sur les plans ou cartes varie de l'heure II à l'heure III. Il est tout à fait impossible de se servir de la boussole qui est influencée à une grande distance du gîte.

L'inclinaison est régulière et de 60 à 70° du côté de l'Ouest.

De nombreuses failles ou rejets ont disloqué le gîte, qui généralement est reporté à l'Est. Nous avons signalé aussi des affaissements vers l'Ouest dans la région de Silvarosa qui est la plus accidentée, ainsi que des glissements probables sur le mur du filon.

Ces failles et rejets sont sensiblement perpendiculaires à la direction.

Nature des minerais. — On observe plusieurs variétés de minerais.

Le fer oxydulé magnétique, qui est le minerai dominant et qui constitue le type du filon de Vivero.

Il se présente à l'état grenu ou compact : à l'état grenu, il est formé de petits cristaux brillants de fer oxydulé magnétique, qui lui donnent un bel aspect : il est magnétique et possède deux pôles : c'est de l'aimant naturel.

A l'état compact, il attire l'aiguille aimantée, mais ne la repousse pas ; il a alors une cassure conchoïdale.

Le minerai pauvre a l'apparence schisteuse et conserve une structure feuilletée.

Toute trace de stratification disparaît dans la masse lorsque le minerai est riche.

On rencontre aussi dans ce gîte un minerai spécial formé d'un mélange intime d'amphibole, de fer magnétique et de grenat. Le type de ce minerai est dans la concession Galega. On y observe de la chlorite et de l'asbeste. Il est magnétique, mais agit beaucoup moins sur l'aiguille aimantée.

Enfin on rencontre de l'hématite brune, dans laquelle on observe le plus souvent quelques points brillants de fer magnétique.

Ces minerais sont très résistants et se débitent en assez gros blocs, sans donner de menus.

Les gîtes accessoires dont nous avons parlé renferment du minerai magnétique pauvre et schisteux. Tous ces minerais sont siliceux et le quartz forme en outre, dans les filons, des veines assez puissantes, tantôt parallèles au toit et au mur, tantôt obliques. Au voisinage des veines de quartz, on rencontre généralement du minerai riche.

Continuité du filon en direction. — Nous avons insisté sur la continuité du gîte en direction. A Silvarosa, on peut considérer que le filon est parfaitement continu sur 2,500 mètres et a une puissance variant de 8 à 15 mètres. Dans la région de Galdo, il y a aussi une zone d'environ 2,000 mètres sur laquelle on observe, presque sans discontinuité, les grandes crêtes d'hématite qui ont aussi de 8 à 15 mètres de puissance.

Continuité du filon en profondeur. — La continuité du filon en profondeur ne peut être mise en doute, puisqu'on l'observe sur le flanc des montagnes et dans le fond des vallées, de la cote o à la cote 400.

Importance géologique du gîte. — L'importance géologique du gîte de Vivero est donc évidente, mais la répartition du minerai dans la masse est très capricieuse et très irrégulière.

Examinons les minerais extraits et disons d'abord comment ont été faites nos prises d'essai.

Nous donnons cinq analyses : Silvarosa, Chaoupin, Galega, Testa, Xanin.

Les trois premières ont été faites sur des quantités importantes de minerai ; les deux autres sur de simples échantillons.

Les prises sur 100 et 300 tonnes ont été exécutées de manière à avoir un moyenne exacte. Nous avons mis en effet des hommes spéciaux pour casser une pierre de quelques centimètres sur chaque bloc de minerai abattu ; mais comme nous avions ainsi un volume très considérable, nous avons fait prendre sur chaque morceau obtenu un fragment d'environ un centimètre cube.

Voici les résustats donnés par les analyses :

ANALYSE DES MINERAIS DE FER DE VIVERO (ESPAGNE)					
	SILVAROSA 300 TONNES	CHAOUPIN 100 TONNES	GALEGA 300 TONNES	TESTA ÉCHANTILLON	XANIN ÉCHANTILLON
Perte au feu	5.00	4.00	1.50	1.00	9.75
Silice	18.75	19.75	31.85	20.50	17.75
Alumine	4.87	4.37	5.45	3.78	3.05
Chaux	1.75	2.80	4.40	3.60	0.90
Manganèse	0.43	0.36	0.37	0.28	0.36
Fer	46.08	45.73	36.75	48.39	45.51
Phosphore	1.20	1.11	1.04	0.994	1.15
Soufre	0.109	0.116	0.144	0.292	0.26
Zinc	Traces	Traces	»	»	Traces
Arsenic	»	»	Traces	Traces	»
Titane	»	»	»	»	»
Composition minéralogique	Fer magnétique	Fer magnétique	Amphibole Fer magnétique Grenat	Fer magnétique	Hématite

Le minerai moyen de Vivero, représenté par les analyses de Silvarosa et Chaoupin, est donc un minerai à 46 % de fer, 20 % de silice, 0,10 %

de soufre et plus 1 °/₀ de phosphore, c'est-à-dire un MAUVAIS MINERAI.

L'analyse et l'aspect minéralogique de Galega indiquent une composition très complexe. Il y a 10 o/o en plus de silice et 10 o/o en moins de fer, plus de chaux et d'alumine. Ce minerai très pauvre peut être considéré comme une *amphibolite ferrugineuse*.

La présence de la chaux dans les minerais de Vivero s'explique par l'abondance des silicates, tels que grenat, amphibole, asbeste, qui en renferment une petite quantité.

Enfin il est remarquable de constater la proportion très considérable mais *constante* du phosphore dans ces minerais, qui atteint et dépasse 1 o/o, c'est-à-dire plus de vingt fois la quantité maximum qui permet de traiter un minerai au Bessemer (1880).

Gîtes d'étain, or, cobalt, nickel, plomb, antimoine. — Les massifs primitifs du nord de l'Espagne et du Portugal (Galice, Léon, Minho, Tras os Montes) renferment des granites qui ont été traversés par des granulites.

Une venue de sulfures paraît avoir suivi l'arrivée des roches éruptives.

On observe en effet, près du contact, de la granulite du quartz, du feldspath, du mica blanc, de la cassitérite, des pyrites de fer aurifère, du molybdène sulfuré, des pyrites arsénicales, etc. On rencontre aussi du wolfram (tungstate de fer et de manganèse).

On peut signaler les environs d'Orense, de Viana del Bollo, de Zamora en Espagne, ceux de Villareal en Portugal comme ayant été affectés par cette arrivée.

Le cobalt et le nickel ont été signalés vers le cap Ortegal, mais leur venue est probablement tertiaire. On a extrait du minerai à 5 et 15 o/o de nickel qui était embarqué à Cedeira. On a aussi exploité quelques filons de galène, de l'antimoine à Villarbacu (Caurel) province de Lugo. Nous devons enfin signaler le diluvium aurifère du Nord de l'Espagne.

Le Rio Sil est devenu célèbre par les exploitations anciennes et par les essais récents de reprise de l'exploitation des alluvions aurifères. Nous citerons les points remarquables des environs de Ponferrada, Villafranca del Vierzo, Montferrado, etc.

Dans la province de Léon des travaux importants furent exécutés par les Romains, et on cite des canaux de 60 kilomètres. Le Rio del Oro, à l'est de Vivero, et le Rio del Sor à l'ouest sont aurifères.

Nous avons cité les alluvions aurifères du nord de l'Espagne, parce que nous pensons que l'or qu'ils renferment provient de la venue des sulfures qui suivit l'arrivée des granulites. L'or a été isolé à l'état de paillettes aux affleurements des filons par suite de la décomposition des pyrites de fer et pyrites arsénicales auxquelles il était associé.

En Portugal, on rencontre des gîtes d'étain près de Porto, à Rebordosa, à Rodas de Marao, Portella de Gaiva, Paredes, Paradella, San Martin d'Angueira, Montesinhos.

Nous avons visité, aux environs de Gontaes et Villa Cova, villages situés entre Villa Real et la Serra do Marão, des recherches sur des filons de galène argentifère encaissés dans les schistes cambriens et siluriens et qui paraissent avoir été minéralisés lors des venues hercyniennes.

Le remplissage est composé de galène argentifère, de blende, de pyrites de fer et de cuivre ou de pyrites arsénicales.

La gangue est du quartz ou des schistes broyés avec chlorite et amphibole.

Le nickel a aussi été rencontré dans ces filons. La teneur en argent aurait été de 1.700 à 3.520 grammes à la tonne de minerai pour la galène; 500 à 1.800 grammes pour le chapeau de fer, 320 à 380 pour la blende, 160 à 170 pour la pyrite arsénicale, 175 à 180 pour les pyrites de fer ou de cuivre. Il y avait aussi un peu d'or. Ces minerais nous parurent trop peu abondants pour entreprendre l'affaire.

En résumé nous constatons :

1° Une venue ancienne d'étain et de sulfures qui aurait suivi les éruptions granulitiques. Les parties riches des gisements près de la surface ont disparu par dénudations et l'or qui reste dans le diluvium est un témoin de ces dénudations ;

2° Un horizon ancien de minerai de fer d'âge probablement silurien, dans la région de Vivero ;

3° Quelques indices de la venue hercynienne du plateau central ;

4° Enfin des indices peu importants de la venue de fer tertiaire et des sulfures qui l'ont accompagnée.

CHAPITRE IV

Les Pyrénées

Aperçu géologique. — L'étude des Pyrénées rappelle un grand nombre de célébrités géologiques. L'abbé Palassou, de Charpentier, Dufrénoy, d'Archiac, Garrigou, Leymerie, Magnan, l'abbé Pouech, Hébert et bien des savants modernes, ont produit d'importants travaux sur ce massif montagneux. Il ne nous appartient pas d'en faire ici l'historique, un court aperçu géologique suffira pour le but que nous nous proposons d'atteindre.

Le terrain primitif des Pyrénées comprend des gneiss glanduleux, des schistes chloriteux avec amphibolites et calcaires.

Le cipolin de Louhossoa, cité par de Charpentier au nord de St-Etienne de Baigorry serait crétacé, d'après M. Stuart Menteath qui étudie ces régions depuis longtemps.

Le métamorphisme de ces marbres est-il dû au granite ou aux compressions que les calcaires ont eu à supporter? Les savants géologues qui s'occupent en ce moment de ces questions nous le diront prochainement.

Le *système précambrien* est très developpé dans l'axe des Pyrénées. Il comprend des schistes à séricite, des schistes à minéraux (Luchon), des phyllades qui ont été modifiés par les intrusions granitiques et granulitiques.

L'arrivée souterraine des granites, dans les Pyrénées, serait précambrienne et ce qui vient confirmer cet âge c'est que l'on trouve des galets de granite dans le terrain silurien (vallée de la Sègre).

Il n'est pas impossible qu'il y ait eu quelque part une venue granitique tertiaire dans le massif pyrénéen. Dufrénoy considérait les granites comme tertiaires.

M. Stuart Menteath prétend que des granites tertiaires ont modifié le cénomanien. Ce métamorphisme ne serait-il pas dû aux ophites ou à des émanations minérales? Les efforts de compression dans l'axe de la chaîne ont pu produire le métamorphisme des couches.

La question du granite tertiaire dans les Pyrénées n'est donc pas résolue, comme en Algérie, où son âge est parfaitement déterminé et de l'époque ligurienne (oligocène).

Le *système silurien* existe dans les Pyrénées, il comprend des schistes avec quartzites et conglomérats de la base (cambrien), des schistes argileux, ardoisiers, carburés et des calcaires renfermant des orthocères et des crinoïdes à la partie supérieure.

On a souvent considéré comme cambriens des calcaires de divers âges qui sont venus se déposer par transgressivité contre l'axe de l'ancienne chaîne des Pyrénées.

Le *système dévonien* est bien représenté dans la région pyrénéenne, et l'on peut dire que son extension augmente à mesure que les observations se multiplient. Il est composé de schistes et grès schisteux, de calcaires et marbres fossilifères, de calschites à amygdales transformés en marbres rouges à goniatites (vallée de Campan).

Les marbres griottes appartiennent à la partie supérieure.

Les calcaires dévoniens sont souvent métallifères, tantôt mouchetés et minéralisés par le cuivre, ils renferment aussi des minerais de fer et de manganèse qui ont rempli leurs cassures ou cavernes ou les ont remplacés par voie de substitution.

Bien que le sol fut instable pendant les dépôts siluriens et dévoniens et que l'on observe quelques discordances de stratifications locales, il n'y a pas eu de grands mouvements du sol dans la région qui nous occupe et ces formations sont pour ainsi dire concordantes. Il n'en est pas de même du *système carbonifèrien* qui repose dans les Pyrénées à stratification discordante sur le dévonien, tandis que dans certains pays, tels que le sud de l'Angleterre, les dépôts sont concordants et le calcaire carbonifère atteint plus de 1.000 mètres de puissance ce qui paraît indiquer un affaissement du sol. Ici, au contraire, le sol s'élevait et les dépôts côtiers qui caractérisent le culm : poudingues, conglomérats, grès, existent dans les Pyrénées, les Corbières, la Montagne Noire, mais ils ne renferment pas de combustibles.

Des mouvements du sol, de plus en plus importants, ont produit alors l'émersion du calcaire carbonifère et contribué aux plis, rides ou vallées de cette époque. Et, dans les deltas, se formèrent les bassins houillers tels que ceux de Graissessac, Néffiés, Tuchan, Durban, la Rhune.

Il existait donc, à cette époque, un massif montagneux la *chaîne ancienne des Pyrénées*, qui s'étendait du reste à l'Espagne, à la Sardaigne, aux Maures, à l'Esterel et aux Alpes.

Ce massif appartenait à la grande chaîne hercynienne et sa formation ne fut qu'un épisode de ce grand phénomène orogénique à la suite duquel eurent lieu d'importantes éruptions de roches, suivies elles-mêmes de puissantes venues métallifères.

Le système carboniférien est incomplet dans les Pyrénées. Le calcaire métallifère et le culm sont représentés ainsi que le stéphanien.

A l'époque *permienne*, les dépôts ont recouvert et même dépassé ceux du carbonifère supérieur, ce qui indique un affaissement du sol qui s'est produit autour du plateau central français, dans les Corbières, la Montagne Noire, les Pyrénées.

Les dépôts permiens sont des grès et marnes rouges, très chargés de fer et renfermant parfois du cuivre. C'est qu'avec les éruptions porphyriques et mélaphyriques de cette époque, si bien caractérisées dans l'Esterel, des sources ferrugineuses et cuivreuses abondantes vinrent mélanger leurs produits à ceux de la sédimentation.

Les mouvements du sol si caractéristiques de cette

époque hercynienne ont favorisé les dépôts de grès, poudingues et conglomérats *triasiques* qui recouvrent le dépôts permiens à stratification discordante et transgressive.

Le sol continuant à s'affaisser, le muschelkalk s'est déposé principalement sous forme de calcaire dolomitique.

Enfin on rencontre, à la partie supérieure, les marnes irrisées avec gypse déposé dans les lagunes de cette époque. Les variations de puissance du trias indiquent des mouvements de bascule, la coloration des argiles, des marnes et même des grès sont les témoins de sources ferrugineuses abondantes.

Après le dépôt des marnes irrisées, une venue d'ophites a dû correspondre à un mouvement d'émersion à la suite duquel des fractures ont, pour ainsi dire, encaissé des lambeaux triasiques dans les terrains anciens des Pyrénées, les mettant ainsi à l'abri des dénudations.

Quelques sources thermo-minérales ont accompagné cette venue ophitique, mais les dépôts ont été généralement peu importants, soit en raison de l'instabilité du sol, soit en raison de la faible intensité du phénomène.

Le *système jurassique* existe aussi tout le long de la chaîne et les dépôts ont un faciès littoral. Des îlots de l'ancienne chaîne étaient émergés.

Un mouvement d'émersion général eut lieu à la fin des temps jurassiques et il y eut peut-être quelques venues ophitiques.

Les *dépôts crétacés* se développent sur de grandes

surfaces en France et en Espagne. A l'époque cénomanienne le sol s'affaisse. Les dépôts débordent ceux de l'infra-crétacé et pénètrent jusque dans l'axe des Pyrénées, se superposant aux formations anciennes telles que le trias et avec lesquelles on les confond quelquefois, en raison du métamorphisme subi par les terrains qui occupent la région centrale.

Des ophites traversent le crétacé et sont accompagnées de gîtes métallifères.

Cette venue serait la conséquence du grand mouvement tertiaire pyrénéen.

Durant les temps secondaires, l'ancienne chaîne pyrénéenne avait perdu en grande partie son relief par dénudations ou affaissements. C'est vers la fin du crétacé que le mouvement d'immersion fut très prononcé à l'époque cénomanienne, si remarquable par cet affaissement du sol qui s'étendit à une grande partie de la surface terrestre ainsi que l'a fait remarquer M. Suess ; le sol pyrénéen subit des alternatives de mouvements du sol qui favorisèrent la formation des poudingues et conglomérats caractéristiques qui furent eux-mêmes recouverts de grès, marnes et calcaires à hippurites.

Enfin des dépôts lacustres avec bauxites et minerais de fer confirment ces alternatives d'exhaussement et d'affaissement du sol.

Le garumnien de Leymerie, avec ses argiles rutilantes existe sur le versant nord et aussi sur le versant sud en Espagne. Au-dessus du garumnien, on rencontre une série de couches nummulitiques, attribuées d'abord à l'éocène inférieur et aujourd'hui à l'éocène supérieur.

C'est après ce dépôt qu'a commencé le grand plissement pyrénéen. Il s'est déposé alors au pied de la chaîne en voie de surrection une sorte de culm tertiaire, connu sous le nom de *poudingue de Palassou* et qui recouvre partout le nummulitique.

Ce dépôt, qui atteint une puissance considérable, renferme des débris de palaeotherium, sur le versant français, dans les calcaires et lignites lacustres intercalés.

Il paraît donc de même âge que les couches de l'éocène supérieur qui renferment des ossements des mêmes mammifères à Paris (Montmartre), ainsi que les gypses avec sel qui se déposaient dans les lagunes à Sannois et Enghien.

Le soulèvement principal des Pyrénées caractérisé par le plissement des couches de l'éocène supérieur s'est donc produit à la fin de cette période éocène.

Le dépot de l'oligocène se produisit immédiatement après.

Des fractures nombreuses furent envahies après le soulèvement pyrénéen, de roches éruptives principalement ophitiques et des sources métallifères amenèrent les minerais dont nous allons nous occuper.

Ces venues n'affectent pas le miocène dans la région pyrénéenne et dans la chaîne cantabrique, mais on en trouve de nombreux témoins dans le crétacé, ainsi que nous le verrons.

Afin de faciliter l'étude et la description des gîtes métallifères pyrénéens, nous diviserons la région en trois parties :

Les Pyrénées occidentales (Bayonne à Pau).
Les Pyrénées centrales (Pau à Foix).
Les Pyrénées orientales (Foix à Perpignan).

§ 1. — PYRÉNÉES OCCIDENTALES. — GÎTES DE PLOMB ET ZINC

Région d'Irun, Oyarzun, Goizueta. — Les principaux filons de plomb et zinc connus dans la province de Guipuzcoa se rencontrent au pied du massif granitique de Aya, dans les environs d'Irun, Oyarzun et au sud de Goyzueta.

Le filon le plus connu et peut-être le mieux caractérisé et le plus riche de la région, se trouve dans le quartier de S^n-*Narciso*, termino d'Irun, mine S^n-Nicolas, appartenant à la Cie Royale Asturienne.

Le filon est dirigé N. 25° O., avec forte inclinaison 80° à l'Est. Sa puissance moyenne est d'environ 2 mètres. Le remplissage est composé de quartz, spath fluor et de galène argentifère. La galène à 55 o/o de plomb renferme 400 grammes d'argent à la tonne.

La minéralisation de ce filon est assez régulière et varie peu jusqu'à 250 et 300 mètres de profondeur.

Ce filon est encaissé dans les schistes Cambriens, d'après M. de Yarza, mais M. Stuart Menteath annonce, dès 1892, que les schistes satinés qui encaissent le filon seraient crétacés et que la microgranulite le recoupe.

Il existe quelques filons inexploités probablement analogues dans la région, Don Ramon Adan de Yarza en signale qui ont fait l'objet de concessions :

Termino de Irun. — Au quartier d'Elareta, filon de galène, dans les schistes paleozoïques, dirigé N. 10° O., avec inclinaison 55° E., faiblement minéralisé sur 2 mètres d'épaisseur, gangue de quartz et spath fluor ;

Au quartier de Laparraspi, filon analogue de 0^m65 de puissance sensiblement Est-Ouest.

Termino de Oyarzun. — Le filon d'Arditurri, dirigé N.-E. S.-O., renfermant beaucoup de blende et peu de galène a 2 m. 50 de puissance. Il incline de 32° au Sud-Est. Il est encaissé dans le cambrien, non loin du granite de Aya et renferme les mêmes gangues.

Termino de Berastegui. — Dans les schistes et quartzites des environs de Berastegui, on connaît de petits filons de 0^m30 de quartz et spath fluor avec galène, blende, pyrites de fer ou cuivre et sidérose, dirigés généralement N.-E. S.-O. Ils ont fait l'objet de demandes en concessions.

M. de Yarza signale encore des gisements, sous forme de filons-couches, dans le carbonifère des environs d'Irun à Aguinaga. La gangue est composée de sidérose, spath fluor et quartz. La puissance atteint un mètre.

M. Stuart Menteath indique pour les galènes des environs de Goyzueta des teneurs en argent de 500 grammes à un kilo environ à la tonne de galène.

Région du crétacé au sud de Tolosa. — Le crétacé renferme aussi quelques gîtes de galène, blende ou calamine, généralement peu importants. On peut citer, d'après M. de Yarza, dans la Sierra de Aizgorri dans les calcaires, un filon de spath calcaire avec calamine ou blende et très peu de galène. On rencontre aussi des poches calaminaires avec sulfures.

Dans les environs de Cerain, Mutiloa, Vidania, Amezguete (Aralar), Mondragon, etc., on rencontre des traces de minéralisation et quelques calamines.

Résumé. — Parmi les filons de plomb et zinc, il en est qui paraissent se rencontrer particulièrement dans les schistes et quartzites paléozoïques et qui ont été remplis par une venue que nous considérons comme la plus ancienne, peut-être hercynienne et qui est caractérisée par les gangues de quartz et spath fluor.

Une venue postérieure au crétacé aurait amené le fer spathique, des sulfures de plomb, zinc, fer, cuivre et du cuivre gris argentifère et serait de l'âge du grand plissement pyrénéen.

C'est à cette arrivée, dont nous allons nous occuper, qu'il faudrait peut-être attribuer, par réouverture, le fer spathique et le cuivre des filons anciens, si toutefois il y a des filons anciens. Il y aurait dans certains quartiers enchevêtrement des produits des deux arrivées.

Gîtes de fer spathique. — Région de St-Jean Pied de Port ou de la Nive. — On rencontre dans la région de Banca les terrains primaires recouverts en discordance de stratification par les terrains secondaires.

C'est au sud de Bidarray que l'on rencontre, dans la concession de fer et cuivre de Baigorry, située sur la rive gauche de la Nive et qui date de 1825, les principaux filons de fer spathique de la vallée de la Nive, sur lesquels il a été fait des travaux anciens et modernes assez importants. En dehors de cette concession, il existe aussi des filons analogues aux environs d'Ossès, sur la rive droite de la rivière.

Le *filon d'Ustélégui*, situé au nord de la concession, traverse le silurien, les grès permiens et le trias. Il est dirigé N.-S. à Motchaya, sur une partie de son parcours et N.-E. sur l'autre, allant vers la Nive. Sa puissance est de 2 à 3 mètres et atteint 5 mètres. Son remplissage est du fer spathique pur empâtant des fragments de grès provenant des épontes. Il est reconnu sur plus de 3 kilomètres en direction et sur 300 mètres de hauteur verticale.

Le *filon de Saint-Martin d'Arrosa*, près du village de même nom, encaissé dans les schistes siluriens, est dirigé N.-O. et perpendiculaire à la branche N.-E. d'Ustélégui. Il a 3 mètres de puissance et renferme, comme le précédent, du fer spathique pur. Quelques travaux l'ont reconnu sur près d'un kilomètre mais il est permis de supposer qu'il s'étend sur plusieurs avec des alternatives de richesse et de pauvreté.

En se rapprochant de Baigorry, on rencontre un autre filon N.-O. celui de Lisgueta, qui a 2 à 3 mètres de puissance et est encaissé dans le cambrien et le silurien supérieur.

Ce filon, si l'on en juge par les anciens travaux, paraît exister sur près de 2 kilomètres et devoir donner un excellent minerai.

On rencontre des filons de fer spathique analogues dans les environs d'Ainhoa et de Valcarlos (Espagne).

Enfin, il existe des filons pyriteux dont les affleurements présentent des hématites provenant de la décomposition des pyrites et du carbonate.

Les filons de fer spathique, qui paraissent très étendus en direction et en hauteur, sont-ils puissants et réguliers en direction ?

Les travaux sont encore trop peu importants pour qu'il soit permis de se prononcer d'une façon catégorique. Il nous a semblé cependant que les parties riches et exploitables étaient pour ainsi dire lenticulaires et que l'on ne pouvait compter sur une continuité absolue. M. Le Verrier fait remarquer que les filons pyriteux contenant une certaine proportion de carbonate, sont connus surtout dans le cambrien, les filons de carbonate de fer dans les terrains supérieurs et ajoute : « On peut se « demander s'ils n'appartiennent pas à la même venue, « et si la réaction des calcaires siluriens et dévoniens, « n'est pas la cause de leur changement de nature. Si « cette vue était juste on pourrait croire que les trois « grands filons de fer deviendront peut-être pyriteux « en profondeur. »

Quant à nous, il nous paraît probable qu'il y a eu une venue de fer spathique pur avant celle des sulfures.

Ces minerais contiennent 38 à 40 o/o de fer crus et grillés 55 à 58 o/o, 3 à 5 o/o de silice, autant de chaux et 1 a 2 o/o de manganèse. Ils sont purs et ne renferment que des traces de soufre et de phosphore.

Région de Vera ou de la Bidassoa. — Il existe autour du massif granitique de Aya et particulièrement aux environs de Vera, des minerais de fer spathique analogues à ceux dont nous venons de parler, connus sous le nom de gîtes de la Bidassoa.

Nous avons visité, il y a près de 20 ans, quelques gisements dans cette vallée de la Bidassoa. Nous avons observé des gîtes de fer spathique :

1° Encaissés dans le granite en amas irréguliers ;
2° Au contact du granite et des schistes ;
3° En filons dans les schistes.

On distinguait, à cette époque, deux groupes de gîtes : ceux de l'ancienne mine près de la Bidassoa, et ceux de la vallée de la Cascade.

Nous avons observé, près de la Bidassoa, 8 filons. Les n°ˢ 7 et 8 étaient les plus importants et renfermaient des lentilles ayant environ 50 à 60 mètres en direction, 40 en hauteur et dont la puissance atteignait 6 mètres. Le minerai était tantôt à l'état d'hématite, tantôt à l'état de carbonate.

Dans la vallée de la Cascade, nous avons vu un filon N.-S. renfermant du minerai blanc très beau et très pur.

Nous avons visité un gîte dans les schistes qui formait des poches très irrégulières. En face, un filon heure 9 à 10, au contact des schistes et du granite, inclinant à l'Est, donnait un minerai brun spathique avec quartz. Une galerie effondrée, existait sur un filon N.-S. au pied de la cascade (rive gauche).

Les hématites donnaient 54 o/o de fer, le fer spathique 42 o/o.

Les analyses indiquaient 3 à 6 o/o d'oxyde de manganèse 3, 6, 10 o/o et au-delà de silice, des traces de chaux.

Ces mines, qui appartenaient à M. d'Eichtal, étaient loin de donner des bénéfices à cette époque (1875).

M. de Yarza, qui a visité les travaux 10 ans après nous, donne quelques renseignements sur ces gîtes dans sa description géologique de la province de Guipuzcoa (1884).

Les principaux filons de contact sont dans les mines S^n Fernando y S^n Enrique:

Le filon S^n Fernando, au pied de crêtes de Peña de Aya, le second, appelé Miazurri, à 1.500 mètres à l'Est et connu sur 1.000 mètres de long. Sa puissance atteint 15 mètres. Il est dirigé N.-N.-O., incline vers l'Est et est traversé par un dyke de diabase.

Il existe de vrais filons dans les environs d'Oyarzun et Renteria ; des masses irrégulières au contact des granites et des schistes, composées d'hématites rouges et brunes avec sidérose, dans les mines S^n Miguel, Chacardi, S^n Fernando y S^n Adolfo ; des masses irrégulières dans les roches paleozoïques et quelquefois dans le trias, parmi lesquelles on peut citer, termino d'Irun, dans les schistes et quartzites, celles de Laminari y Zurrubi, dans le carbonifère et le trias celles de S^n Federico y S^n Carlos, au sud du Mont S^n Martial.

La Société de la Bidassoa et les exploitants des mines

Sⁿ Fernando y Sⁿ Miguel ont exécuté des travaux importants sur les filons, des plans inclinés et des chemins de fer à voie étroite pour le transport à Irun.

M. de Yarza donne l'analyse suivante du minerai de Miazurri :

Silice	Fer	Mn.	Oxygène	Magnésie	Perte
7.05	38.10	3.11	15.49	1.40	34.85

Enfin M. de Yarza signale des masses irrégulières de minerais de fer dans les calcaires crétacés aux environs de Cerain y Mutiloa à l'état d'hématites brunes exploitées de temps immémorial, sans aucune méthode, et quelques minerais à l'état de fer oligiste micacé, autour des ophites des environs de Tolosa dans des roches du trias, du lias et du crétacé.

Région de Goyzueta et de l'Urumea. — Dans la vallée de l'Urumea on connaît des filons de fer spathique, avec ou sans pyrites de fer et de cuivre. On peut citer les mines : Avenir et Alexandre, Echillas, Escorraga, Unchalina et Mentagorry. Dans les environs de Goyzueta on observe également des filons de fer et de cuivre.

Gîtes de fer de Ferrières, Arnousse, Montoury. — Dans la vallée de Louzon, près du village de Ferrières, arrondissement d'Oloron, des amas de fer spathique et d'hématite existent dans le dévonien où ils se sont formés par voie de substitution.

Dans la partie supérieure de la vallée d'Aspe, près de la frontière espagnole et du col de Samport, 1.640 mètres, le dévonien renferme aussi des gîtes de fer spathique, avec oligiste, pyrites de fer et de cuivre, qui ont été exploités sur la montagne d'Arnousse et sur le plateau de Paillette. Plus bas, non loin de Bedons, les calcaires dévoniens sont traversés par des ophites et on y rencontre des gîtes cuivreux. Le gypse accompagne les roches éruptives. Les ophites se montrent encore dans la région d'Oloron où elles ont traversé le terrain crétacé.

Dans l'arrondissement de Mauléon, on peut signaler, dans les calcaires jurassiques, des minerais de fer oligiste, au voisinage des ophites, dans la commune des Tardets à Montoury.

Enfin, dans les environs d'Urrugne, deux filons de fer spathique et hématite existent dans les schistes.

En résumé, nous voyons qu'une arrivée de fer spathique, tantôt pur, tantôt accompagné de quartz, a affecté toutes les roches et tous les terrains de la région, depuis le granite jusqu'au crétacé.

Nous allons retrouver les manifestations du même phénomène dans les autres parties des Pyrénées et dans bien des régions du bassin méditerranéen.

Notons seulement, pour le moment, que cette venue paraît avoir précédé ici celle du cuivre ou des sulfures dont nous allons nous occuper.

L'arrivée de fer spathique aurait été, à notre avis, la première phase du phénomène métallifère tertiaire pyrénéen.

Gîtes cuivreux — Région de Banca, Changoa, Burguete. — Un réseau de fractures, aux environs de

Banca, a été rempli par une venue de sulfures de fer et de cuivre avec quartz, (rarement ici de plomb, zinc, mercure) suivie d'une autre de cuivre gris argentifère avec fer spathique.

Il était déjà arrivé, avons nous dit, du fer spatique seul ou avec quartz.

On rencontre donc, dans les filons de cette région, des témoins de ces trois arrivées, tantôt isolés, tantôt enchevêtrés.

Le cuivre gris étant arrivé le dernier, dit M. Le Verrier il y a des chances pour qu'il se trouve dans les parties ou les filons sont restés le plus ouverts et que les parties riches et les plus argentifères soient aux croisements des filons.

C'est en effet ce qu'ont indiqué les travaux sur les filons les plus importants de ce réseau.

Le filon des Trois-Rois est connu par des travaux en direction sur près de 500 mètres, tant sur la rive droite que sur la rive gauche, mine S^{te}.-Marthe, et sur 150 mètres de profondeur au-dessous de la vallée (rive droite), 50 seulement (rive gauche). La puissance, dans les parties riches, est de un mètre environ.

Le minerai est un mélange de pyrite de cuivre et de cuivre gris argentifère.

La pyrite de cuivre ne contient pas d'argent.

Le *filon de Berg-op-Zoom* a été exploité au-dessus du travers-bancs de Muthuon et sur environ 500 mètres en direction.

Sa puissance a varié de 0^m20 à 1 mètre.

Son remplissage est principalement composé de pyrites de cuivre. Le cuivre gris s'y rencontre dans certaines parties riches, par exemple près du croisement du filon des Trois-Rois et d'un autre filon, au N.-E, du travers-bancs.

Le *filon Saint-Louis*, dirigé N.-N.-O. a été exploité sur 100 mètres en direction et 50 mètres en profondeur.

Composé principalement de pyrite de cuivre il était peu argentifère.

Sa puissance était de 1 mètre environ.

Le *filon Sainte-Elisabeth* a été exploité sur la rive droite de la Nive. Dirigé N.-O. il a été suivi sur environ 100 mètres en direction et 40 mètres de profondeur.

Il donnait des minerais très argentifères.

Il existe également un grand nombre de veines ou croiseurs de peu d'importance dans la région.

Comme pour les filons de fer spathique, on peut se demander si les filons cuivreux sont riches et réguliers sur une grande étendue.

Les travaux exécutés paraissent prouver une certaine continuité, mais est-elle suffisante pour que l'exploitation soit rémunératrice ?

La puissance moyenne paraît bien faible.

Le rendement *dans les parties riches* en cuivre

pyriteux, sans cuivre gris, paraît pouvoir ateindre 50 °/₀ en minerai à 5 °/₀ de cuivre.

Dans les parties riches, avec cuivre gris argentifère, la teneur peut atteindre 7 à 8 °/₀ de cuivre et 10 à 20 kil. d'argent à la tonne de cuivre.

Il s'agit de savoir si les parties riches des filons sont suffisamment étendues et abondantes pour rendre l'exploitation rémunératrice.

C'est ce que les travaux exécutés jusqu'à ce jour ne paraissent pas avoir encore démontré dans cette région de Banca.

A Changoa un filon N.-O. renfermant du cuivre gris très argentifère, a été exploité et est encaissé dans le silurien.

M. Stuart Mentheath en signale aussi dans le trias et au milieu du crétacé dans les environs de Burguete.

Nous signalerons encore du cuivre aux environs de *Goyzueta* avec les filons de fer spathique dont nous avons parlé et situés dasn la vallée de l'Urumea.

Enfin, il nous reste à signaler comme gisement de cuivre les *calcaires dévoniens* qui sont quelquefois associés au calcaire carbonifère.

M. Stuart Mentheath (1) s'exprime ainsi :

« Ce calcaire est habituellement métallifère, rempli
« de pyrites de fer et de cuivre et quelquefois de galène;

---

(1) Société géologique de France, 3ᵉ série, t. XVI (1887), p. 49. Constitution géologique des Pyrénées.

« il contient des mines de fer importantes et il a donné
« lieu à bien des travaux de recherches inutiles pour
« cuivre et plomb. Ces métaux disséminés forment un
« type spécial de gisements métallifères dont il faut se
« défier dans toutes les Pyrénées et même jusque dans
« les Asturies. »

Et plus loin, page 51 :

« Les calcaires dévoniens sont les calcaires métalli-
« fères par excellence des Pyrénées. Les calcaires créta-
« cés et jurassiques de la chaîne sont pourtant souvent
« pétris de pyrites de fer et présentent des gisements de
« fer, cuivre, plomb, zinc. »

Pour nous, tous les calcaires ont pu devenir métallifères et métamorphiques dans les régions plissées ainsi
que nous l'avons dit.

Comme exemple de cette nature de gisement, nous
citerons les calcaires dévoniens au nord de St-Jean-Pied-
de-Port, ceux des environs des Aldules, etc.

Ainsi que nous l'avons dit, les filons de Banca et autres
sont encaissés dans le silurien ou le cambrien, c'est-à-dire
au-dessous des calcaires métallifères dévoniens et M. Stuart
Menteath se demande si ce sont les filons qui ont imprégné les couches ou les couches qui ont fourni le minerai
des filons.

« Les filons de cuivre, dit-il, se trouvent habituellement
« au-dessous des calcaires à cuivre, mais encore, bien
« que rarement, jusque dans le trias. Cette dernière for-
« mation, là où elle est exceptionnellement épaisse, paraît

« pouvoir *nourrir* des filons de cuivre d'une certaine
« importance. Elle paraît être une des sources du cuivre
« gris ; et, vers la limite orientale du massif des Aldules,
« elle est traversée par un filon de cinabre. Le trias est
« accompagné d'une épaisseur importante de permien,
« dans les parages où il est ainsi traversé par des filons
« métallifères, et c'est peut-être ce permien, autant que le
« vrai trias, qui fournit le cuivre (1). »

Quant à nous, nous pensons que ce sont bien les sources génératrices des filons qui ont nourri les calcaires à cuivre en les imprégnant de minerais et même de gangues, mais nous craignons que la plupart de ces mines ne puissent nourrir leurs actionnaires.

Cette venue de sulfures de fer, cuivre, plomb, a affecté toutes les formations de la région, même le crétacé, aux environs de Burguete, d'après M. Stuart Menteath.

Si l'on nous objectait que la détermination de ce terrain crétacé peut laisser des doutes dans cette région, nous citerions une région où il n'y a que du crétacé, dans la province voisine d'*Alava*, où la même venue de sulfures a produit des gisements.

Cette région, décrite par M. Adan de Yarza (2), possède dans les environs de Villareal quelques petits filons de fer spathique avec pyrite de cuivre.

---

(1) P. 601. Note préliminaire sur les gisements métallifères des Pyrénées occidentales, 3e série t. XIV.
Bulletin, Société Géologique de France.

(2) de Yarza. Description géologique de la province de Alava 1885.

On y a exploité des filons de plomb et blende à gangue de quartz, spath calcaire, sidérose et baryte, assez continus, mais peu productifs.

Nous dirons donc, en résumé, qu'il y a eu dans les Pyrénées occidentales les venues de minerais suivantes :

1. — Galène et blende, quartz, spath fluor.
Galène et blende, quartz, spath fluor et sidérose.

2. — Fer spathique pur.
Fer spathique avec quartz et sulfures (fer et cuivre).
Fer spathique avec cuivre gris.
Fer spathique avec sulfures (fer, zinc, plomb, mercure).

La première est-elle hercynienne ? C'est probable.

La seconde est tertiaire.

§ 2. — PYRÉNÉES CENTRALES

Gîtes de plomb et zinc de la Bigorre. — Les gisements de plomb et zinc de la Bigorre sont des filons qui traversent les terrains primaires. Nous citerons les filons des environs de *Pierrefitte Nestalas, Cauterets, Barèges* et *Bagnères de Bigorre*.

D'Argelès à Cauterets on recoupe le terrain carbonifère ; à Argelès, le dévonien ; une bande de silurien à partir de Pierrefitte, puis le précambrien. On arrive enfin au granite à Cauterets.

Sur la droite de la route qui conduit à Cauterets, après avoir dépassé Pierrefitte point extrême de la ligne ferrée (altitude 507 mètres), il existe, sur la montagne de Coutre, 2 filons de blende et galène, dans la concession de Pierrefitte qui appartenait autrefois au marquis de Querrieu.

La mine que nous avons visitée, en 1874, est à 1.233 mètres d'altitude. Les deux filons sont plus riches en blende qu'en galène. La gangue est quartzeuse et ferrugineuse. On y trouve un peu de baryte.

Nous avons vu des puissances de 1 à 2 mètres de blende un peu mélangée de galène. Cette dernière atteint quelquefois la même épaisseur. Des failles viennent interrompre le minerai. Ces filons sont dirigés Est-Ouest, comme le terrain encaissant. Sur leur prolongement, on observe, à 15 kilomètres environ à l'ouest de Pierrefitte, le filon d'*Espujos*, dirigé sensiblement N. 65° O., fortement incliné comme les couches qui l'encaissent. Sa puissance varie de 1 à 2 mètres.

Sur son affleurement (altitude 1.200 mètres) environ, nous avons recueilli du carbonate de manganèse qui au lieu d'être rose avait la teinte foncée de la blende.

Non loin de là, on rencontre un filon à Castillon.

Un peu au nord de Pierrefitte, sur la rive droite du Gave de Pau, au château de Beaucens, on peut observer quelques traces de minéralisation.

En allant vers le Sud, par la route de Pierrefitte à Barèges, à 7 ou 8 kilomètres et sur la rive droite du Gave, près du village de Chièse, on trouve encore du zinc et du plomb.

On en signale également à Gavarnie.

Les principales concessions de ces régions sont :

La *concession de Pierrefitte*, plomb argentifère, cuivre, zinc et autres métaux, 4.200 hectares (1856). Communes d'Arcizon, Cauterets, etc., arrondissement d'Argelès.

C'est dans les blendes de cette mine que le *Gallium* fut découvert, en 1875, par M. Lecocq de Boisbaudran.

La *concession d'Arau* : 552 hectares, commune de St-Pé, arrondissement d'Argelès (1856) ; plomb, cuivre, zinc, etc.

Il existe sur cette concession des filons quartzeux dirigés sensiblement Est-Ouest, presque verticaux.

Le remplissage est généralement de la galène pauvre en argent, de la blende et de la pyrite de fer. On y rencontre des anciens travaux importants.

La *concession Héas et Gavarnie*, communes de Gèdre et Gavarnie, arrondissement d'Argelès.

Plomb argentifère, cuivre, zinc et autres métaux, 1947 hectares (1856).

De nombreux filons, dirigés sensiblement Est-Ouest et s'étendant sur 1 à 2 kilomètres, renferment de la galène peu argentifère avec baryte, quartz et fer spathique.

Des anciens travaux importants existent sur 100 mètres de hauteur.

Enfin, la *concession la Géla*, commune d'Aragnones, arrondissement de Bagnères de Bigorre :

Plomb argentifère, cuivre, zinc et autres métaux, 817 hectares (1865).

Les filons de cette concession sont près de la frontière espagnole à une grande altitude. Ils sont peu argentifères.

Gîtes des environs de St-Béat, Fos, Gistain (Espagne), Luchon. — Nous signalerons trois concession dans l'arrondissement de St-Gaudens :

Argut, communes des Arguts, Melles, Fos, Arlos, Marignac, St-Béat, Lez et Boutx ; 2.145 hectares ; zinc et plomb argentifères.

Melles, communes de Melles et Fos, 1.546 hectares ; plomb argentifère, zinc, argent et autres métaux connexes.

Portet-de-Luchon, commune de Portet-de-Luchon 124 hectares ; manganèse.

Dans la vallée de la Garonne, il existe des filons de plomb et blende aux environs de Fos, Melles, Argut qui ont été exploités autrefois, jusqu'à 2.150 mètres d'altitude.

Les travaux de *Melles* paraissent avoir eu une certaine importance.

Aux mines d'Argut, les filons quartzeux sont parallèles aux schistes encaissants et renferment de la galène et de la blende. Leur puissance est assez faible.

On rencontre aussi, dans cette région, de la pyrolusite qui paraît peu abondante.

Nous avons visité, en 1874, une ancienne mine *Pal-de-Raz* qui avait été reprise quelques années avant notre visite et dont il restait encore du minerai (blende). Les travaux étaient disposés sur 60 mètres de long, 30 à 40 de large où l'on a dû exploiter une lentille disposée suivant la stratification des schistes siluriens dirigés Est-Ouest.

Cette mine produisait aussi de la galène peu argentifère, comme toutes celles de cette région. On aurait aussi rencontré du bismuth aux environs de Melles.

Ce qui caractérise les filons quartzeux de cette région, c'est leur faible puissance en général ; cependant la blende y est quelquefois abondante en certains points La galène est peu argentifère,

Une venue d'*arsenio-sulfures de cobalt et de nickel* a laissé des traces au sud de cette région, en Espagne.

Au sud de Lannemezan, au-delà de la frontière espagnole, dans la province de Huesca, au nord de Plan et aux environs du village de Gistain, il existe une zone de terrain silurien qui renferme des minerais de cobalt et de nickel.

Le minerai, à l'état d'arsénio-sulfures à gangue de quartz et calcite, forme de petits filons ou veines dans les schistes et calcaires siluriens.

Vers 1874, lors d'un voyage dans les Pyrénées, M. Barrier, garde-mines à Toulouse, nous dit que 47 tonnes de ce minerai à 20 % de cobalt avaient été vendues à Anvers 4.748 francs la tonne. Il renfermait 40 à 50 % d'arsenic et un peu de nickel. Le transport de la mine à Lannemezan avait coûté 70 francs la tonne.

Ces résultats avaient donné les plus belles espérances,

mais nous croyons que l'exploitation reprise vers 1875 ou 1876 n'avait donné que du minerai à 10 o/o de cobalt et 6 o/o de nickel, après préparation mécanique.

Le minerai brut serait assez pauvre à 2 à 3 o/o et les filons fort irréguliers et discontinus.

On rencontre des traces de cette venue près des Eaux-Bonnes, ruisseau de Juzet, près de Luchon et dans la chaîne cantabrique.

Gîtes de manganèse. — Il existe des gisements de manganèse, entre les vallées de Luchon et de Campan dans les Hautes-Pyrénées et la Haute-Garonne.

Une venue de carbonate et de silicate de manganèse a affecté particulièrement une bande de terrain dévonien.

Les gisements se présentent en amas intercalés dans les schistes et calcaires dévoniens et ont été considérés comme contemporains des terrains encaissants. Il nous paraît plus probable que cette venue appartient au grand phénomène métallifère tertiaire.

Le manganèse serait arrivé comme le fer que l'on rencontre très souvent dans le même terrain à l'état de carbonate.

Les amas de minerais de manganèse ont quelquefois plus de 20 mètres d'épaisseur et, malgré une certaine continuité en direction, nous n'y voyons pas la continuité d'un dépôt sédimentaire, mais au contraire des grottes remplies de minerais et d'argiles, des calcaires corrodés, des fractures remplies, des noyaux calcaires non minéralisés au milieu de masses de minerai, etc. Quant à la pyrolusite elle provient de la décomposition du carbonate.

Il en est de même dans les gîtes importants de Rivernert (Ariège), dont nous parlerons.

Il y a du reste des témoins de cette arrivée de manganèse dans d'autres régions et d'autres terrains. Dans la Montagne Noire nous signalerons les gîtes de Castanviels (Aude), Combéliaubert (Hérault), où les affleurements sont formés d'un conglomérat renfermant des blocs de calcaire encaissant, cimentés par le manganèse ou une argile manganésifère avec cailloux de pyrolusite. Et, dans la région même, entre St-Girons et Foix, on observe dans les grès bigarrés un horizon de minerai de manganèse.

Gîtes de Sentein et St-Lary (Ariège) — Plateau de Liat (Espagne).

La concession de Sentein et St-Lary, communes de Sentein, St-Lary, Antras, arrondissement de St-Girons; plomb, zinc, argent, 6.935 hectares (1848), est située au sud de Sentein et s'étend vers l'Est dans la direction de St-Lary.

Le *gisement de Sentein* a été exploité au quartier de Bentaillou, à 1.900 mètres d'altitude.

Pour y arriver du bocard, on met trois heures à dos de mulet et on s'élève de la cote 900 à celle de 1,900. Le bocard était situé au hameau d'Eylie à 6 kilomètres de Sentein.

Le gisement est au contact d'une assise de calcaire blanc cristallin et de schistes siluriens.

Les calcaires forment le mur comme au Laurium et ont de 100 à 200 mètres de puissance.

Le gisement métallifère a un toit réglé mais pénètre à

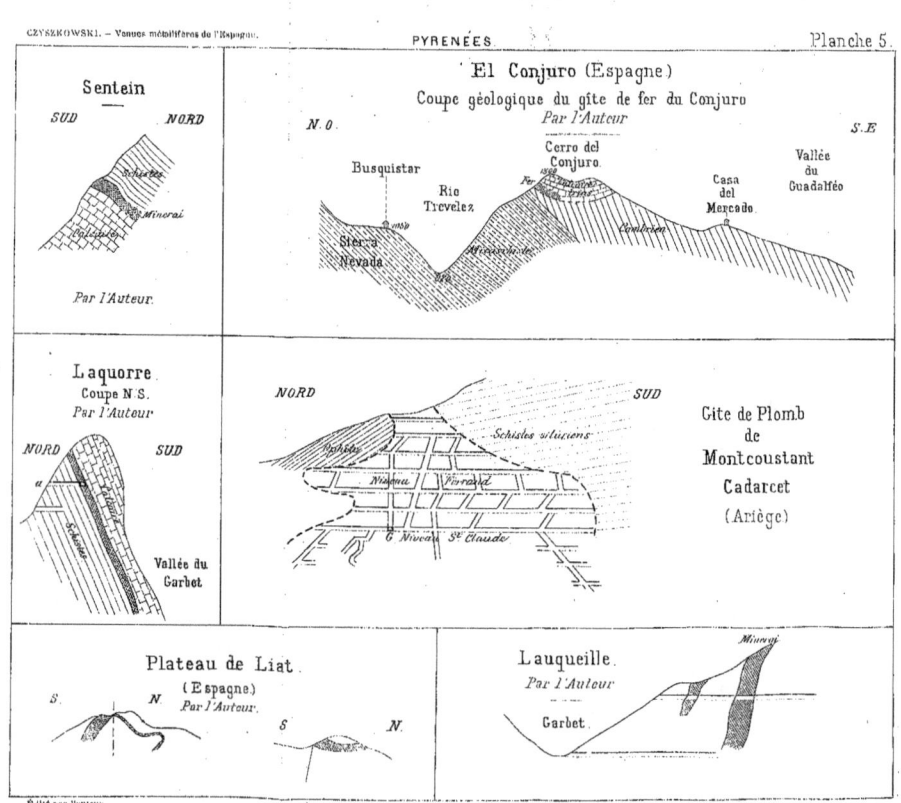

des profondeurs variables dans le calcaire ou on rencontre des poches de minerais divers, galènes, blendes et calamines. A un niveau inférieur, on rencontre dans les calcaires une bande assez constante de minerai de fer disposé en chapelet.

Le gisement de plomb argentifère, blende, calamine et terres carbonatées fut exploité régulièrement de 1864 à 1870 par M. Colleck, propriétaire de la concession. Nous avons visité la région en 1874 et nous croyons utile de reproduire ici notre impression d'il y a 22 ans.

C'est un gisement de contact (*voir pl. 5, pag. 175*) orienté sensiblement Est-Ouest et plongeant vers le Nord. Voici un aperçu d'ensemble sur ce gisement, je donnerai ensuite une description plus spéciale des travaux assez étendus qui ont été exécutés sur une poche ou lentille considérable qui constitue pour le moment, et jusqu'à ce qu'on ait fait de nouvelles découvertes, la partie utile de ce gisement.

En partant des maisons de Bentaillou et allant vers l'Ouest, en suivant le contact des calcaires et des schistes c'est-à-dire le gisement, où observe la coupe suivante :

Un affleurement de blende que l'on suit sur environ 50 mètres sans y observer du plomb en quantité notable et dont la puissance varie de 1 mètre à 1^{m}50, non exploité.

Puis quelques travaux anciens, faits dans un pli du terrain et ou l'on a constaté quelques petites poches de minerai.

Enfin, une grande poche ou lentille, bien minéralisée, sur laquelle des travaux étendus ont été développés, et qui contient des blendes, de la galène argentifère, des calamines et des terres carbonatées.

A l'Est et a l'Ouest quelques recherches ont été faites et ont constaté la présence du minerai.

Cette région, qui a 1 k. 1/2 à 2 kilomètres, est la région de Bentaillou sur laquelle on n'a fait de travaux importants qu'en un seul point.

Il reste certainement des recherches intéréssantes à faire.

On voit d'après les travaux exécutés que la partie minéralisée s'étend sur environ 500 mètres en direction et sur une hauteur verticale de 100 mètres environ, différence de niveau entre Espeleta et Jesusita.

Espeleta, St-Louis, Amelie, Lagarde, Edouard, Jesusita, sont les galeries situées à divers niveaux.

L'inclinaison de ce gisement est assez faible à la surface et augmente en profondeur.

Il y a dans cette lentille, qui a 500 mètres en direction deux parties bien distinctes :

1° La partie occidentale qui se compose d'un amas terreux, de forme à peu près circulaire dont le diamètre serait de 100 mètres environ, situé entre Espeleta et Amelie ;

2° La partie orientale, comprise entre Amelie et Jesusita, moins puissante et surtout moins régulière, contenant des parties riches en plomb argentifère et blende, mais aussi des parties stériles.

PARTIE OCCIDENTALE. — A l'entrée de la galerie Espeleta, on observe un bel affleurement de blende de 1 à 2 mètres de puissance. Cette galerie a du arriver assez vite à la limite du gisement vers l'Ouest.

La galerie St-Louis a pénétré dans l'amas terreux après quelques mètres.

Cet amas ou poche, est composé particulièrement de terres carbonatées dont la teneur en plomb est variable et peut être évaluée en moyenne à 30 ou 35 o/o. On en trouve de très riches.

Ces terres sont argentifères et contiennent, paraît-il, un kilog. par tonne d'argent, on y trouve des rognons de galène pure riche en plomb et argent, disposés quelquefois en couches de 0,50 à 0,60 au milieu de l'amas terreux.

Au mur, au contact du calcaire, on rencontre des calamines cristallines fort belles et riches.

On en extrayait très peu, paraît-il, et lorsqu'on les trouvait en bancs réguliers on les laissait. On n'a extrait que celles qui étaient avec les terres. On en a vendu, paraît-il, 300 tonnes et l'on en observe quelques tas de 4 à 5 tonnes à l'extérieur.

On trouve donc dans cet amas :

Au toit, des terres carbonatées, riches en plomb ;

Au milieu, des terres plus pauvres et contenant des noyaux de galène pure, quelquefois abondants et disposés en couches de 0^m50 à 0^m60 ;

Au mur, des terres calaminaires et des calamines en roche.

La présence de ces calamines au contact et dans les calcaires du mur me paraît importante à considérer. Je ne serais pas étonné qu'en poursuivant des recherches au mur qui n'ont pas dû être faites, on arrivât à découvrir des amas de cette substance peut-être importants.

Cet amas terreux, de forme sensiblement circulaire, a environ 100 mètres de diamètre et sa puissance varie de 0^m50 à 3^m50.

Dans les parties dépilées, on a enlevé seulement une couche de 1^m50 à 2 mètres. On se réservait, paraît-il, de laisser ébouler le minerai restant au toit pour le reprendre plus tard.

PARTIE ORIENTALE. — Dans cette partie, qui s'étend entre les galeries Amélie et Jesusita, on observe de très beaux chantiers dans lesquels la blende et le plomb ont parfois 1^m50 de puissance.

La galerie Amélie a été commencée sur un affleurement de galène sur une dizaine de mètres. Elle a été ensuite continuée en descente.

Dans cette région on a rencontré une faille au contact de l'amas terreux qui a donné de l'eau et dans laquelle on trouvait, paraît-il, des terres calaminaires imprégnées de plomb carbonaté. Elle est dirigée sensiblement N.-S. et l'étude de cet accident me paraît devoir être intéressante.

La galerie Lagarde est, paraît-il, riche en zinc et plomb.

La galerie Edouard, commencée dans le minerai qui est puissant à la surface passe ensuite dans le mur où elle a rencontré quelques petites poches de minerai qui ont un peu égaré les recherches.

A son extrémité, elle a été retournée vers le toit et l'on a recoupé le filon avec 0.60 à 0.70 de puissance.

Le contact est là très intime entre le toit, le minerai et le mur et les roches sont très compactes.

On a ensuite poussé plus loin dans le toit pour aller percer avec un puits destiné à faire écouler les eaux.

La présence du minerai à ce niveau au nord du gisement est importante à considérer au point de vue de la continuité du gisement en profondeur.

Les *Mines de Saint-Lary* étaient peu reconnues par des travaux exécutés sur trois points : Berguerasse, La Clotte, Peyronère, où on avait rencontré quelques amas de blende.

Gîtes de Blende du Plateau de Liat (Espagne). — On a exploité sur le plateau de Liat, en Espagne, des gisements de blende que nous avons eu l'occasion de visiter dans cette région du *Val d'Aran*.

De la station de Marignac au village de Fos, il y a 10 kilomètres et de Fos aux mines 23 kilomètres. Partant de Fos, on suit la route d'Espagne qui passe au Pont du Roi. On prend ensuite le chemin qui conduit à la fonderie et on arrive, après 3 heures de mulet. Il faut encore 3 heures pour arriver à la mine et s'élever d'environ 1.400 mètres.

Le plateau de Liat, situé à 2.400 et 2.500 mètres d'altitude est assez riche en blendes qui se trouvent dans les schistes siluriens ou à leur contact avec une assise calcaire. Suivant une direction parfaitement déterminée, on observe une crête saillante, en certains points, qui forme une arête schisteuse principale, minéralisée de distance en distance sur plusieurs kilomètres de longueur.

Le gisement se compose d'amas irréguliers. Nous en citerons deux, situés à 400 ou 500 mètres de distance. Celui situé à l'Est présente 1^{m}50 de blende pure, sous forme de couche presque horizontale, allant buter contre l'arête principale constituée par une faille en ce point. Sur l'autre, situé à l'Ouest, le minerai est disposé plus irrégulièrement, en forme de selle. Les coupes (*pl. 5, pag. 175*), indiquent l'allure de ces gîtes irréguliers qui étaient exploités 3 mois de l'année seulement et donnaient des blendes riches.

Le transport des mines à Marignac coûtait 45 francs par tonne par une très mauvaise route.

Gîtes des environs d'Aulus et Ustou (Ariège). — Plomb argentifère et zinc d'Aulus —

Il y a, aux environs d'Aulus, trois concessions de plomb argentifère et zinc :

L'ancienne concession Lecour ou Aulus ;

La concession du Pouech ;

La concession de Seix.

Ces trois concessions appartenaient autrefois à la Société l'Union Métallurgique.

Concession Lecour. — Cette concession comprend trois gisements principaux qui ont été exploités par les Romains et à diverses époques. On y travaillait en 1872.

Ces trois gisements sont : Les Argentières, Laquorre et Lauqueille.

La mine de Lauqueille, la plus rapprochée d'Aulus, est située à quelques mètres de l'ancien village qui portait le nom de Castel-Minier, complétement ruiné et dont il reste seulement deux ou trois lambeaux de murs.

Ce point est situé dans la vallée du Garbet, sur la rive droite de cette rivière, à environ 5 kilomètres d'Aulus. Pour y arriver d'Aulus, il faut environ 1 heure 1/2 à dos de mulet.

Laquorre et Les Argentières sont situés beaucoup plus haut et à 14 ou 15 kilomètres d'Aulus. Ces deux derniers points ne sont qu'à 150 ou 200 mètres l'un de l'autre.

Les divers gisements de la concession Lecour, sont situés dans le silurien, au contact des calcaires et des schistes.

Les Argentières. — Le quartier des Argentières est formé par un monticule calcaire de peu d'étendue et dont les couches sont dirigées O. 10° S. Le gisement consiste en un filon intercalé dans les couches calcaires et renfermant, sous forme de brèche, des blendes, galènes, quartz, carbonate de chaux et fer, le tout relié par un ciment quartzeux. On a exploité en ce point un amas de blende et galène. Je n'ai pu visiter les travaux dont l'entrée est inaccessible, mais j'ai pu voir à la surface quelques travaux moins importants.

Ainsi, tout à fait à l'Est, un vide assez considérable situé dans le filon indique que l'on y a exploité la blende et le plomb. On observe encore sur les parois et au front, la blende disposée en filets de 0^m30 à 0^m40 très irréguliers et peu de plomb. A la surface, il y a encore un tas de 8 à 10 tonnes de cette blende. En suivant l'affleurement du filon, on rencontre quelques cavités où l'on a exploité quelques noyaux de minerai.

Mine de Laquorre. — En se dirigeant vers l'Ouest, à 150 ou 200 mètres des Argentières, on trouve la mine de Laquorre.

Le gisement de Laquorre est dirigé Est-Ouest comme les couches encaissantes et plonge de 45 à 50° vers le Sud *(pl. 5, pag. 175)*. Le toit est calcaire et le mur schisteux.

Les travaux sur ce filon ont été assez développés, une galerie A, à travers bancs, a recoupé le filon à 30 ou 40 mètres et des galeries en direction ont été poussées vers l'Est et vers l'Ouest sur 100 à 250 mètres en direction. Le toit et le mur étaient paraît-il parfaitement réglés et le filon avait pour gangue une couche terreuse aussi très régulière. Elle contenait des noyaux de plomb donnant 120 à 150 gr. d'argent aux 100 kilog. de carbonate. L'entrée de la galerie A étant éboulée, je n'ai pu visiter ces travaux qui sont, d'après ce qu'on me dit, très bien conservés. J'ai eu des renseignements par l'employé qui dirigeait les travaux en dernier lieu et j'ai vu les plans de cette concession.

Le minerai exploité en ce point était le plomb carbonaté en rognons. La galène s'y trouvait accidentellement. On trouvait aussi un peu de calamine.

Un puits de 25 mètres a reconnu le gisement en profondeur, ainsi qu'une descente suivant le filon qui va à 40 mètres au-dessous de la galerie A. Une galerie d'écoulement, commencée sur le versant nord, n'a pas encore recoupé le filon. C'est sur le versant sud qu'il aurait fallu entreprendre cette galerie, le filon plongeant dans cette direction. On peut voir par la coupe que des galeries de quelques mètres auraient rencontré le filon. C'est par des galeries de ce genre qu'il serait intéressant de reconnaitre ce gisement à un niveau très inférieur à celui des travaux. La gangue terreuse étant parfaitement réglée sur tous les points, il y a certainement à rechercher des points minéralisés en profondeur. C'est à ce point de vue que le gisement de Laquorre me paraît intéressant.

Ce filon paraît être le prolongement de celui des Argentières, mais d'après les plans, la galerie en direction vers l'Est s'écarterait de cette direction et ferait supposer que les filons sont différents.

Mine de Lauqueille. — Lauqueille est situé beaucoup plus bas sur la rive droite du Garbet, près de Castel-Minier.

Le gisement consiste en un amas de galène argentifère exploité près de la surface.

On se proposait de l'atteindre par une galerie d'écoulement prise au niveau du Garbet.

J'ai pu visiter cette galerie qui a une centaine de mètres et qui devrait être très près du minerai. (*Voir pl. 5, pag. 175*).

Le gisement est orienté comme les couches encaissantes, calcaires au toit, schistes au mur. Il plonge vers le Sud. Le minerai est de la galène argentifère qui lavée donnait 60 o/o de plomb à 150 et 160 gr. d'argent aux 100 kilos. On a exploité un amas de blende à la surface à 50 à 55 o/o de zinc.

Par la galerie n° 1 on a exploité un petit amas de galène ainsi qu'un deuxième plus important. Le vide formé par les travaux a été rempli par les eaux et on n'a plus continué à l'exploiter. La galerie d'écoulement n° 2, était sur le point d'arriver au minerai.

Il reste donc, dans ce quartier, du plomb argentifère à exploiter en poussant de quelques mètres la galerie d'écoulement.

Tels sont les trois gisements de la concession Lecour.

On ne peut guère se prononcer sur l'importance et la richesse de cette concession parce que les travaux sont en partie inaccessibles et que des travaux de recherches restent à faire. Néanmoins je pense que l'on pourrait exploiter utilement ces divers gisements et faire quelques découvertes par des travaux nouveaux.

On transportait le minerai des Argentières à Aulus à dos de mulet à raison de 10 francs par tonne et au même prix d'Aulus à St-Girons, soit 20 francs par tonne en gare de St-Girons. Aujourd'hui le transport serait probablement un peu plus cher.

Dans le cas où les travaux faits à Laquorre démontreraient l'existence d'une quantité notable de minerai on pourrait voir s'il y aurait avantage à employer un câble qui descendrait le minerai dans la vallée du Garbet. Le trajet ne serait plus que de 5 à 6 kilomètres pour aller à Aulus. Lauqueille est à environ 5 kilomètres d'Aulus et est dans une position plus favorable.

Concession du Pouech. — En partant de Lauqueille et passant sur la rive gauche du Garbet, on arrive sur le versant de la montagne du Pouech où l'on observe des traces d'anciens travaux assez étendus, sur 300 mètres environ, sur la direction O. 20° Sud d'un filon ayant pour toit le calcaire et pour mur les schistes. Ces travaux sont attribués aux Romains.

Dernièrement une galerie d'écoulement ancienne a été reprise et poussée à 80 mètres dans les schistes. Elle a rencontré une fente renfermant des terres avec noyaux de galène. assez riche, qui a été dépouillée sur un parcours assez restreint.

Il est probable que l'on n'était pas encore arrivé au filon des anciens, exploité par la surface. Il aurait fallu pousser cette galerie de quelques mètres pour arriver au calcaire et s'assurer si le filon est stérile ou minéralisé en ce point. Je signale cette recherche intéressante qui devrait être faite immédiatement si cette concession était reprise.

Les deux concessions, Lecour et Pouech, renferment

un assez grand nombre de points minéralisés, la plupart exploités anciennement, et sur lesquels il reste des recherches intéressantes à faire.

Il est difficile de donner une valeur à ces affaires ne sachant pas, par les travaux anciens, ce qui a été enlevé et ce qui peut rester de minerai.

Je pense que par des travaux habilement dirigés on pourrait encore tirer parti du minerai qui doit rester dans les parties reconnues, et probablement faire quelques découvertes de minerai par les travaux nouveaux.

On aurait je crois intérêt à acheter ces affaires dans le cas où par, suite de la liquidation de l'Union Métallurgique, les concessions seraient vendues à très bas prix.

La *concession de Seix*, comme les concessions Lecour et Pouech, appartenait à la Société l'Union Métallurgique.

J'ai visité les plans des travaux et vu l'employé qui a dirigé les travaux.

Sur les bords de la rivière d'Estours, j'ai visité quelques travaux assez étendus sur un filon où la pyrite de cuivre domine mais qui est pauvre en ce point.

Le point où les travaux ont été le plus développés, est au sommet de la colline de Mimort, où l'on a exploité deux filons voisins, de galène et blende, pyrites de fer et cuivre, situés dans les calcaires et marbres du lias. Les travaux ont constaté que ces filons s'étendaient peu en direction et en profondeur et que même ils devenaient très pauvres.

Je ne m'étendrai pas d'avantage sur ce point, qui ne peut ajouter que fort peu d'importance à l'ensemble de ces trois concessions.

Une étude détaillée ferait peut être entrevoir quelques travaux de recherches à faire. En certains points, l'affleurement des pyrites de cuivre paraît assez favorable aux recherches. Ces mines sont à 22 kilomètres de St-Girons et à 250 ou 300 mètres au-dessus de la route.

Plomb argentifère et zinc d'Ustou. — La vallée d'Ustou, parallèle à celle d'Aulus, renferme quelques points sur lesquels on observe des gisements de zinc et plomb, presque tous sur le même alignement.

De tous ces points, le plus important et sur lequel on a fait des travaux assez étendus est celui qui est désigné sous le nom de mines de Carbouère.

Mines de Carbouère. — Une route de 27 à 28 kilomètres conduit de St-Girons au village de St-Lizier d'Ustou. De ce dernier au pied de la montage de Carbouère où était construit le bocard, existe un chemin muletier de 9 à 10 kilomètres.

Pour arriver de ce point à la mine il faut encore une heure à 1 h. 1/2 à pied.

Le gisement qui comprend plusieurs bandes minéralisées parallèles à la stratification du terrain, se trouve dans les schistes siluriens.

Le minerai est sous forme de schistes imprégnés de minerais de plomb ou de zinc. En certain points les surfaces sont calaminaires.

Les schistes minéralisés et les schistes encaissants sont disposés presque verticalement et dirigés sensiblement Est-Ouest.

On observe trois bandes minéralisées :

La 1re a environ 0^{m}50 de puissance ;

La 2e, située à 12 ou 15 mètres de la première, a un mètre à 1^{m}20 de puissance.

La 3e ne m'a pas paru avoir d'importance.

L'affleurement des deux premières est visible sur une étendue assez considérable et l'on y observe des travaux assez développés à divers niveaux.

J'ai constaté partout que le minerai était très pauvre ; ces schistes sont très peu imprégnés de minerai.

Gîtes des environs de St-Girons (Ariège). — *Concession des Abères, mine d'argent de Rivernert.* — La concession des Abères est située communes de Rivernert et Soulan, arrondissement de St-Girons (Plomb argentifère et autres métaux connexes, 964 hectares, 1869).

Le village de Rivernert est situé à 9 kilomètres de St-Girons et la mine à 1 h. 1/2 soit en tout 16 kilomètres environ de la mine à St-Girons.

Les filons sont encaissés dans les schistes siluriens.

Ce gisement est composé particulièrement de deux filons l'un N.-S., l'autre E.-O. bien caractérisés, mais probablement pauvres. Il y a aussi d'autres filons parallèles.

Le minerai est de la galène très argentifère, paraît-il, 3 à 5 kilos d'argent à la tonne de minerai.

On observe, dans les filons Est-Ouest, de la blende aussi très argentifère (2 kilos à la tonne) avec baryte. Ce gisement qui a été exploité à une époque reculée paraît être surtout argentifère.

Lors de notre visite nous n'avons pu recueillir le moindre échantillon.

On prétend que les épontes des filons sont minéralisées sur plusieurs mètres et renferment de l'argent.

Concession de las Cabesses. — Manganèse. — On a exploité dans les environs de Rivernert du manganèse (pyrolusite) jusqu'en 1890. Ce minerai, à 48 ou 50 o/o de manganèse en moyenne, provenait de la décomposition du carbonate et formait pour ainsi dire le chapeau d'un gîte de carbonate de manganèse.

Ce dernier minerai était considéré comme stérile et jeté aux déblais. On s'aperçut un jour que ce carbonate s'altérait à l'air et passait à la pyrolusite. On fit analyser le minerai à teinte claire et l'on reconnut que l'on avait affaire à du carbonate de manganèse excellent.

A la suite de cette découverte une concession fut demandée celle de *las Cabesses* en 1890, dans les communes de Rivernert, Esplas et Rimont, arrondissement de St-Girons, 613 hectares, manganèse.

C'est encore ici le calcaire dévonien qui a été minéralisé et transformé sur une grande échelle en carbonate de fer, plus au Sud dans la vallée de Vicdessos.

On rencontre dans le gîte des calcaires incomplètement transformés et corrodés par les eaux minérales manganésifères et qui forment des noyaux stériles plus ou moins considérables dans la masse du minerai. La substitution du carbonate de manganèse au carbonate de chaux paraît bien évidente.

La composition de ce minerai cru est la suivante :

Mn.	Co^2	$Si.O^2$	$Ca.O$	Ph.	Fer
40 à 45	25 à 30	6 à 8	8 à 10	0.03 à 0.05	2 à 4 0/0

Le minerai calciné atteint 52 à 53 o/o de Mn.

Un câble aérien relie la mine à la route de St-Girons.

L'altitude des mines ne dépasse pas 850 mètres et le travail n'est pas interrompu l'hiver.

Le phénomène d'arrivée de sources manganèsifères a laissé, comme nous l'avons dit, des traces dans d'autres terrains.

La couche de 1 mètre, dans les grès bigarrés, entre St-Girons et Foix a été exploitée entre *Montels* et la *Bastide-de-Sérou*.

Ces grès ont été suivis par des sources minérales métallifères et nous pouvons citer encore des dépôts de sulfate de baryte avec pyrites de fer et de cuivre aux anciennes mines de *Coffre* et des *Atiels* sur lesquelles des travaux anciens ont été exécutés.

Gîtes des environs de Foix et Tarascon (Ariège). — La vallée de l'Ariège divise en deux un massif montagneux primitif fort remarquable, entouré de terrains secondaires qui forment aussi en son milieu, l'îlot de Tarascon et Ussat.

Le pic St-Barthélémy, sur la rive droite de l'Ariège, atteint 2.349 mètres d'altitude, le pic des Trois Seigneurs, sur la rive gauche, 2.165 mètres.

Au nord de ce massif, dans les environs de St-Girons, on observe toute la série des terrains primaires sous forme de bandes dirigées Est-Ouest. C'est dans la bande dévonienne que se trouvent les gîtes de carbonate de manganèse de Rivernert.

En remontant la vallée de l'Ariège, après le terrain primitif composé de gneiss avec granulites et cipolin de Mercus, on rencontre l'îlot jurassique de Tarascon et Ussat, recouvert par quelques lambeaux de crétacé, qui se prolonge en se rétrécissant dans la vallée de Vicdessos.

Ces calcaires ont été transformés par des sources thermo-minérales et par places en gypse qui forme des amas aux environs de Bédillac et Arignac. Ces gîtes exploités produisent le plâtre de Tarascon.

Les célèbres mines de fer de *Rancié* sont dans les calcaires du lias, et les sources salines d'*Ussat* sourdent au pied d'escarpements de 400 mètres de hauteur de calcaires jurassiques. Les eaux sont sulfatées calciques et viennent nous confirmer l'origine des gypses dont nous venons de parler.

Puis viennent les terrains primaires qui encaissent cet îlot.

Dans les environs de « las Cabannes », il existe une

zone de granulites et roches vertes (Lordat, Vèbre, Appi) et sur le même alignement celles de la vallée de Vicdessos et des environs (los Greppios). C'est à l'ouest de cette zone éruptive que se trouvent les *Lherzolites* de l'Ariège.

Il y aurait donc une zone de roches éruptives s'étendant de Prades et Causson, au sud du massif de Tabes (St-Barthélémy) jusqu'à Sem près Vicdessos et le lac de Lherz situé au sud-est du pic des Trois Seigneurs.

En remontant encore la vallée de l'Ariège, on arrive aux sources thermales sulfureuses d'*Ax* (alt. 716 mètres). Sur les confins du Val d'Andorre et des Pyrénées orientales, le pic Nègre au pied duquel sort la source de Font-Nègre, origine de l'Ariège, atteint 2.812 mètres.

Non loin de là, près du col de Puymorens se trouvent des gîtes de fer magnétique dans le département des Pyrénées Orientales.

Une puissante venue de sources ferrugineuses a affecté cette région et paraît avoir eu pour centre les environs de Vicdessos.

Le gîte de la montagne de Rancié est le témoin le plus important de ce phénomène qui a affecté toutes les formations géologiques de la région ainsi que nous le dirons.

Le gisement de Rancié est encaissé au milieu des calcaires du lias plus ou moins cristallins, ainsi que l'a établi Dufrénoy dans son remarquable mémoire sur les mines de fer des Pyrénées orientales en 1834.

Voyons d'abord quelle est l'allure, la forme et l'origine du gisement.

Les calcaires encaissants sont très inclinés et se rapprochent de la verticale et dirigés comme la chaîne des Pyrénées.

Une des couches a été suivie par les eaux ferrugineuses qui l'ont attaquée sur les points les plus favorables.

Le phénomène a duré assez longtemps pour qu'une zone de 20 à 25 mètres de puissance de calcaires ait été plus ou moins corrodée, altérée et minéralisée par les eaux minérales. Le fer spathique s'est substitué au calcaire et il forme dans cette zone des colonnes et des lentilles plus ou moins étendues, puissantes et régulières, inclinant sensiblement comme les calcaires encaissants.

Vu dans son ensemble, le gisement serait pour ainsi dire un filon dont le toit et le mur auraient été débordés par le minerai formé aux dépens des calcaires. Comme dans un filon il y des zones stériles où le calcaire ferrugineux forme des colonnes et lentilles analogues à celles de minerai.

Cette zone ferrugineuse est connue sur environ 1.000 mètres et, depuis le sommet de la montagne jusqu'à sa base, sur plus de 600 mètres de hauteur verticale. Elle est exploitée depuis le XIIe siècle.

Le minerai très hydraté près de la surface devient carbonaté en profondeur.

Le remplissage paraît avoir été du fer spathique avec sulfures de fer et de cuivre peu abondants et de silice.

On a recueilli par l'exploitation quelques échantillons d'oxyde de manganèse.

Comme dans la région de Bilbao, on a donné des noms aux variétés nombreuses de minerais, suivant qu'ils sont à l'état d'hématites plus ou moins hydratées, de carbonates plus ou moins décomposés et aussi suivant que ces minerais sont plus ou moins siliceux.

Nous signalerons seulement 3 variétés principales :

L'hématite brune, plus ou moins compacte, constituant la masse principale du gisement ;

Le fer spathique, plus ou moins décomposé (campanil et vena de Bilbao) ;

Enfin, le fer carbonaté, plus ou moins mélangé de pyrites et de quartz, type du remplissage primitif qui a donné naissance aux autres variétés de minerais sous l'influence des agents de la surface.

On rencontre accidentellement du fer oligiste micacé. Nous en signalons dans le sud de l'Espagne au milieu du fer spathique un gisement remarquable.

La teneur moyenne des minerais exploités à Rancié est approximativement de 50 o/o de fer et 4 à 5 o/o d'oxyde de manganèse.

Cette venue de fer spathique a laissé d'autres traces dans la région. Aux environs de Tarascon et d'Ussat, on rencontre quelques gîtes de minerais de fer dans les calcaires jurassiques. Celui de *Rabat* est en relation avec une roche éruptive.

Les calcaires siluriens de la région de Rancié renferment du fer spathique à Lesconil, Nagot, le Pinet.

Des ocres et minerais de fer hydratés, qui peuvent provenir de la décomposition des pyrites de fer, existent entre las Cabannes et Ax, non loin de Perles et Vaychis dans les terrains anciens.

Près des Cabannes, un grand filon coupe la vallée de l'Ariège et est connu sous le nom de filon de St-Pierre. Il renferme du quartz, du fer spathique, des sulfures de fer et de cuivre, du spath fluor.

Il existe aussi, dans les environs des Cabannes, de nombreux gîtes de fer à Urs, Luzenac, Lassur, Gudanes, cités par Dietrich et Jules François.

Les ophites et lherzolites qui ont traversé le dévonien des environs de Lordat sont accompagnées de fer oligiste.

MM. Jules François, Leymerie et d'autres géologues, ont attribué le même âge aux ophites et aux minerais de fer de cette région.

Après M. Hébert et quelques géologues, M. de Lacvivier considère les ophites comme d'âge triasique (1).

Les minerais de fer de Rancié, ainsi que nous venons de le voir, sont postérieurs aux calcaires jurassiques (lias) qui les renferment, puisqu'ils s'étendent en ramifications dans ces calcaires.

De plus, cette venue a affecté tous les terrains de la région jusqu'au lias.

(1) *Bulletin de la Société Géologique de France.* — Ophites et Lherzolites de l'Ariège, T. IV. oct. 1892.

Gîte de plomb et zinc de Montcoustant ou Cadarcet. — Le gîte de Cadarcet est associé aux ophites qui forment une autre zone au nord de celle de Vicdessos, entre Foix et St-Girons. On en rencontre aussi dans l'intervalle aux environs de Massat.

Le gisement de Montcoustant est un des plus intéressants des Pyrénées et des mieux situés au point de vue des transports et du climat.

De la mine à Foix, il y a 12 ou 13 kilomètres et le transport coûtait 4 francs par tonne.

La formation triasique repose sur les schistes siluriens de la montagne de Montcoustant et au contact de ces terrains existe un amas d'ophite englobant un lambeau calcaire dirigé sensiblement Nord-Sud, et renfermant le gîte de plomb et zinc.

Ce dernier est disposé en chapelet dans le calcaire, mais se trouve quelquefois dans les schistes. Le minerai est alors plus pauvre.

L'ensemble du gisement, dirigé sensiblement Nord-Sud, plonge de 70° vers l'Ouest. La puissance atteint 1 mètre de galène massive très pure non argentifère (alquifoux) et il est rare qu'elle ne varie pas sur plus de 3 ou 4 mètres. Il y a des étranglements fréquents, mais il reste toujours une trace terreuse permettant de suivre le gîte.

Quoique très irrégulier dans ses détails, il présente une certaine régularité dans l'ensemble.

La galène contient 70 à 72 o/o de plomb. La blende assez abondante en certains points sous forme de bandes de 0^m10 à 0^m20 et jusqu'à 0^m40, est disposée comme la galène, en chapelet, et paraît contenir 45 o/o de zinc. La gangue est calcaire avec sulfate de baryte.

Des travaux assez étendus ont été exécutés et sont représentés (*Pl. 9 pag. 175*). La partie exploitée est comprise entre les niveaux St-Claude et l'affleurement, sur 60 mètres de hauteur et 200 à 250 mètres en direction.

Cette partie qui constituait, en 1874, les anciens travaux était assez bien conservée et accessible. La galène avait été enlevée avec soin, mais on avait laissé la blende qui était abondante au niveau Ferrand. Au niveau St-Claude existait une galerie d'écoulement G. située encore à 75 ou 80 mètres au-dessus du fond de la vallée.

Au Nord et au Sud, des descentes avaient reconnu le minerai à 40 mètres au-dessous de la galerie d'écoulement.

Un immense tas de déblais, renfermant beaucoup de blende, a été exploité il y a quelques années, et la mine qui appartenait à M. Buffet-Delmas, de Toulouse, fut vendue à très bas prix.

§ 3. — PYRÉNÉES ORIENTALES

Les minerais de fer du Canigou. — Nous avons étudié la région du Canigou en 1876 pour la Compagnie de Mokta-el-Hadid et remis notre rapport le 21 octobre de la même année.

Nous avons fait, en 1878, une communication sur les

mines de fer de ce pays au Congrès de l'Industrie minérale à Paris.

En 1879, nous avons publié une notice avec carte géologique de la région ferrifère de Prades.

Enfin, en 1884, dans notre travail d'ensemble sur les minerais de fer dans l'écorce terrestre, nous avons rappelé ces travaux.

Nous ne décrirons pas ici en détail les mines du Canigou ; nous nous en tiendrons aux caractères généraux des gisements et au phénomène métallifère pris dans son ensemble.

Telle que nous la comprenons aujourd'hui, l'arrivée du fer spathique aurait eu lieu par des fractures autour du massif primitif du Canigou.

Contrairement à l'opinion du Dufrénoy et d'autres géologues, nous ne croyons pas que ce soit immédiatement après l'arrivée des granites que le phénomène se soit produit.

Faut-il admettre avec Dufrénoy et M. Stuart Menteath que le granite des Pyrénées est récent et a produit le métamorphisme du crétacé ?

Ainsi que nous l'avons dit, une venue tertiaire de granite n'est nullement démontrée.

Constitution géologique du Canigou. — Les terrains encaissants. — Le massif du Canigou, dont le sommet atteint 2.785 mètres, est sur le prolongement de la zone granitique centrale pyrénéenne que nous venons de recouper par la vallée de l'Ariège aux environs d'Ax.

Il est composé de granite et de terrain primitif entouré par une formation schisteuse puissante qui renferme quelques bancs calcaires à la base, et qui est considérée comme représentant le silurien inférieur (cambrien).

Les calcaires qui recouvrent cette formation dans la vallée de la Tet aux environs de Villefranche-de-Conflent, appartiennent, d'après les fossiles que l'on y rencontre, au système dévonien.

Des alluvions anciennes quaternaires viennent recouvrir ces terrains à partir d'Escaro dans la région de Prades.

Au Sud et en Espagne, on rencontre, après le dévonien, une bande carbonifère, puis le trias et le crétacé.

Il y a eu une arrivée de granulites dans ce massif, et quelques îlots de porphyres existent çà et là dans la région, autour du Canigou lui-même. Un îlot triasique recouvert de crétacé existe près d'Amélie-les-Bains.

Rappelons ici que nous avons découvert des calamines dans les calcaires des environs de Corsavy au quartier de la Vignasse.

Après notre déclaration de découverte à la Préfecture de Perpignan, quelques travaux ont été exécutés sans succès croyons-nous sur ce gîte que nous avions considéré comme sans importance industrielle.

Le rôle de l'arrivée souterraine des granites, paraît avoir été de bouleverser la partie inférieure du silurien et le gneiss qui la supporte.

Dans la région de Prades, une bande de silurien inférieur, qui s'étend sur environ 15 kilomètres d'Escarro à Fillols, se trouve encaissée entre les gneiss qui forment un pli, mais cette bande a été pour ainsi dire laminée en certains points : Aytua, col de Torrent, col de Vernet.

Au col de Torrent, sa largeur se réduit à quelques mètres, le schiste a disparu et le calcaire broyé est blanc saccharroïde.

Dirigée sensiblement Est-Ouest, elle est perpendiculaire aux vallées qui sont autant de coupes géologiques naturelles de la zone ferrifère de Prades.

Les environs de Fillols sont peut-être plus accidentés et les gneiss se montrent souvent dans cette concession.

Dans la région de Batère et dans la vallée du Tech, les couches inférieures du silurien (cambrien) reposent sur le granite qui les a plissées, broyées, contournées et quelquefois englobées. Il faut avoir parcouru ces régions pour se faire un idée des phénomènes qui ont dû s'y produire.

D'abord l'arrivée du granite, à l'époque silurienne, non à la surface, mais sous une couverture puissante de terrains a dû produire des désordres tels que plissements, laminage, métamorphisme ;

Puis les plissement carbonifères à l'époque hercynienne ou de la formation de la chaîne ancienne des Pyrénées ont dû accidenter les terrains et provoquer de grandes dénudations dans l'axe du Canigou, qui n'avaient pu encore, peut-être, mettre le granite à nu.

Les phénomènes de l'époque secondaire quoique

moins intenses sont venus s'ajouter aux précédents, mais c'est surtout à la fin de l'éocène que le grand plissement pyrénéen a eu une influence définitive sur les terrains de la région qui nous occupe.

Nature et origine des gisements, leur âge. — C'est alors, selon nous, que dans les fractures préexistantes auraient circulé les eaux minérales ferrugineuses auxquelles on doit la formation des gîtes du Canigou.

Dans la région de Prades, les couches calcaires très relevées ont permis la circulation facile de ces eaux qui ont substitué au calcaire le fer spathique, quelquefois avec plomb, zinc, cuivre.

C'est principalement près de la surface, soit dans les calcaires, soit à leur contact avec les schistes que se sont formés les dépôts les plus importants.

Ce contact est quelquefois dirigé heure III. On a constaté que des failles de même direction limitent souvent les masses de minerai. Un filon ayant cette direction existe au contact des gneiss du col de Torrent.

Enfin les arêtes de gneiss qui forment les contreforts séparant les vallées d'Escarro, Sahorre, Vernet, paraissent avoir cette direction. Sur chaque versant, on rencontre des gîtes de fer. Ces derniers ne recoupent pas les arêtes de gneiss et ne sont donc pas des filons Est-Ouest. Nous en avons conclu que cette direction des gîtes pouvait ne pas être celle des fractures génératrices ou des filons proprement dits.

Enfin, nous avons pensé que les sources minérales

avaient dû arriver par les fractures heure III et produire, à leur croisement avec les calcaires, des amas importants ainsi que les gîtes intercalés.

Certains observateurs ont voulu voir de véritables couches de minerais de fer spathique contemporaines du terrain encaissant. C'est la seule théorie qui ait, à notre avis, tous les faits et toutes les observations contre elle.

Le seul argument en sa faveur est que les gîtes sont dirigés comme le terrain encaissant.

Or, cette direction est fortuite, car s'il n'y avait pas eu de calcaires il ne se fut pas formé des gîtes Est-Ouest, mais de vrais filons comme dans la région de Bayonne.

Il y a, en général, des minerais ou des traces ferrugineuses avec tous les calcaires.

Les lentilles de minerais ont des ramifications dans le toit ou le mur comme à Rancié.

La puissance diminue, en général, en profondeur où le minerai devient blanc, non décomposé, parfois sulfureux ou cuivreux. On y a rencontré aussi des lentilles de galène.

Les gîtes affectent parfois des formes régulières mais souvent aussi ils forment des amas irréguliers, discontinus en direction et en profondeur.

Nous citerons un exemple de gisement dans chacune des régions de Prades et de Batère : le Vernet et las Indis.

Gisement du Vernet. — La concession du Vernet (1),

(1) Extrait de notre rapport de 1876.

renferme un gîte qui a été exploité anciennement et dont les affleurements ont été pris à ciel ouvert. Ici encore la puissance était plus grande à la surface.

Des travaux ont reconnu par galeries la partie inférieure de ce gîte qui est associé aux calcaires et qui plonge au Sud.

La galerie, après avoir recoupé des schistes qui inclinaient au Nord, un banc de calcaire de 15 mètres, 5 mètres de spath fluor disposé aussi suivant la stratification, a recoupé une faille et des schistes broyés ou brouillés. Elle est enfin arrivée au minerai blanc qui n'a pas été entièrement traversé. Cette galerie a 200 mètres de longueur, et le point où le gîte a été rencontré est à 43 mètres au-dessous de l'affleurement. On a dû s'élever de 4 mètres verticalement pour atteindre le minerai noir.

Le gîte était reconnu sur 120 mètres en direction et sa puissance variait de 6 à 14 mètres et était d'environ 10 mètres en moyenne. Des noyaux calcaires existaient dans la masse de minerai qui était riche, pur et friable.

Gisement de las Indis. — Nous avons visité dans la région de Batère la galerie inférieure du gîte de las Indis où on a voulu voir une couche de 70 mètres de puissance. Voici ce que nous avons constaté en 1876.

Vers le col de Ciréré, le gîte de las Indis, si l'on en juge par les anciens travaux devait avoir une grande puissance et s'étendre sur 120 mètres en direction N.-S. magnétique. Une partie stérile ou peu minéralisée sépare cet amas d'un autre affleurement appelé Roques-Nègres que l'on voit sur 70 mètres de long, 30 mètres de large au milieu.

L'amas de las Indis a été exploité par la surface et une galerie fut entreprise dans le ravin à 150 mètres verticalement au-dessous de l'affleurement.

Cette galerie a rencontré le gîte à 200 mètres et l'a suivi sur 70 mètres environ, en ligne courbe.

Il y aurait une sorte de boyau ou colonne de minerai qui aurait environ 40 mètres sur 50, soit une section plus faible que celle de la surface.

Les galeries de droite ont buté contre le schiste qui paraît dirigé heure III sensiblement.

En suivant le calcaire, dans des argiles ferrugineuses, on est arrivé à 40 mètres environ au minerai qui a un mètre d'épaisseur.

Tout nous a paru filonien et nous n'avons pu voir une couche de 70 mètres dans ce gisement.

Le minerai de las Indis était très apprécié des maîtres de forges de la région, surtout celui de la surface qui ne renfermait pas de carbonate et contenait plus de 53 o/o de fer et 3 o/o de manganèse.

Nous voyons donc, en résumé, que comme à Rancié et dans les régions que nous avons précédemment décrites, tout indique que les dépôts de minerais de fer sont postérieurs au terrain qui les renferme.

Ils sont ici au voisinage de fractures, dans ces fractures,

ou encaissés dans les calcaires cambriens et souvent au contact de ces calcaires et des schistes.

Enfin, l'arrivée n'a pas affecté seulement l'étage cambrien, on en retrouve des traces dans le dévonien des Corbières et de la Montagne Noire.

Au nord de Prades, à St-Martin, près de St-Paul de Fénouillet, d'après les observations de Dufrénoy et Elie de Beaumont qui datent de 1830, ce sont des calcaires crétacés qui ont été minéralisés et qui renferment des minerais de fer spathique, au voisinage d'une roche éruptive qui s'introduit dans ces calcaires sous forme d'un dyke de 37 mètres d'épaisseur. Cette roche feldspathique et siliceuse, était assimilée au granite par Dufrénoy quoiqu'il reconnût qu'elle en différait complétement.

Une concession de cuivre existe aussi dans ces parages :

Fosse et St-Martin, communes de Fosse et St-Martin, arrondissement de Perpignan, cuivre, 359 hectares (1841).

L'arrivée du fer spathique des Pyrénées orientales et des sulfures de plomb, zinc, cuivre, nous paraît donc devoir être rattachée aux manifestations du phénomène que nous venons de suivre à travers la région pyrénéenne.

Les minerais du Canigou. — Les minerais sont encore ici, comme dans la région de Rancié :

1° Des hématites brunes ;
2° Des carbonates plus ou moins décomposés ;
3° Des carbonates ou minerai blanc.

Accidentellement on rencontre du fer oligiste micacé.

Voici un tableau d'analyses datant de 1876, et qui nous avait été communiqué par le directeur si regretté de Bessèges, M. Félix Jouguet.

ANALYSES MOYENNES DES DIVERS MINERAIS DES PYRÉNÉES

DÉSIGNATION	Fe.	Mn.	Si O^2	Ca O.	$Al^2 O^3$	P H.	PERTE PAR Calcination
Fillol.	41.25	4.75	12.60	6.00	0.70	traces	14.30
Veruet payés	46.50	2.90	10.20	1.50	0.60	»	16.50
Vernet Bessèges	47.00	2.62	14.00	traces	2.30	0.06	10.50
Vernet Jampy.	48.00	1.67	17.00	1.40	1.30	0.08	9.00
Vernet Lacvivier	50.30	4.00	7.50	0.80	»	»	13.10
Sahorre	43.30	2.65	17.90	1.10	0.40	traces	14.50
Torrent	45.20	4.30	10.80	2.30	»	»	15.25
Torrent silicenx	43.00	1.10	29.70	traces	»	»	7.00
Escoumps	45.77	2.62	16.30	3.15	»	»	10.00

Gîtes cuivreux et plombeux argentifères. — L'arrivée de fer spathique, avec sulfures de cuivre, de plomb et zinc argentifères, a aussi affecté les terrains cristallins, le précambrien, le silurien, dans les hautes régions des environs de Prats-de-Mollo, la Preste, Montlouis, Puycerda, Rivas et Planolas, en Espagne.

Région de Prats-de-Mollo. — Dans les environs de la Preste, non loin de l'établissement thermal, on rencontre des anciens travaux et des scories. Les filons exploités étaient dirigés N.-S. et E.-O. La gangue était composée de quartz et fer spathique. Le principal minerai paraît avoir été le cuivre gris argentifère.

Plus à l'Est, la concession de *Lamanère*, commune de Lamanère, arrond' de Céret, a 1.585 hectares et date de 1841.

Les travaux ont été développés sur divers filons N.-S. plus particulièrement.

La gangue était composée de quartz, baryte, fer spathique ou hématite, provenant de son altération. Les minerais étaient, tantôt la galène et la blende argentifères, tantôt la pyrite de cuivre, avec sulfures et cuivre oxydulé.

Le filon appelé Coste-Bonne était cuivreux et exploité à 2.465 mètres d'altitude.

Région de Rivas (Espagne) (1). — Dans la province de Gérone, dans les environs de Rivas, il existe une zone métallifère assez remarquable.

(1) Voir L. Mallada. Explicacion del mapa geológico de España, tomo II.

Les schistes siluriens sont altérés au voisinage des porphyres qui se présentent en dykes ou en amas stratiformes. Une venue métallifère présentant une certaine analogie avec celle des fers spathiques et sulfures de la partie occidentale des Pyrénées a affecté cette région. On y rencontre :

1. Des minerais de fer avec pyrite de cuivre.

2. Du cuivre gris argentifère ayant donné jusqu'à 67 onces d'argent par quintal ;

3. Des galènes ayant donné jusqu'à 8 onces ;

4. Des sulfures d'antimoine plombeux et argentifères à 3 ou 4 onces ;

5. Des sulfures et arsénio-sulfures de fer argentifères et même aurifères (2 onces d'argent).

Les filons sont peu puissants, en général, irréguliers. Les gîtes de fer cuivreux sont parfois stratiformes. Les gîtes d'antimoine, dont l'exploitation a été plusieurs fois abandonnée et reprise, existent sur le versant septentrional de la Sierra Caballera, termino de *San Martin de Vallalonga*. Les filons sont presque verticaux avec une faible épaisseur, 0.40 à 1 mètre. Le sulfure d'antimoine, avec un peu de galène, est dans une gangue quartzeuse.

Le minerai trié à la main donne 44 0/0 d'antimoine, 6 de plomb.

A l'est de Rivas, termino de *Pardinas*, le sulfure d'antimoine était à l'état cristallin dans le quartz.

Au N.-O. de Rivas, termino de *Dorria*, en se rapprochant de la frontière française, on en a rencontré aussi dans la mine Angela.

Dans la mine Fe, termino de *Planes*, deux filons parallèles, très rapprochés, ont donné des minerais complexes. Voici une analyse sur un minerai lavé : plomb 11 o/o, antimoine 25. fer 20, argent aurifère 0.20, alumine 3.42, soufre 18.38, silice 21. D'après M. Vidal (1), cette mine est intéressante et mérite d'être étudiée en profondeur.

A *Planolas*, des affleurements de minerais de fer cuivreux ont été étudiés par quelques travaux. La pyrite de fer paraît assez abondante.

Faut-il voir dans cette région, comme dans les Pyrénées occidentales, deux venues : l'une ancienne, de l'époque hercynienne, l'autre récente et tertiaire ? C'est probable, mais n'ayant pas visité cette région nous ne saurions être plus affirmatif.

CHAPITRE V

Les Corbières et la Montagne Noire

§ 1. — LES CORBIÈRES

La région montagneuse des Corbières est comprise entre les vallées de l'Aude et de l'Agly. Ce massif doit être considéré, au point de vue géologique, comme une

---

(1) Bol. del Mapa geol. tomo XIII p. 315.

dépendance des Pyrénées. Vu dans son ensemble, c'est un massif de schistes et calcaires dévoniens de 50 kilomètres de long sur 3 à 4 de large, entouré de crétacé et d'éocène. Cependant, dans la partie orientale, on y observe un peu de silurien supérieur, dans la région méridionale, les petits bassins houillers de Tuchan et Durban et une bordure de trias et de lias.

Dans la partie occidentale, le carbonifère composé de grès et conglomérats est recouvert par le crétacé.

L'histoire géologique des Corbières est la même que celle des Pyrénées.

A la fin du dévonien, et pendant le dépôt du culm, le sol s'est élevé et plissé. Les petits bassins houillers de Ségure, près *Tuchan* (Aude) et de *Durban* se montrent dans les plis de cette époque.

Les éruptions porphyriques de la période carbonifère ont laissé des traces dans la région, et le bassin de Ségure a été traversé par ces roches. Le château de Ségure est bâti sur un dyke porphyrique.

Le permien, composé de grès et marnes rouges, et le trias avec ses caractères de formation littorale, se sont déposés au pied du massif émergé. Le lias se montre également et renferme des fossiles littoraux. Enfin à l'époque crétacée ce massif montagneux a pu disparaître en partie sous la mer, mais vers la fin de l'époque éocène, il reparut, plus accidenté, plus imposant.

La montagne de Bugarach, qui atteint 1.231 mètres d'altitude, et le Mont Tauch appartiennent au crétacé.

Gîtes de fer des Corbières (1). — C'est sur les terrains dévoniens du centre des Corbières que se trouvent les gisements de minerais de fer des environs de Ville-Rouge, Félines, Albas et Cascastel, etc.

Tandis que les terrains encaissants avaient dans la Montagne-Noire des inclinaisons très fortes, se rapprochant et dépassant la verticale, ceux de la région qui nous occupe ont conservé une certaine régularité et horizontalité dans leur ensemble. On observe en effet une assise calcaire de puissance variable, reposant sur une formation de schistes renfermant aussi des calcaires intercalés. On observe plus particulièrement les schistes dans le fond des vallées, tandis que les calcaires couronnent les hauteurs.

Ces deux assises distinctes appartiennent au terrain dévonien, et leur surface de contact, quoique ondulée, ne présente pas d'inclinaisons très fortes.

L'assise calcaire est fracturée et disloquée, et c'est dans ces vides que les eaux minérales ont circulé et où elles ont déposé les minerais sous forme d'amas, veines, et dans des cavernes ou poches irrégulières qu'elles avaient préalablement agrandies.

Tels sont les gîtes de Montredon, La Mayre, Roc des Asquiers, demandés en concession par la Compagnie de Terre-Noire, La Voulte et Bessèges, en 1875.

La concession Gary renferme aussi un grand nombre

---

(1) Extrait de notre travail : *Coup d'œil général sur la nature et le gisement des minerais de fer en Algérie* (1876).

de gîtes qui ont été exploités anciennement et aussi il y a 20 ans, en commun, par la Compagnie que nous venons de citer, et celle des mines, fonderies et forges d'Alais.

Les principaux gîtes de cette concession forment trois groupes :

1° Suivant la direction et à une faible distance de la ligne de contact des schistes et calcaires, suivant le ruisde Malmeirannes ; gîtes de Sarremijeanne.

2° Suivant la direction d'une pointe de schistes, dirigée N.-S., formant dos d'âne et recouverte par les calcaires ; gîtes du Dauphin, Borde-Vieille, Soucaille, à l'Est de cette ligne, et gîtes du Caraillet, la Pigasse, Lascoupes, Lacaune à l'Ouest.

3° Suivant la direction et au voisinage de la ligne de contact des schistes et calcaires à l'Est ; gîtes du Barem-de-l'Homme, Roc Noir.

La stratification des calcaires est difficile à observer, et il est possible qu'un certain nombre de ces gîtes, qui remplissent souvent des cassures, soient aussi suivant des joints de stratification. Leur inclinaison est, dans tous les cas, dans le même sens que celle des schistes inférieurs, dans chacune de ces régions.

Ces gîtes sont généralement peu étendus en direction et se présentent sous forme d'amas lenticulaires. Si l'on veut les relier entre eux, on ne trouve plus aucune trace de minerai, ni cassure bien définie, et ils paraissent tout à fait isolés les uns des autres. Nous n'y avons vu d'autre groupement possible que celui que nous avons signalé précédemment, avec la relation d'inclinaison du terrain encaissant.

On comprend que les sources minérales ayant rempli des cassures de l'assise calcaire, ces gîtes soient d'autant plus importants que cette assise sera puissante, parce que leur profondeur sera plus considérable. Ce fait a été confirmé par l'exploitation.

Le minerai ne paraît pas s'être déposé dans les schistes de cette région, ni au contact de ces schistes et du calcaire, ainsi qu'il était naturel de s'y attendre. Nous n'avons observé à ce contact que des traces de minerai, ce qui prouve bien que les eaux minérales y ont circulé, mais il est probable que ces schistes étant très friables, les vides étaient très restreints ou se comblaient à mesure qu'ils se formaient.

On désigne souvent ces gîtes du département de l'Aude sous le nom de filons dans le terrain dévonien. Nous ne pouvons admettre cette dénomination qui donnerait une idée fausse de ces gîtes à quelqu'un qui ne les aurait pas visités. Nous ne pouvons appeler filons, des cassures quelconques, très peu étendues, remplies de minerais sur quelques mètres en direction. Le nom de stokwerk serait mieux appliqué. Nous trouvons les gîtes mieux définis en nous représentant une assise résistante, reposant sur des schistes, qui a été fracturée par les mouvements du sol, et dans laquelle des sources minérales ont circulé. Ces sources ont suivi les lignes irrégulières qui se présentaient sur leur passage, les ont agrandies en dissolvant le calcaire et y ont déposé le minerai.

Dans les cassures un peu régulières, la puissance des gîtes exploités a généralement diminué en profondeur, et ce fait vient encore nous faire supposer que l'action corrosive des sources minérales était plus puissante à la surface, et que les circonstances y étaient plus favorables au dépôt des minerais.

Il existe bien d'autres gisements dans cette région des Corbières, mais nous pensons en avoir assez dit pour montrer ce qui caractérise ces gîtes de minerai de fer que l'on pourrait appeler à juste titre irréguliers.

Gîtes de plomb, zinc, cuivre, antimoine. — Au sud de la zone ferrugineuse dont nous venons de parler, une venue de sulfures a particulièrement affecté la région des hautes Corbières, dans les environs de *Mouthoumet, Durban, Tuchan*. Des anciens travaux existent à Lanet, Auriac, Massac, Davejean, Palairac, Maisons, Montgaillard, Quintillan, etc.

Cette zone minéralisée se prolonge vers l'Ouest aux environs de Quillan et Axat.

Les minerais de fer étaient traités autrefois aux forges de Quillan.

On observe des travaux anciens à Salvesines, Bugarach, Bains de Rennes.

Le cuivre gris argentifère est le minerai dominant dans ces régions. La galène argentifère existe également ainsi que le sulfure d'antimoine. Les travaux exécutés à diverses époques, sauf peut-être les plus anciens, ne paraissent pas avoir donné de résultats rémunérateurs. Parmi les travaux les plus récents on peut citer ceux du *Château d'Auriac*, sur des veines de minerais encaissés dans les calcaires dévoniens.

La gangue était composée de quartz et baryte. Le minerai était du cuivre gris argentifère. Le peu de puissance et de continuité des veines fut la cause de la suspension des recherches. Il eut été intéressant d'étudier les gîtes dans les schistes inférieurs ainsi que le contact des schistes et calcaires.

La *Concession d'Auriac*, cuivre, argent et autres métaux 1.175 hectares (1844) est située dans la commune d'Auriac, arrondissement de Carcassonne.

Comme travaux les plus récents on doit citer encore ceux de la *Concession de Padern et Montgaillard*, au pied du mont Tauch, arrondissement de Carcassonne : cuivre, plomb et argent, 1.428 hectares (1872).

Dans ces régions, les calcaires sont fracturés et les cassures ont été remplies par la venue de sulfures.

La gangue est tantôt quartzeuse, tantôt barytique ou un mélange des deux.

Les gîtes sont parfois réguliers sur une faible étendue, d'autrefois sous forme d'amas de sulfate de baryte renfermant 1 ou 2 o/o de sulfures. On a extrait des minerais à 5 ou 6 o/o de cuivre et un kilo d'argent à la tonne ainsi que des galènes à 50 ou 55 o/o de plomb, 200 à 300 gr. d'argent à la tonne. Les résultats de l'exploitation de cette concession n'ont pas été rémunérateurs.

A Quintillan on aurait exploité de l'antimoine sulfuré à 1 kilo d'argent à la tonne.

Aux environs de Bugarach on a signalé de la galène.

Plus au Sud, il existe la *Concession de Fosse et Saint-Martin.*

L'arrivée des sulfures dont nous venons de parler est récente. Elle affecte les terrains dévoniens et triasiques, ainsi que le crétacé. Elle est postérieure à notre avis au soulèvement pyrénéen.

§ 2. — LA MONTAGNE NOIRE

La Montagne Noire proprement dite forme une chaîne dirigée de l'Est à l'Ouest, séparant les départements du Tarn et de l'Aude.

Le point le plus élevé au sud de St-Amans est le plateau de Nore qui atteint 1.210 mètres d'altitude.

Sur le prolongement de cette petite chaîne, dans les monts de Lacaune, les pics au sud de Lacaune ont 1.260 et 1.266 mètres d'altitude. Les montagnes de l'Espinouse, au sud du bassin houiller de Graissessac atteignent 1.126 mètres.

Si nous considérons l'ensemble de ces montagnes, dont la direction géographique concorde alors avec la direction N.-E—S.-O., des accidents géologiques et qui comprend le pays circonscrit entre Castelnaudary, Castres, Lodève, et St-Chinian, nous aurons le massif géologique que l'on désigne sous le nom de Montagne Noire, lequel se relie au plateau central par les montagnes du Rouergue.

Le granite forme des îlots dans l'axe plus particulièrement et les granulites ont percé les gneiss et micaschistes.

Le précambrien se montre ensuite avec ses schistes à

séricite, ses calcaires cristallins et ses phyllades ou grès.

Dans les schistes supérieurs (cambrien), M. Bergeron, a découvert dans l'Hérault la faune primordiale à Faverolles près de Ferrals-la-Montagne.

Le silurien est connu dans les environs de Cabrières et Néffiez.

Le dévonien, composé de calschistes, dolomies et calcaires marbres, serait transgressif par rapport au silurien, d'après M. Bergeron. Les marbres griottes de Cabrières et de Caunes (Aude) appartiennent au dévonien.

Le carbonifère marin, composé de grès, schistes, conglomérats et calcaires bleus, se montre près de Néffiez et Cabrières (Hérault).

Le bassin houiller de Néffiez est supérieur et, comme celui de Graissessac, représente le stéphanien.

Le dinantien n'existe pas sous le stéphanien dans ces deux bassins, ce qui indique des mouvements du sol importants qui ont continué du reste pendant les dépôts permiens.

Ces derniers, composés de conglomérats, reposent aux environs de Lodève sur les calcaires dévoniens et sont recouverts par des schistes ardoisiers.

Les grès rouges se développent ensuite et leur puissance, reconnue par un sondage, atteint près de 500 mètres.

Le permien recouvre la partie orientale du bassin houiller de Graissessac et s'étend ensuite vers Rodez et Décazeville (Aveyron).

Les éruptions porphyriques de l'époque carbonifère auraient, d'après M. Bergeron, traversé le permien inférieur (autunien).

Sur les bords du massif émergé de la Montagne Noire sont venus se déposer les terrains secondaires et tertiaires.

Le sol très instable s'élevait ou s'abaissait, influant ainsi sur la puissance, l'étendue et la composition des dépôts qui se formaient autour du plateau central français.

Gîtes métallifères de la Montagne Noire. — Sur le versant occidental de la Montagne Noire et aux environs des massifs granitiques du Sidobre, non loin de Brassac et de Réalmont, on observe quelques îlots de roches éruptives.

Des fractures produites surtout par l'arrivée des granites ont constitué après leur remplissage des réseaux de filons plus ou moins importants.

Au nord de *Brassac* on rencontre des anciens travaux sur un filon de plomb.

A l'Ouest, près du *château de Bonnery*, des travaux ont été exécutés sur des filons plombeux à gangue de quartz et chaux carbonatée avec pyrites de fer.

Aux environs de *Réalmont*, un pointement de granite à grain fin existe, près du moulin de Peyrebrune.

Dans le voisinage et dans le ravin de Lezert un dyke d'une roche verte assez difficile à déterminer, et qui est peut-être une diabase altérée et silicifiée, renferme des filons plombeux argentifères.

Le *filon principal de Peyrebrune* dirigé N. 75°E. magnétique a été reconnu par des travaux assez importants situés à 11 kilomètres de la station de Laboutarié, en remontant le Dadou.

Deux cassures distantes de 3 mètres, ont été remplies et forment pour ainsi dire deux filons presque verticaux qui se rejoignent en certains points.

Le terrain encaissant est la roche dont nous venons de parler.

Le remplissage est composé de galène, blende, fer spathique, quartz, calcite et spath fluor.

Des salbandes argileuses existent au toit et au mur. La baryte est rare.

La puissance atteint 2^{m}50, et à la jonction quelquefois 6 à 7 mètres.

Le rendement serait d'environ 8 o/o de galène, et 20 o/o de blende argentifère.

La gangue serait composée d'environ 2/3 de fer spathique, 1/3 de quartz et autres gangues.

La teneur en argent de la galène atteint 5 kilos à la tonne de plomb, celle de la blende n'est guère que de 250 grammes.

Il existe dans cette région d'autres filons, les uns plus riches en galène qu'en blende, d'autres très argentifères non étudiés.

Le filon principal de Peyrebrune, s'étend sur plusieurs kilomètres, et une colonne riche de plus de 100 mètres de large y a été reconnue.

Il semble qu'on puisse distinguer dans cette région, une arrivée de galène à larges facettes à 1 kilo d'argent à la tonne de plomb environ, qui serait la plus ancienne et une arrivée plus récente de galène à grains fins plus argentifère, 3 kilos environ.

A *Rozières*, près de Carmeaux, des travaux ont été exécutés sur un filon cuivreux.

Nous avons signalé (1) le filon remarquable de *Montcouyoul* dirigé sensiblement heure III et qui prolongé, traverse la région ferrifère du Tarn qui s'étend de Castres à Ambialet sur 30 kilomètres. Ce filon, dont la puissance atteint 3, 4, 5 et même 7 mètres de minerai de fer avec manganèse, renferme en faible quantité, tous les minerais de la région : galène, pyrites et carbonates de cuivre, pyrites de fer, hématites et carbonate de fer.

Minerais de fer du Tarn. — Les gîtes de fer exploités par la Société des usines du Saut-du-Tarn, sont encaissés dans le terrain primitif composé de schistes avec quartz interstratifié.

C'est au contact de ces zones de quartz, que l'on rencontre en général les minerais de fer à l'état d'hématites siliceuses et manganésifères, particulièrement aux environs d'Alban.

Près de Montredon (La Bessonié) les minerais sont plus manganésifères.

Nous avons exprimé l'opinion, en 1881, lorsque nous avons étudié cette région ferrifère pour M. Paulin Talabot,

(1) Industrie minérale 2ᵉ série. T. XIII (2ᵉ et 3ᵉ livraisons)

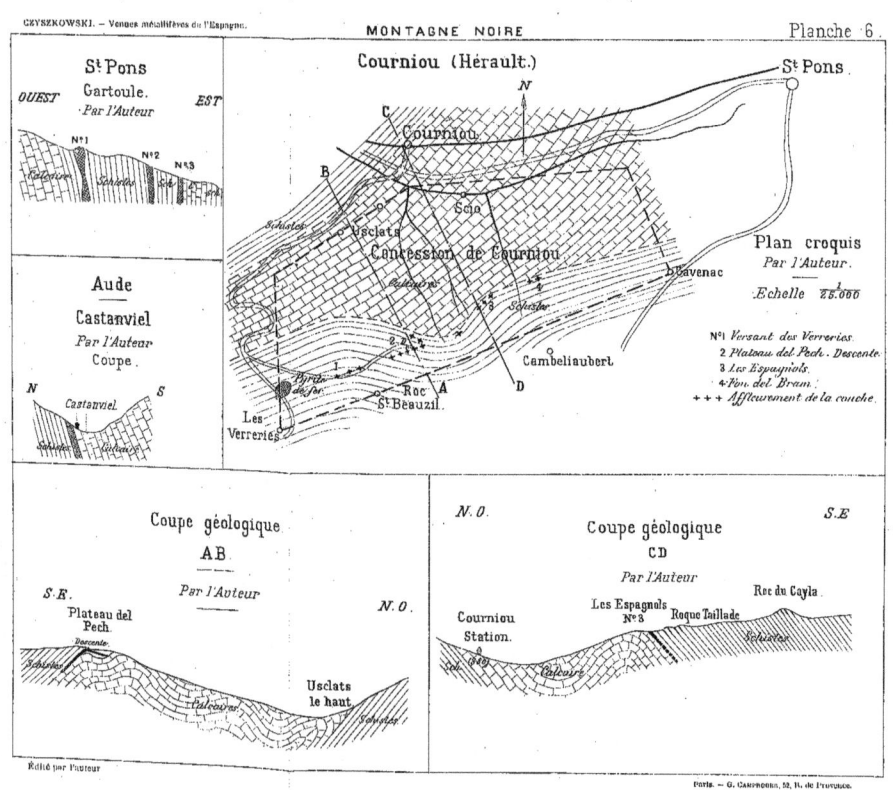

que le quartz appartenait au terrain encaissant, ou était en tous cas, antérieur à l'arrivée du fer et manganèse.

Les sources ferrugineuses trouvant des vides au contact des schistes et d'une roche résistante, le quartz y auraient déposé les minerais.

Il n'y a pas de calcaires dans la région, et pas de minerais de substitution.

Si nous franchissons la Montagne Noire, nous trouvons, sur son versant oriental, des gîtes de fer, manganèse, plomb, zinc et cuivre.

Gîtes de fer et manganèse. — Nous citerons les minerais de fer situés au nord de Carcassonne, dans les environs de Rieussec, Castanviel, Salsigne, Villanière, la Caunette et Villerembert.

Le gisement de *Castanviel et Rieussec* est au contact de schistes et calcaires dévoniens. (*pl. 6, pag. 221*).

D'une puissance de 3 mètres, son affleurement s'observe à l'ouest du village de Castanviel, sur environ 600 à 700 mètres.

Le minerai est de composition variable sur les divers points de son affleurement.

A Castanviel, il est manganésifère. Voici quelques analyses :

Fer	35	26.50	50 o/o	gangue siliceuse
Manganèse	16.13	23.75	traces	

Si l'on suit le contact des schistes et calcaires vers l'est du village de Castanviel, on le trouve stérile sur 700 à

800 mètres jusqu'à la crête de la montagne, mais sur le versant de Rieussec, on rencontre un affleurement de minerai à l'état d'hématite brune non manganésifère, ayant environ 3 mètres de puissance, sur 80 à 100 mètres de long.

Au contact des schistes et calcaires vers l'Ouest, on trouve, dans le deuxième ravin au quartier de Condamine, des blocs de minerai à l'état d'hématite dans des argiles ferrugineuses.

En un point, au-dessus d'une ferme abandonnée, on voyait un affleurement terreux, noir, paraissant manganésifère. Cette assise argilo-ferrugineuse, occupe la position du gîte, et s'étend sur plusieurs centaines de mètres, et nous avait paru intéressante à explorer lors de nos études dans cette région, il y a plus de 20 ans.

La mine de *la Caunette* est connue depuis longtemps. On y voit un filon de plomb assez pauvre, mais puissant, dirigé sensiblement N.-S., et recoupant le terrain normalement à sa direction.

Il y a aussi des gîtes de fer assez rapprochés, dirigés Est-Ouest comme les schistes et calcaires dévoniens dont ils ont pris la place, et de grands vides aux affleurements indiquaient une exploitation ancienne.

Le filon de plomb, lorsque nous l'avons vu, avait 1^{m}50 de puissance. La galène disséminée dans une gangue de fer spathique, renfermait paraît-il, 227 grammes d'argent aux 100 kilos de plomb d'œuvre.

Les minerais de fer sont décomposés aux affleurements et à l'état de carbonate, en profondeur.

Un échantillon de minerai décomposé à l'état d'hématite avait donné :

Silice	chaux	alumine	ox de Mn.	ox. de fer	soufre	perte au feu	fer
6.25	6.25	0.95	5.00	67.95	traces	13.85	53 0/0

Au nord-est du village de *Salsigne* après avoir quitté le terrain nummulitique, on arrive sur les schistes et calcaires dévoniens, que l'on reconnaît de loin à leur teinte ferrugineuse.

On rencontre une série de crêtes de minerais de fer dans les terrains cultivés, suivant une direction sensiblement Nord-Sud.

A l'ouest de *Villanière*, on observe également des minerais à l'état d'hématites.

La qualité de ces minerais est variable ; il y en a de phosphoreux, de manganésifères. Ils paraissent provenir de la décomposition de carbonates.

Quelques analyses, que nous devons à l'obligeance de M. Esparseil, propriétaire de la concession de Salsigne et Villanière, indiquent des teneurs de 50 à 56 o/o de fer, 6 à 15 o/o de silice, 0.05 à 0.10 de phosphore, 0.03 à 0,15 de soufre.

En résumé, il y aurait des filons N.-S., recoupant les schistes et calcaires dévoniens, et dans leur voisinage des gîtes Est-Ouest qui se sont formés au contact des schistes et calcaires. Telle est la loi que nous avons pu distinguer dans cette région.

Il y a eu une arrivée de plomb en certains point, vers

la fin de la venue de fer spathique, comme dans les Pyrénées.

Le gîte de *Villerembert*, est un gîte de manganèse. Il est situé près de Caunes, dans les marbres dévoniens, et se présentait suivant la stratification, avec 1^{m}50 de puissance.

L'affleurement était occupé en grande partie par un conglomérat de calcaire avec fragments de minerai. On l'observait sur plus d'un kilomètre. Le minerai était très beau et calcaire.

Certains échantillons ont donné :

Fer   1.35   1.75 ⎫
Mn 38.00   27.25 ⎭ gangue calcaire

La puissance diminuait en profondeur.

Dans les environs de *Riols* (Hérault), il y a eu une venue de sulfures qui a laissé des traces dans un grand nombre de fissures ou fractures.

La concentration des minerais en profondeur dans une ou plusieurs fractures principales, n'est pas dans l'ordre des choses impossibles. Et pour mettre ce fait en lumière, un travail un peu téméraire pourrait être tenté, l'ouverture d'une galerie à la gare même de Riols, et qui n'aurait pas moins de 800 mètres pour rencontrer le faisceau métallifère, a plus de 300 mètres au-dessous des affleurements.

La concession de Riols, est très vaste. Sa surface est de 2.880 hectares. Elle renferme des filons de plomb argentifère et blende.

On rencontre aussi, sur son périmètre des minerais de fer et de manganèse.

Nous avons étudié cette concession en 1891. Les travaux étaient abandonnés, mais on vient de les reprendre dans ces derniers temps.

Le principal centre de travaux de la concession, celui du Ruisseau d'Embruck est situé à 1.600 mètres de la petite ville de Riols et de la station du chemin de fer.

Un embranchement de 200 mètres à construire permettrait à la route d'arriver au pied de la mine.

Des galeries d'exploitation peuvent être attaquées sur 200 mètres de hauteur verticale.

Le terrain est sans valeur.

L'écoulement des eaux de la mine, se ferait naturellement.

Donc, exploitation facile, indemnités de surface faibles, moyens de transports excellents.

Telles étaient les conditions favorables sur lesquelles je crus d'abord devoir appeler l'attention.

Je vais examiner à présent le gisement et les travaux exécutés d'après les documents et les renseignements que j'ai pu recueillir, et ce que j'ai pu voir moi-même sur les lieux.

Les galeries sont inaccessibles, sauf celles de Riollet, la mine étant arrêtée depuis longtemps.

Mais une visite des lieux avec le propriétaire de la

mine, M. Stanislas Thibaut, nous a permis de recueillir les renseignements suivants :

Un faisceau de 300 mètres de puissance de schistes anciens métamorphiques, renferme un grand nombre de filons ou de veines plus ou moins bien caractérisés.

La minéralisation par la blende et la galène argentifère des filons parallèles à la stratification, est importante.

Sur 600 mètres, entre le ruisseau d'Embruck et celui de Riollet, suivant la direction des couches du terrain qui est sensiblement Est-Ouest, on rencontre des traces de minéralisation.

Les environs de Tarbouriech, présentent aussi des indices sérieux. On connaît donc 3 centres minéralisés :

1° Ruisseau d'Embruck ;
2° Ruisseau de Riollet ;
3° Environs de Tarbouriech ;

Ruisseau d'Embruck. — C'est dans le ravin d'Embruck que l'on a exécuté les travaux les plus importants, et c'est ce point qui a fourni presque tout le minerai extrait, 700 tonnes environ.

Ces travaux s'étendent sur 80 mètres de hauteur verticale, 300 mètres du Nord au Sud et 100 mètres à peine en direction Est-Ouest.

Il y avait cinq niveaux de galeries, les trois inférieurs communiquant entre eux par des puits.

On a exécuté, d'après les renseignements que nous avons pu nous procurer, 2.000 mètres de galeries dont 1.500 en dehors des filons minéralisés.

A quoi cela tient-il ?

Nous avons dit qu'il y avait un grand nombre de filons. On en compte 17 sur cette surface de 300 mètres sur 400 mètres.

On a voulu suivre beaucoup trop de filons ou de prétendus filons. Il n'y en a que 4 à 5 qui méritent d'être suivis, au moins au début. Ce sont ceux qui sont parallèles à la stratification et dirigés sensiblement Est-Ouest.

De plus, pour aller recouper ces filons bien minéralisés, au lieu de faire des travers-bancs Nord-Sud, on suivait des croiseurs stériles et argileux se rapprochant plus ou moins de cette direction.

Il y avait avantage à suivre ces croiseurs, car l'abattage était facilité par leur remplissage généralement argileux, et le mètre d'avancement coûtait moins cher. C'est donc par économie que l'on agissait ainsi, mais on a constaté que les filons minéralisés étaient généralement plus pauvres aux croisements.

Il est donc évident qu'il vaut mieux faire des travers-bancs pour passer d'un filon à un autre, et il vaut mieux partir des parties riches, car il arrive souvent que les parties riches se correspondent. D'autre part, nous pensons que les parties riches seront, de préférence, dans les roches de consistance moyenne, où les fentes ont pu rester ouvertes et permettre aux eaux minérales de déposer leurs produits.

Il y aurait donc, à notre avis, des modifications importantes à apporter à la marche suivie.

L'inclinaison des filons est la même que celle du terrain 65 à 75° au Sud.

Ruisseau de Riollet. — Du côté de Riollet, on a fait une galerie de 45 mètres, allant vers l'Ouest, dans le prolongement d'un des filons du ruisseau d'Embruck a l'altitude 388 mètres environ. Dans le même filon et vers l'Ouest, on a aussi poussé une galerie au même niveau sur 28 mètres de longueur.

Le filon suivi par ces galeries est bien caractérisé; il est peu puissant 0,20 à 0,30, et à gangue de quartz, mais il est bien minéralisé, *en blende particulièrement*. Le mètre de galerie coûtait 25 francs environ.

Environs de Tarbouriech. — Enfin, dans la région de Tarbouriech, en observe un grand filon Est-Ouest de 2 mètres de puissance qui a été attaqué en 3 points, et qui s'étend sur plusieurs kilomètres, passant à l'Est du col des Sept Frères et 3 ou 4 kilomètres plus loin, près du village de Lignon.

Il renferme des schistes broyés, du quartz et du sulfate de baryte avec quelques mouches de galène. Mais on a trouvé en un point, à la surface, des blocs de galène de plus de 50 kilos.

Il existe d'autres filons peu reconnus, le long du ruisseau de Tarbouriech, près du hameau de Lizarne, où on avait entrepris un petit travers-bancs. Ce dernier avait pour but d'aller recouper un filon dont l'affleurement ferrugineux renferme du plomb et de la blende. Il a été suspendu avant d'arriver au filon.

La teneur en argent, a été plus élevée en ce point qu'à Embruck et de 250 grammes aux 100 kilog. de plomb.

Disons enfin que le faisceau des filons d'Embruck et Riollet, traverse la concession sur toute sa longueur et qu'à un kilomètre de sa limite, et en dehors, à Brassac (Hérault), on a découvert un affleurement de blende et de plomb.

Les minerais de Riols. — Le gisement de Riols, paraît devoir produire 2/3 de blende, et 1/3 de galène argentifère au quartier d'Embruck, on aura donc à peu près autant de l'une que de l'autre *en poids*.

Cette proportion peut varier sur les autres points de la concession.

Au sortir de la mine, on aura très probablement, après triage, cinq classes de minerais, savoir :

1° Blende riche de 45 à 48 o/o de zinc et 5 à 6 o/o de plomb ;

2° Blende à 30 o/o de zinc ;

3° De la galène riche à 50 ou 60 o/o de plomb et *160 grammes* d'argent à la *tonne de plomb* ;

4° De la galène à 18 ou 20 o/o de plomb, même teneur en argent :

5° Un mélange renfermant environ 30 à 35 o/o de zinc, et 20 o/o de plomb à 160 grammes d'argent aux cent kilog. de plomb.

La gangue est généralement quartzeuse. On rencontre de la pyrite de fer, et du fer spathique dans certaines cassures.

Le triage à la main peut-être poussé très loin, sans lavage ni préparation mécanique.

L'analyse d'un échantillon de blende de Riols (prise moyenne sur un wagon de 10 tonnes), a donné :

Zinc 46.5 0/0   plomb 6.1   argent 2.7 gr. à la tonne

J.-S. Merry et C°. (Svansea).

La valeur de la tonne rendue en Angleterre était de 125 francs en 1891.

Dans la concession voisine de *Lacabarède*, un filon de pyrite de fer a présenté des indices de blende en profondeur qui ont motivé des recherches dans ces derniers temps.

L'arrivée des minerais de plomb, zinc, cuivre, argent, paraît avoir suivi la venue d'une roche verte ancienne, genre diabase, qui est visible aux environs de Cavenac, Pardailhan, Camprafaud, Cazillac, Bonnefont, etc.

Nous avons vu à *Cazillac* un gros filon de quartz, traversant les calcaires et renfermant des pyrites, sulfures et carbonates de cuivre. Ce filon dirigé N. N.-E. s'étend fort loin et n'a été reconnu que par des travaux peu importants, la roche étant très dure.

On a aussi trouvé dans ce quartier un autre filon avec blende.

A *Bonnefont*, la roche verte se montre d'une façon très nette avec carbonates de cuivre à son contact. Le filon se prolonge vers le mas de l'Eglise.

A *Camprafaud*, on voit un dyke de roche verte sous

les calcaires, qui renferment dans deux cassures de la galène, de la blende, du cuivre gris, des carbonates et même de la calamine. Quelques galeries ont été exécutées en ce point.

Il est rare de trouver un minerai aussi complexe dans un gîte aussi peu important.

Les calcaires sont très compacts, ce qui n'est pas un indice de richesse, et ces petits filons paraissent se resserrer en profondeur.

A *Pardailhan*, dit Pontguiraud, quelques fissures des calcaires renfermaient de la calamine pure en veines irrégulières.

Une analyse a donné :

Zinc	Silice	Chaux	Argent	Perte au grillage
39.60	6.94	3.36	0.004	32.60

Moyenne d'un tas de 40 tonnes.

La Compagnie des Malines a mis une grande persistance à rechercher des gîtes dans cette région où elle espérait en trouver d'analogues à ceux des Malines. Mais l'arrivée ici n'appartient plus au même phénomène. Elle est probablement plus ancienne. Les diabases de la région dont on observe quelques pointements dans le bois de Pontguiraud, notamment au quartier du Loup Mort, sont anciennes. Elles ne traversent pas de terrains plus récents que le dévonien.

Enfin, à *Cavenac*, un gros filon de diabase est visible sur la route de Combéliaubert et près de ce village on rencontre du manganèse qui forme le ciment d'un conglomérat de cailloux, blocs et galets de calcaires. Le filon sous-jacent n'a été ni étudié, ni reconnu.

Un filon plombeux sur le même horizon et renfermant des terres plombeuses argentifères a été travaillé, mais n'a pas été reconnu en profondeur.

Nous signalerons, sur le prolongement de cette zone minéralisée, vers le Nord-Est, les mines de cuivre de *Vieussan*, avec galène et blende. On a aussi exploité du manganèse dans cette région.

Dans les environs d'Hérépian, du Poujol, de Lamalou, il existe aussi des gîtes de plomb, zinc, argent, cuivre.

La concession de *Villecelle*, qui comprend dans son périmètre les sources de Lamalou, renferme des travaux anciens importants. La Compagnie de la Vieille Montagne a enlevé quelques tonnes de calamine, et, comme à Pardailhan, elle n'a fait aucun travail méthodique et sérieux. Il y a un filon principal qui paraît assez riche. Il est vrai de dire que l'on a craint de modifier le régime des sources thermales de *Lamalou*. Les filons quartzeux et cuivreux s'étendent sur de grandes longueurs aux environs de Cabrières et de Néffiez.

Des mines de cuivre anciennes existent près de Lunas, Avène, Sirieis, Boussargues, le Bousquet, Joncels, Pradal, près de Villemagne.

Il nous reste à parler des minerais de fer des environs de St-Pons que nous avons eu l'occasion d'étudier.

Ils sont peu connus et peu importants. Nous décrirons

d'abord des minerais anciens en couches que l'on rencontre dans les environs de *Courniou* et *Ferrals*.

Le Gîte de fer de Courniou (1) est situé dans le département de l'Hérault non loin de la limite du département du Tarn.

La concession a une surface de 3 kilomètres carrés 76 hectares. Des ouvertures de galeries aujourd'hui comblées et des déblais indiquent une exploitation ancienne assez importante.

Le sommet de la mine, altitude 610, se trouve à 4 kilomètres 1/2 environ de la station de Courniou, altitude 380, située à 116 kilomètres de Cette.

On a vu dans ce gisement plusieurs filons. Nous pensons qu'il n'y en a aucun, mais un horizon ferrifère en couche bien déterminé.

Les terrains des environs de Courniou, sont désignés sur la carte géologique de l'Hérault de M. de Rouville, sous le nom de schistes et calcaires palœozoïques, mais sont-ils précambriens, cambriens, siluriens, dévoniens ?

L'absence de fossile, rend cette détermination difficile.

Les analogies avec le cambrien que nous allons signaler, nous engageraient à leur attribuer cet âge géologique.

Partout où nous avons observé les anciens travaux d'exploitation de Courniou, nous avons trouvé dans les déblais, une arkose ferrugineuse, quelquefois à gros

---

(1) Extrait de notre rapport du 16 décembre 1890.

éléments de quartz cimentés par le fer oligiste et le fer oxydulé magnétique. Nous avons vu du reste en place, dans quelques tranchées, des sables ou grès fins et désagrégés, recouvrant la couche de minerai de fer. Ils sont colorés par le fer et quelquefois très minéralisés. Il existe donc ici une formation détritique présentant une certaine analogie avec celle que les géologues de Norwège désignent sous le nom de *sparagmite rouge* et avec les grès à oligistes du Brésil appelés *Itabirites*.

Signalons aussi des schistes rouges, analogues aux schistes rouges de Normandie et de Bretagne.

Enfin, l'ensemble de ce terrain composé d'alternances de phyllades ou schistes, quelquefois ardoisiers et de calcaires ou marbres, présente quelque ressemblance avec le cambrien que nous avons observé dans le sud de l'Espagne, dans la Sierra Morena.

Le croquis (*pl. 6. pag. 221*) indique approximativement la concession, sa constitution géologique et l'horizon ferrifère.

Examinons quatre points; versant des Verreries, plateau del Pech et versant Nord-Est, quartier des espagnols, Fon del Bram.

Sur le versant des Verreries l'affleurement est peu puissant, quelques galeries ont constaté l'existence de la couche de minerai divisée en deux bancs peu puissants de 0^m20 à 0^m30.

Le calcaire a été rencontré au pied des galeries. Sur le plateau del Pech et presque au sommet, la couche de fer, vient affleurer en un point avec le calcaire inférieur.

C'est là qu'une descente de 40 mètres avait été exécutée en suivant le banc inférieur de minerai qui avait de 0^{m}70 à 0^{m}80 de puissance. C'était le seul travail important accessible lors de notre visite en décembre 1890. Le banc supérieur paraissait avoir la même puissance et avait été traversé en un point. Les deux bancs sont là, séparés par 1 mètre environ d'argile ou de schiste. Au-dessus du gîte on observe des sables ou grès fins désagrégés, colorés par le fer.

La couche devient moins inclinée au sommet de la descente et il ne serait pas impossible qu'elle existe sous le plateau del Pech et qu'elle prenne une inclinaison inverse vers le Nord-Ouest.

Il y a lieu de rechercher son affleurement au voisinage de la séparation des calcaires et des schistes sur le versant des Usclats.

La coupe géologique A B (*pl. 6, pag. 221*) donne une idée de cette disposition.

Sur le versant Nord-Est et sur environ 80 mètres de hauteur, on rencontre des déblais provenant d'anciennes galeries d'exploitation.

Au *Quartier des Espagnols* on voit quelques déblais d'anciennes tranchées ou galeries. Le minerai est de même nature et on trouve une arkose à gros grain très ferrugineuse avec les déblais.

Tous ces travaux étant comblés, on ne peut voir la couche qui est très près des calcaires sur lesquels elle repose (*voir coupe C D*). Les travaux s'étendent là sur 150 mètres.

Enfin, au quartier de la *Fon del Bram*, une ancienne galerie et des déblais présentent les mêmes caractères.

Nous voyons donc que sur ces points le minerai est toujours au-dessus des calcaires, ou à son contact, qu'il est accompagné d'une arkose et de sables ou grès, roches essentiellement sédimentaires. Nous en concluons que ce gisement est une véritable couche, le minerai étant lui-même schisteux.

Le minerai de Courniou a un aspect schisteux caractéristique de certains minerais anciens. C'est de l'*oligiste schisteux*, mélangé de fer oxydulé magnétique.

La gangue est peu abondante.

La teneur en fer est élevée 60 à 62 o/o, en manganèse faible en général.

Nous ne considérons pas comme minerai l'arkose ferrugineuse ou le grès très minéralisé. Il faut rejeter ces parties par le triage.

Le véritable minerai schisteux étant très riche et très homogène, il n'y a pas lieu de faire un grand triage.

On peut garantir comme teneur commerciale 55 o/o et atteindre 57 à 58, de 0.20 à 0.60 de phosphore, 9 o/o de silice, 1 à 2 o/o de manganèse.

L'exploitation de ce gisement n'a pu donner de bénéfices.

Non loin de St-Pons, nous avons étudié des minerais de fer en filons couches à Bouals, à Gartoule, près Riols et à Valausse, près de St-Etienne d'Albagnan.

Minerais de fer de Gartoule, près Riols (Hérault). — La région de Gartoule, nous parut la plus favorable pour faire un essai d'exploitation des minerais de ce pays.

Nous avons extrait 1.000 tonnes de ce gisement et elles ont été traitées aux usines du Saut-du-Tarn. Ces minerais très hydratés étaient très faciles à réduire et auraient pu même être employés à la fabrication des aciers. Malheureusement les filons sont très irréguliers. (*Voir pl. 6, pag. 221*).

Le plus continu, le n° 1, près du contact des calcaires avait 4^m50 de puissance de bon minerai de fer à l'état d'hématite rouge.

Près de la surface il remplissait le filon sous forme de bancs horizontaux.

Le toit jusqu'au calcaire était composé d'argiles ou schistes altérés imprégnés d'oxydes de fer et de manganèse.

Le meilleur minerai pris au centre du filon a donné dans un essai fait dans notre laboratoire par M. Léopold Garnier.

Fer	Silice et argile	Perte au feu
53.50	6.25	10.25

Une prise moyenne sur le minerai extrait a donné pour le gros :

Fer	Silice et argile	Perte au feu	Phosphore
48.15	11.80	12.35	0.065

Pour le menu :

Fer	Silice et argile	Perte au feu	Phosphore	Manganèse
43 à 45 0/0	16	12.25	0.07	0.15

L'humidité a atteint 11.40 pour cent.

Les filons n° 2 et 3 ont fourni un peu de minerai pur à l'état d'hématite brune ou rouge.

Ils sont encore plus irréguliers que le n° 1 et inexploitables.

Le n° 2 a donné : hématite brune compacte,

Fer	Perte au feu	Silice	Phosphore
55.50	9.40	3.70	0.042

Le n° 3, hématite rouge :

Fer	Perte au feu	Silice	Phosphore
47.05 à 50 0/0	13.70	8.80	0.05 à 0.08

En face de Gartoule, au quartier de Bouals, au Nord de St-Pons, 3 échantillons pris sur 3 filons différents, ont donné :

	N° 1	N° 2	N° 3 le plus à l'Est
Fer	45	40	55.30
Ph.	0.16	traces	0.19
Silice	12.25	30	2.75
Perte	12.75	7.75	12

Au-delà de Riols, près du Poujol, un affleurement de minerai de fer a donné :

Fer	Perte au fer	Phosphore
49.25	11.75	0.08

Un peu plus loin, dans la même direction. le *filon de Valausse*, près du hameau situé à l'ouest de Saint-Etienne d'Albagnan, a donné :

Fer	Perte	Silice et argile	Phosphore
47.40	14.25	14	0.16

Enfin le *filon de Saint-Etienne d'Albagnan* a donné :

Fer	Perte au feu	Silice et argile	Ph.	Mn
50	12	15	0.043	0.60

En résumé, ces filons sont peu exploitables, leur puissance est trop faible et le minerai trop mélangé aux roches encaissantes.

L'arrivée de ces minerais de fer paraît très récente et les points où le minerai est plus abondant paraissent être les points d'émergence de sources ferrugineuses aujourd'hui taries.

Au nord de St-Etienne d'Albagnan, on voit dans la vallée des dépôts superficiels d'hématites de même nature que celles du filon ainsi que des brèches ou conglomérats cimentés par l'oxyde de fer. Le relief du sol était donc à peu près le même qu'aujourd'hui à l'époque d'émergence des sources ferrugineuses.

On rencontre aussi des minerais de fer non loin de St-Gervais à N.-D. de Maurian.

CHAPITRE VI

Les Maures et l'Esterel (Var)

Les montagnes littorales des Maures et de l'Esterel, de même que la Corse, la Sardaigne, les Pyrénées, la Montagne Noire faisaient partie de ces chaînes hercyniennes, qui s'élevèrent dans le bassin méditerranéen à l'époque carbonifère : soit qu'elles n'aient été qu'en partie recouvertes par les terrains permiens, soit qu'après des alternatives d'exhaussement et d'abaissement, des dénudations importantes en aient enlevé une partie, ces montagnes, telles que nous les voyons aujourd'hui, nous donnent une idée des anciens reliefs de l'époque carbonifère, si analogues à nos continents actuels et des phénomènes éruptifs si remarquables dont elles furent le théâtre à l'époque permienne.

Saussure, Elie de Beaumont, Coquand, Dieulafait, Emilien Dumas, Potier et un grand nombre d'autres géologues français et étrangers, ont étudié et illustré cette région.

Dans un rapport inédit (1) Emilien Dumas disait en 1865 : « Ces montagnes, grâce à leur soulèvement « ancien, devaient former, dès les temps géologiques les « plus reculés, un relief assez considérable qui ne put « être recouvert par aucun dépôt sédimentaire et qui « dessina les bords des bassins où vint se déposer la « formation houillère. »

M. Marcel Bertrand a exprimé l'opinion très rationnelle que le massif des Maures et de l'Esterel est le reste de l'axe cristallin d'une ancienne chaîne aujourd'hui effondrée dans le golfe du Lion, et qui reliait la Provence aux Pyrénées.

(1) Ce rapport inachevé a été reproduit dans « l'*Industrie Minérale* » T. X. 1881, par M. de Lanversin. La partie descriptive, avec carte et coupes géologiques, venait d'être rédigée par Emilien Dumas lorsqu'il fut surpris par la mort.

Nous ne nous étendrons pas sur les travaux de ces éminents géologues ni sur l'historique de ces travaux, nous allons seulement résumer la constitution géologique de cette intéressante région, puis nous examinerons les gîtes métallifères qu'elle renferme.

Le terrain primitif avec ces roches caractéristiques gneiss et micaschistes, diabases et amphibolites, occupe, tant dans les Maures que dans l'Esterel, la plus grande surface de ces massifs montagneux. On rencontre de nombreuses variétés de ces roches :

Gneiss, gneiss amphiboleux, gneiss graphitique, gneiss granulitique rose du Reyran ;

Micaschistes, micaschistes avec amphibolites et grenat, micaschistes à minéraux.

Au-dessus, viennent les schistes à séricite avec quartzites, des phyllades et calcaires au sommet représentant le précambrien comme dans les Cévennes.

Les calcaires sont rares et existent dans la presqu'île de Giens, où ils avaient été signalés par Saussure et étudiés par Élie de Beaumont.

Coquand qui en avait signalé dans les environs de Collobrières pensait qu'ils appartenaient au même horizon que ceux de Giens mais que les couches avaient été plus ou moins modifiées par métamorphisme. Il concluait que : « les schistes cristallins qui sur quelques points
« conservent encore les traces de leur formation origi-
« nelle, étaient primitivement des schistes, des grès, des
« argiles charbonneuses et des calcaires auxquels les

« influences ignées ont fait subir des transformations
« énergiques, soit en modifiant la texture, soit en favori-
« sant le développement de nouvelles substances miné-
« rales. »

Cette opinion, exprimée en 1849, a aujourd'hui ses partisans.

Le précambrien occupe la partie occidentale du massif des Maures comprenant les Bormettes, Hyères, N.-D. des Anges, qui atteint 779 mètres d'altitude comme la montagne de la Sauvette située au nord de Collobrières.

La formation houillère est représenté par un certain nombre d'îlots. « Tous ces îlots, dit Emilien Dumas, à
« l'exception d'un seul, celui de la Chapelle qui peut avoir
« une épaisseur de 100 à 120 mètres, sont très peu
« étendus et sans aucune importance industrielle. Ils
« sont cependant intéressants à noter, parce qu'ils ser-
« vent à établir qu'une nappe houillère s'étendait primi-
« tivement sur le terrain ancien, bien au-delà des limites
« où affleurent aujourd'hui tous ces témoins démembrés.
« Ils ont ceci de particulier qu'un lambeau de terrain
« permien recouvre chacun d'eux en stratification con-
« cordante ainsi que l'indiquent nos coupes. »

Nous reproduisons une de ces coupes (*pl. 8, pag. 273*), nous ferons ressortir un fait important, c'est que ces îlots et particulièrement celui du Plan de la Tour, situé au pied des granites porphyroïdes, ne renferment pas de galets ou cailloux de cette roche. Emilien Dumas en concluait que le granite porphyroïde était postérieur à la bande houillère du Plan de la Tour et avait causé l'altération des roches qui la composent.

Le seul de ces îlots qui ait présenté des couches exploitables, est celui du Reyran dans l'Esterel. Il a 15 kilomètres de long environ sur 1 à 2 de large.

Il comprend à la base des poudingues et grès avec de petites couches d'anthracite, au-dessus des grès et schistes bitumineux à Cordaïtes (étage de Rive-de-Gier), puis des poudingues à gros éléments et au sommet des grès, schistes et couches de houille grasse. Il n'y a pas de porphyres dans les poudingues.

Dans cette région, ainsi que l'a observé M. Potier, le recouvrement par le permien est à stratification nettement discordante.

Il n'entre pas dans notre cadre de discuter la possibilité d'existence de bassins houillers sous le permien (1), nous dirons seulement que des dénudations antepermiennes ont enlevé une partie de ce terrain houiller et qu'une autre partie restée émergée a dû être détruite ensuite au moment des éruptions porphyriques de l'Esterel.

Le terrain permien recouvre le terrain houiller et comprend dans l'Esterel, en partant de la base :

1° Des schistes à empreintes végétales (Walchia), alternant avec des conglomérats puissants, contenant des porphyres et avec des nappes ou coulées de ces mêmes porphyres ;

(1) Voir les conclusions de M. de Lanversin, dans le travail déjà cité.

2° Des schistes rouges ou verts, traversés par des roches basiques ;

3° La puissante formation de grès de la plaine de Fréjus, traversée également par des roches basiques et qui renferme des schistes, des poudingues et des nappes de mélaphyres.

Des porphyres bleus que l'on peut observer au bord de la mer, entre St-Raphaël et Agay, recouvrent les collines de grès porphyriques du sommet du permien et traversent les porphyres rouges et les mélaphyres.

L'éruption des porphyres rouges de l'Esterel a donc commencé avec le permien et de puissantes venues d'eaux boueuses et ferrugineuses ont participé aux dépôts de cette époque si caractéristiques par leur coloration rouge.

Autour du massif porphyrique de l'Esterel, et sur divers points des Maures, de nombreuses variétés de roches basiques se sont fait jour.

La coupe (*pl. 8, pag. 273*) par Coquand, passant par le Cap Rouge et le Mont Vinaigre, point culminant de l'Esterel (616 mètres), indique bien l'allure des terrains dans ce massif montagneux, caractérisé par ses escarpements porphyriques qui contrastent avec les formes arrondies des Montagnes des Maures.

Le trias entoure ces massifs aux environs d'Hyères, Toulon, Draguignan, Grasse, Cannes.

Il comprend ses trois étages :

Le grès bigarré quelquefois imprégné de cuivre ;

Le muschelkalk avec marnes bariolées et calcaires ;

Le keuper principalement calcaire renfermant des grès

avec houille et fer carbonaté, aux environs de Grasse, ainsi que des dépôts de gypse.

En s'éloignant encore du massif ancien, on rencontre les terrains jurassiques et crétacés.

C'est dans les calcaires à *Chama* (urgonien) que se trouvent les minerais de fer de la Montagne de Beau-Soleil que nous décrirons.

Il exite sur quelques points une serpentine qui paraît ancienne et antérieure au permien.

Enfin, on rencontre aux environs d'Ollioules, la Molle et Cogolin des basaltes tertiaires qui viennent compléter la série des roches éruptives dans ce massif éruptif si remarquable des Maures et de l'Esterel.

Nous allons maintenant étudier les gîtes métallifères dans l'ordre suivant : gîtes de plomb et zinc, gîtes de cuivre, gîtes de fer.

Gîtes de plomb et zinc. — On peut distinguer dans les Maures et l'Esterel deux classes de filons : des filons quartzeux, tantôt stériles, tantôt minéralisés et contenant des galènes et blendes peu argentifères, des filons quartzeux barytiques avec spath fluor contenant des galènes et blendes plus argentifères. Nous citerons :

Un gros filon quartzeux stérile près de la Molle, au quartier des Calissons, ayant 4 mètres de puissance; dans le massif montagneux situé entre Grimaud et Fréjus, sur la route de Ste-Maxime au cap des Issambres, le gneiss est traversé de veines de quartz avec galène;

La concession de Vaucron dans les communes de Lagarde-Freynet, du Plan de la Tour et de Vidauban, arrondissement de Draguignan, accordée en 1885. Elle a 1.176 hectares et renferme des filons encore peu explorés ;

Dans la partie occidentale du massif des Maures, la C¹ᵉ des Bormettes possède trois concessions :

Les Bormettes, communes d'Hyères et de Bormes, arrondissement de Toulon, 474 hectares (1885);

La Londe, communes d'Hyères et de Bormes, arrondissement de Toulon, 4.806 hectares (1891);

La Rieille, communes de Collobrières, Pierrefeu et Hyères, arrondissement de Toulon, 2.339 hectares (1890);

Dans la région de Cogolin, il existe aussi une concession, celle de Faucon-l'Argentière, communes de Cogolin, Grimaud et Lagarde-Freynet, arrondissement de Draguignan, 2.175 hectares (1862);

Dans la région de l'Esterel, on connaît un gros filon de baryte de 5 à 6 mètres de puissance, qui coupe la rivière d'Endedos, à 3 kilomètres Nord-Est environ du château d'Esclans, dans les schistes cristallins du quartier de Cabrau. Ce filon renferme de la baryte qui domine, du quartz, du spath fluor, un peu de galène, pyrite de cuivre en mouches très disséminées. Ce filon puissant mais pauvre aux affleurements mériterait d'être reconnu en profondeur. La coupe de Coquand passe par cette région.

Dans la vallée du Reyran, entre Les Vaux et Fréjus, on rencontre des veines de fluorine et quelques recherches ont été exécutées au quartier des Argentières, dans la commune des Adrets.

A 3 kilomètres de Toulon, dans la direction du cap Brun, existe le filon des Arméniers, dans un îlot de terrain ancien entouré de permien. Ce filon, qui a un mètre de puissance et une forte inclinaison, renferme à l'affleurement du quartz, de l'oxyde de fer et des pyrites de fer et de cuivre, enfin de la galène. On y a exécuté quelques travaux et on aurait trouvé de la galène à 1 kilo d'argent à la tonne de minerai.

Parmi les filons du premier groupe nous décrirons le plus remarquable, celui des Bormettes, et parmi les filons quartzeux et barytiques, le groupe des environs de Cogolin.

Région des Bormettes (Var). — *La mine des Bormettes* (1), est située sur le bord de la mer, dans la rade d'Hyères, au point désigné sur les cartes sous le nom de l'Argentière. Elle est en exploitation régulière depuis 1885.

Les premiers travaux exécutés par M. Victor Roux, fondateur de la Société actuelle, remontent seulement à 1882 ; mais les anciens avaient exploité toute la partie du filon comprise entre les affleurements et le niveau de la mer, et ce sont ces vieux travaux, consistant en puits, tranchées et haldes, qui ont suggéré l'idée de faire des recherches.

(1) Extrait d'une notice sur la mine et sur les ateliers de préparation mécanique des Bormettes (Var) par M. F. Fonteilles (1895) directeur de la Société des mines des Bormettes.

On ne sait à quelle époque a eu lieu la première exploitation du filon des Bormettes ; aucun ouvrage n'en fait mention, pas même l'*Histoire naturelle de Provence*, de Darluc, qui cite cependant avec de nombreux détails les travaux exécutés sur la plupart des autres filons des Maures, de 1700 à 1770.

On sait bien qu'en 1315, Rossolin de Fox, seigneur de Bormes et de Collobrières, faisait travailler sur le territoire de ces deux communes des gisements de plomb, argent, cuivre et fer, mais ces indications paraissent se rapporter aux gisements de La Rieille et de Peyrolles, situés dans la commune de Collobrières, et non à celui des Bormettes qui se trouve sur le territoire d'Hyères.

Quoi qu'il en soit, cette exploitation ne pouvait avoir qu'une courte existence. Forcément limitée, en effet, à la partie du gisement située au-dessus du niveau hydrostatique, là où la blende ayant été décomposée par les agents atmosphériques et lessivée par les eaux pluviales, il ne restait que la galène avec ses divers produits d'oxydation, qui constituaient un minerai assez pur et d'une exploitation très facile. Au-dessous du niveau de la mer, la blende n'ayant subi aucune altération, les premiers exploitants se trouvèrent en présence d'un minerai dur, très pauvre en plomb et absolument réfractaire à tout traitement métallurgique, à cause de l'énorme proportion de sulfure de zinc qu'il renfermait.

La surface de filon exploitée par les anciens est à peine de 8.000 mètres carrés et a pu fournir environ 4.000 tonnes de minerai propre à la fusion.

La *concession des Bormettes*, d'une superficie de 474 hectares, est comprise presque en entier dans les phyllades et quartzites qui occupent le sommet de la série des terrains cristallins des Maures. Les strates de ces terrains ont une direction générale N.-S. et plongent vers l'Ouest sous un angle de 70 degrés environ.

Les couches de grès et de schistes du permien se montrent sur quelques points au pied des collines recouvrant les schistes anciens, et sont recouvertes à leur tour par les alluvions de la plaine de Maravenne.

Dans la mine, le permien a été rencontré en deux points : d'abord à quelques mètres de profondeur dans un puits creusé près de la mer, vers l'extrémité Ouest du filon, et ensuite à l'étage — 38, également à l'extrémité Ouest du gisement. On a constaté sur ces deux points que le filon butait contre le permien sans y pénétrer, d'où il a été conclu que la fracture filonienne était antérieure à la formation permienne.

Le *filon des Bormettes* recoupe sous un angle presque droit les strates des terrains encaissants et présente, dans son ensemble, la même direction que la chaîne principale des Maures, soit Est, 20° Nord. Il plonge vers le Nord sous un angle de 70 à 80°. D'autre part, la colonne minérale exploitable étant toujours limitée, à l'Est et à l'Ouest, aux mêmes strates de la roche encaissante, dont le plongement est de 70° vers l'Ouest, il s'ensuit que le gisement en s'approfondissant augmente d'étendue vers l'Ouest et diminue vers l'Est. Le déplacement est de 10 mètres à 12 mètres pour chaque étage de 30 mètres de hauteur.

Nous venons de dire que le filon des Bormettes était dirigé Est, 20° Nord. C'est, en effet, la direction qu'il présente aux étages inférieurs et qui s'accentue de plus en plus à mesure que les travaux s'approfondissent ; mais à son affleurement il présente dans son étendue trois directions différentes : vers l'Est, la partie exploitable est dirigée Est, 20° Nord ; la région centrale a une direction Est-Ouest et enfin, vers l'Ouest, le filon tourne brusquement et présente, sur une centaine de mètres de longueur, la direction Nord-Sud. Cette dernière direction, tout à fait anormale, ne se maintient pas en profondeur : le filon décrit en s'approfondissant une surface gauche qui ramène peu à peu son extrémité Ouest dans le prolongement de la partie centrale. Aussi, à l'étage — 200, sauf une petite inflexion qui disparaîtra très probablement un peu plus bas, le filon présente dans son ensemble la direction moyenne Est, 20° Nord.

De même que dans sa direction, le filon des Bormettes présente dans son pendage des variations assez importantes, qui sont cependant sans influence sur sa puissance et sur sa minéralisation. Très puissant dans la région Ouest, où son inclinaison était sur certains points inférieure à 50 degrés, il a présenté dans les parties verticales tantôt un gîte très puissant et bien minéralisé, tantôt des serrements et une faible minéralisation.

Le filon est formé de trois veines de puissance inégale et très variable, souvent accolées sans être adhérentes et d'autres fois séparées par la roche encaissante. La minéralisation des trois veines est de même nature, mais la richesse du minerai varie beaucoup de l'une à l'autre, et même l'une d'elles n'est quelquefois représentée que par des quartz faiblement minéralisés ou par un mince filet inexploitable. On ne rencontre que très exceptionnellement des veines se détachant du filon pour se perdre dans les épontes. D'ailleurs, le filon n'adhère presque jamais aux épontes, desquelles il est séparé par une mince salbande argileuse.

Suivant la direction, le gisement est exploitable sur une longueur totale de 410 à 420 mètres. A l'Ouest, il s'arrête toujours aux mêmes strates des terrains encaissants, et les travaux faits au delà pour rechercher son prolongement n'ont rencontré ni minerai ni fracture filonienne. Vers l'Est, au contraire, il prend une direction presque Nord, mais sa puissance est faible et il ne renferme que des mouches de minerai.

Réduit sur certains points à quelques centimètres d'épaisseur, dans les parties étirées par des failles, le filon présente fréquemment des épaisseurs de 2 à 3 mètres et dépasse parfois 5 mètres. Sa puissance moyenne est de 1^{m}60.

Le minerai est généralement dur et ne peut être abattu qu'au moyen d'explosifs. Par contre, les terrains encaissants, sauf les quartzites, sont toujours peu résistants, broyés au voisinage du filon, et nécessitent un boisage soigné, aussi bien dans les galeries que dans les chantiers d'abatage.

Le remplissage est principalement formé de blende noire avec gangue de quartz, mais il y a aussi de la galène, de la bournonite et de la pyrite cuivreuse. Ces minerais sont toujours intimement mélangés entre eux et avec la gangue, et le filon présente sur beaucoup de points un rubannement bien caractérisé.

En moyenne, le *minerai brut* présente la composition suivante :

Blende	45	%
Galène	4	»
Bournonite . . .	3	»
Pyrite cuivreuse .	0,40	»
Gangue (quartz) .	47,60	»
	100	

La blende ne renferme que 59 à 60 o/o de zinc, 7 à 8 o/o de fer et des traces de cadmium. Elle est très peu argentifère.

La galène est moins abondante en profondeur que près de la surface ; elle se présente toujours en mouches et en très petites veinules disséminées dans la blende. Sa teneur en argent, qui était de 1.500 grammes à la tonne de plomb au début de l'exploitation, n'est plus que de 1 kilo dans les étages profonds.

Quant à la *bournonite*, elle n'est un peu abondante que dans la région Ouest du filon, où elle se présente en mélange intime avec les autres minerais. La proportion de ce minerai ne se modifie pas en profondeur. Sa composition est la suivante :

Plomb	41,83 %
Cuivre	13,48 »
Antimoine . . .	24,54 »
Soufre	20,15 »

et répond à la formule $4\,Pb\,S + 2\,Cu\,S + 2\,Sb\,S^3$.

La bournonite contient 600 grammes d'argent à la tonne de minerai pur.

Enfin, *la pyrite cuivreuse* ne se présente qu'en très petite quantité et se trouve localisée dans les parties faiblement minéralisées du filon.

Exploitation. — Les données qui précèdent font pressentir l'importance industrielle du filon des Bormettes. En effet, bien que ce gisement ne présente qu'une faible étendue en direction, il ne renferme pas moins de 1.900 à 2.000 tonnes de minerai brut par mètre de profondeur, et peut fournir, sans surmener l'exploitation, *50,000 tonnes* par an. Cette production correspond à un approfondissement annuel d'environ 26 mètres.

Deux puits situés à 65 mètres l'un de l'autre assurent la bonne marche des travaux d'aménagement et d'exploitation. Le plus ancien, celui de Saint-Victor, n'a que 2^{m}50 de diamètre intérieur. Son orifice est à 12 mètres seulement au-dessus du niveau de la mer, et sa profondeur est actuellement de 278 mètres. Il est entièrement muraillé en blocs faits avec de la chaux hydraulique et des sables de la préparation mécanique. Ce revêtement n'a que 0^{m}20 à 0^{m}25 d'épaisseur.

A cause du faible diamètre du puits Saint-Victor, nous

avons dû adopter le guidage en rails sur un seul des grands côtés des cages.

Le deuxième puits, dit de Sainte-Madeleine, a 3m20 de diamètre intérieur; il est muraillé comme le puits Saint-Victor, et guidé sur les deux grands côtés des cages avec des longrines en bois de 14×14 centimètres. L'orifice de ce puits est à la côte + 23, et sa profondeur actuelle est de 285 mètres.

Nous avons vu plus haut qu'une extraction annuelle de 50.000 tonnes de minerai brut nécessite l'abatage du filon sur 26 mètres de hauteur. L'approfondissement des travaux est donc assez rapide, et, pour assurer la marche de l'exploitation, il faut préparer au moins un nouvel étage de 30 mètres chaque année. Rien n'est plus facile, et l'on pourrait même préparer un nouvel étage en huit mois.

Entre les deux puits les galeries sont horizontales, de sorte que les eaux peuvent être dirigées à volonté vers celui des puits qui doit les monter au jour. L'épuisement est fait au moyen de cuves guidées d'une capacité de 1.000 litres. La venue est de 120 à 130 mètres cubes par jour et cette eau est utilisée pour la préparation mécanique des minerais. Toute cette eau vient du filon, les roches encaissantes ne sont pas du tout aquifères.

L'abatage est fait par tranches horizontales, de deux mètres environ de hauteur. Suivant l'épaisseur du filon, les deux ou trois premières tranches sont remblayées avec des déblais schisteux provenant des galeries à travers bancs ou des puits en fonçage; ces remblais se tassent assez bien et ne chargent pas trop le boisage. Toutes les autres tranches sont remblayées complètement avec des sables de la préparation mécanique, dont l'emploi est très facile et qui ne laissent pas des vides dans lesquels pourrait se perdre du minerai fin.

Au fur et à mesure qu'un abatage s'élève, on ménage dans les remblais une cheminée à deux compartiments, boisée avec des rondins se touchant ; l'un de ces compartiments est muni d'échelles en fer et sert de passage aux ouvriers, l'autre reçoit le minerai. Au moyen d'une trémie placée au fond de ce dernier compartiment, on fait tomber le minerai directement dans les wagonnets.

Le *roulage* est fait par des ouvriers.

Pour une production de 170 tonnes par jour de travail, la mine des Bormettes occupe à l'intérieur 260 ouvriers, travaillant à trois postes de 8 heures, soit environ 87 par poste. Le *rendement* en minerai brut par journée de mineur à l'abatage est de 1.100 kilos et, par journée d'ouvrier occupé dans la mine, de 650 à 660 kilos.

Préparation mécanique. — Les divers éléments qui composent le minerai des Bormettes étant intimement mélangés, l'expérience a démontré qu'il fallait tout broyer à la dimension maxima de $5^m/_m$ pour obtenir une proportion notable de grains homogènes. A cette dimension et bien au-dessous il existe encore beaucoup de grains mixtes qui, après avoir été séparés aux cribles, doivent retourner aux appareils de broyage pour y être réduits à la grosseur de $1^m/_m$ à $1\ 1/2^m/_m$.

En pratique, il n'est pas tenu compte des grains mixtes ayant des dimensions inférieures à 1 $^m/_m$ de diamètre ; mais, en réalité, si l'on voulait obtenir la désagrégation complète des sulfures mélangés, il faudrait porphyriser une notable partie des grains inférieurs à cette dimension. Hâtons-nous de dire qu'un pareil travail ne serait pas rémunérateur, attendu que le traitement des matières impalpables est très délicat et que, malgré toutes les précautions que l'on peut prendre, il donne lieu à des frais et à des pertes de minerai qui ne sont pas compensés par la plus-value résultant d'une séparation plus complète.

S'il est nécessaire de broyer le minerai brut assez fin pour obtenir une désagrégation pratiquement satisfaisante des éléments qui le composent, il est, d'autre part, indispensable de faire suivre cette première opération par un classement très serré, parce que les sulfures dont la séparation présente le plus d'intérêt ont des densités très rapprochées.

Voici les matières à séparer et leurs densités :

Galène	7,50
Bournonite	5,15
Pyrite cuivreuse	4,20
Blende	4,05
Quartz	2,65

Il n'y a pas lieu de se préoccuper des matières qui présentent des différences de densité assez grandes, telles que la galène et le quartz.

On ne tient pas compte non plus de la pyrite cuivreuse : d'abord, parce qu'il y en a fort peu, et ensuite, parce qu'elle a une densité trop voisine de celle de la blende pour pouvoir la séparer de ce dernier minerai.

C'est donc la différence de densité existant entre la bournonite et la blende qui doit servir de base pour le classement, d'autant plus que si la bournonite est un minerai de plomb de médiocre qualité, elle a cependant une certaine valeur quand elle se trouve avec la galène, tandis qu'elle déprécierait notablement la blende tant par l'apport d'un métal très nuisible, — l'antimoine — qu'en abaissant la teneur en zinc de la blende marchande.

La Société des Bormettes possède deux importants ateliers de préparation mécanique et un petit atelier annexe auquel sont traités des minerais mixtes.

La production totale des deux ateliers est de 80 tonnes de blende et de 5 tonnes de galène par 24 heures, et cette production correspond à un rendement des minerais bruts de 48 o/o de blende et de 3 o/o de galène, en tout 51 o/o en chiffres ronds.

Ces minerais ont les teneurs suivantes :

1° Blende : 49 à 50 o/o de zinc, 4 à 4,25 o/o de plomb et 120 à 130 grammes d'argent par tonne de minerai ;

2° Galène : 58 à 59 o/o de plomb, 8 à 8,50 o/o d'antimoine, 3 à 3,50 o/o de cuivre, 8 o/o de zinc et 550 à 600 grammes d'argent par tonne de minerai.

Les stériles emportent 3 à 4 o/o de zinc et 0,25 à 0,35 o/o de plomb.

Nous donnons dans le tableau ci-après la *production* en minerais bruts et en minerais marchands depuis l'origine de l'exploitation du filon des Bormettes.

ANNÉES	MINERAI brut TRAITÉ	BLENDE MARCHANDE		GALÈNE MARCHANDE		RENDEMENT TOTAL 0/0 de minerai brut
		QUANTITÉ	RENDEMENT 0/0 de minerai brut	QUANTITÉ	RENDEMENT 0/0 de minerai brut	
1885	2.394 T.	636 T.	26.57	99 T.	4.11	30.68
1886	6.356	2.192	34.49	418	6.58	41.07
1887	7.669	3.458	45.09	536	7.00	52.09
1888	16.877	6.555	38.84	880	5.21	44.05
1889	28.237	13.101	46.25	1.630	5.75	52.00
1890	36.516	18.450	50.53	1.500	4.10	54.63
1891	42.104	19.710	46.81	1.660	3.94	50.75
1892	44.900	20.535	45.73	1.365	3.04	48.77
1893	48.600	24.786	51.00	1.425	2.93	53.93
1894	50.330	25.328	48.34	1.552	3.08	51.42
Totaux et moyennes.	283.983 T.	133.751 T.	47.10	11.065 T.	3.89	50.99

F. FONTEILLES

Région de Cogolin (Var) (*pl. 8, pag. 273*). — Les filons des environs de Cogolin sont encaissés dans les schistes à minéraux et ont tous une forte inclinaison vers le Sud.

Le *filon des Magnans* est dirigé N. 45° O. et sa puissance varie de 0 à 3 mètres. Il est reconnu par des travaux sur 200 mètres en direction. Nous avons observé 3 puits de 8 à 10 mètres de profondeur. La gangue est du quartz assez dur et le rendement serait, d'après des renseignements dignes de foi : blende 14 o/o, galène 4 o/o en veines de 0^m 05 à 0^m 10 et d'une teneur en argent de 2 à 3 kilos à la tonne de plomb.

Le *filon Courchet*, dirigé N. 75° O, d'une puissance de 0 à 4 mètres a été exploité et reconnu. Un puits de 60 mètres de profondeur a été foncé et des galeries l'ont suivi sur 500 mètres. L'amont pendage au-dessus de l'orifice du puits est de 30 mètres environ. On a exploité une zone de 150 mètres de chaque côté du puits.

La gangue était composée de quartz assez friable et d'un peu de spath fluor. Le rendement a été d'environ 15 o/o de blende, 3 o/o de galène renfermant 5, 6, 7 kilos d'argent à la tonne de plomb. On épuisait, paraît-il, 250 mètres cubes d'eau par 24 heures.

Nous avons vu, près de la laverie en ruines, un tas de 15 à 20,000 tonnes de résidus de lavage contenant 1 o/o de plomb et 3 à 4 o/o de blende.

Le *filon d'Ollioules* serait analogue. On y a exécuté quelques travaux.

Les *filons Coulony*, deux filons parallèles, ont été exploités dans ce quartier au voisinage de la surface pour spath fluor qui est abondant avec un quartz carié ferrugineux.

Leur puissance varie de 0^m 50 à 1 mètre. Il y a environ 1 o/o de galène dans ce spath fluor et dont on tenait compte aux vendeurs car elle renfermait 10 kilog. d'argent à la tonne de plomb et quelquefois plus de 20 kilog. Quelques travaux et un puits de 50 mètres furent exécutés, mais on était arrêté par l'eau au-dessous du niveau de la vallée.

Enfin, au nord de cette région, au *quartier de Bérard*, quelques recherches encore peu importantes ont été exécutées sur un filon qui donnait 22 o/o de blende en un point et 3 à 4 o/o de plomb.

Deux autres filons parallèles n'étaient pas reconnus. La teneur en argent était de 2 kilog. à la tonne de plomb.

Au *quartier des Rossignols*, au sud-ouest de Cogolin, un filon peu reconnu donnait de la galène à 6 ou 7 kilog. d'argent à la tonne de plomb.

Il y a donc, dans les environs de Cogolin, un réseau de filons qui nous avait paru assez important et intéressant, mais les exigences des propriétaires, grisés par les résultats obtenus aux Bormettes, furent trop grandes.

Les causes d'insuccès de ces affaires de mines ont été ; l'insuffisance de capital, l'absence de méthode et le désir de produire immédiatement. Nous devons constater, en terminant, qu'une affaire en pleine prospérité existe aujourd'hui aux Bormettes. Malgré les pronostics les plus défavorables sur les filons de ce pays et émanant des sources les plus autorisées, une exploitation importante, produisant annuellement 50,000 tonnes de minerai brut, dont le rendement est de 50 o/o de blende et 3 o/o de galène, a été créée aux Bormettes.

La découverte du filon n'est point due au hasard comme aux *aux Malines (Gard)*, mais aux travaux persévérants d'un ingénieur, M. Fonteilles. Cet événement géologique et industriel est malheureusement trop rare en France.

Gîtes de cuivre. — Les gîtes de cuivre du Cap Garonne sont plus intéressants au point de vue géologique qu'au point de vue industriel. Les résultats d'une exploitation commencée dans les falaises du bord de la mer ne paraissent pas avoir été satisfaisants.

Le gîte consiste en une couche de grès permiens imprégnée de cuivre à l'état de mouches ou veines de carbonates ou de pyrites, de cuivre oxydulé ou de cuivre gris.

On rencontre dans la région des mélaphyres, à Carquérane et à la Calle-Noire.

Gîtes de fer. — Les minerais de fer existent pour ainsi dire dans tous les terrains du Var.

Les *minerais de Collobrières* appartiennent à un horizon ferrifère ancien, au pied de la montagne de la Sauvette. Coquand, en 1839, découvrit un gîte au N.-E.

de Collobrières et, au Nord, de la grange de Cros-de-Bernard. A l'Est, à Vaubernier, on rencontre aussi le même horizon. Au S.-O., à 200 ou 300 mètres de Collobrières, Gruner en a également signalé.

Le minerai est à l'état de fer oligiste mélangé d'oxydulé, dans une assise quartzo-schisteuse avec amphibole, pyroxène et grenats.

Quelquefois en bancs très purs et très riches, le minerai est souvent mélangé de gangues, ce qui ne permet pas de l'exporter.

Ce gisement est en couches et est dû probablement à des arrivées sous-marines d'amphibolites et de fer qui s'est séparé et concentré en bancs plus ou moins purs.

Dans la région d'*Agay*, on a signalé un minerai de fer oxydulé, au quartier des *Ferrières* et de *Garde-Vieille*, à l'est du torrent d'Aigues-Bonnes paraissant au contact des porphyres bleus et aussi en amas sur ces porphyres, mais ils renferment beaucoup de quartz et peu de fer oxydulé.

Cette venue serait donc postérieure à l'arrivée des porphyres bleus.

Parmi les gîtes récents nous allons décrire ceux de la montagne de Beau-Soleil que nous avons étudiés en 1891.

Minerais de fer de Beau-Soleil (Var) (*pl. 7, pag. 263*). — La concession de Beau-Soleil a une surface de 1.205 hectares, dans les communes d'Ampus et de Chateaudouble, à 23 kilomètres de Draguignan. La

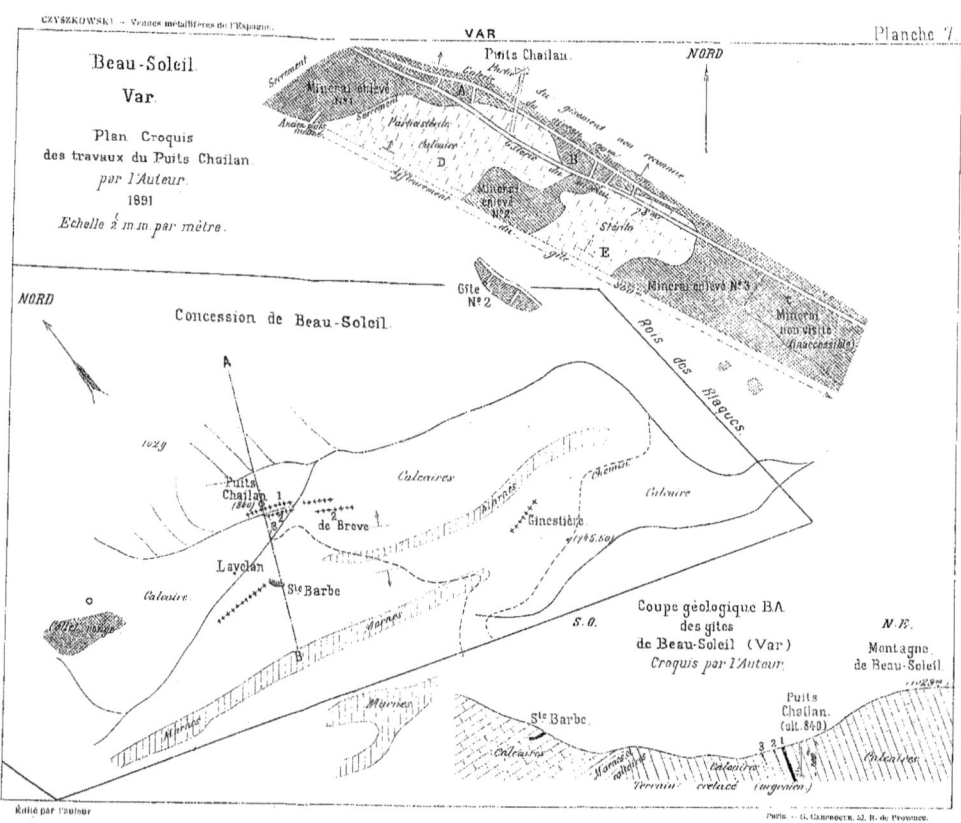

montagne de Beau-Soleil atteint l'altitude de 1.029 mètres. Le pays est sain mais désert, l'eau manque. On a dû construire quelques maisons d'ouvriers et des citernes. L'eau pour l'alimentation des machines est amenée de loin. Les transports se faisaient par chars portant de 3 à 6 tonnes et à raison de 4 francs la tonne (1891).

La constitution géologique de la région est fort simple. On n'y rencontre que les deux étages de l'*urgonien* ou calcaire à *requienia ammonia*, désigné aussi sous le nom de *calcaire à Chama*, qui appartient à la période infra-crétacée.

L'étage inférieur est composé de marnes et de calcaires marneux jaunâtres, pétris de coquilles fossiles. Le supérieur est exclusivement composé de calcaires compacts, quelquefois caverneux et dolomitiques, particulièrement dans les parties affectées par les sources minérales.

Ce terrain est généralement peu accidenté, mais les couches forment de légers plissements dont les axes sont dirigés N.-O.-S.-E.

Les bancs calcaires supérieurs se rapprochent généralement plus de l'horizontale que de la verticale, mais dans la région des mines de Beau-Soleil il existe un plissement plus prononcé et les couches sont parfois presque verticales ou avec une inclinaison de 60 à 70°.

C'est dans les calcaires supérieurs, qui atteignent une grande puissance, que se trouvent encaissés les gisements de minerais de fer que nous allons décrire.

Les gîtes de fer de Beau-Soleil sont assez complexes. Pour un œil peu exercé leur allure est assez difficile à comprendre. Sont-ce des couches, des filons, des filons-couches ?

Il y a quelque chose de ces trois natures de gisements, mais aucun d'eux. Ce sont des gîtes difficiles à définir, qui appartiennent à la catégorie des gîtes irréguliers mais ils renferment des parties étendues et régulières.

Pour bien comprendre leur allure il faut remonter à leur origine. Supposons un terrain relevé et plissé comme aujourd'hui, mais les vallées moins profondes et une venue de sources minérales abondantes.

Que se produira-t-il ? Dans les régions où les calcaires urgoniens ont une forte inclinaison, ces eaux suivront des joints de stratification disloqués, sur une étendue relativement limitée, mais pouvant atteindre 500 mètres et au-delà. Ces eaux minérales étant riches en fer et pauvres en chaux, le calcaire sera corrodé, dissous désagrégé et entraîné, le minerai de fer se déposera en son lieu et place. Il se formera un gîte de substitution dont la puissance augmentera jusqu'au moment où un mouvement du sol viendra mettre fin au phénomène.

L'origine de ces dépôts de fer est donc filonienne, mais on n'a pas de véritables filons suivant des cassures rectilignes dans des joints de stratification. Dans le gîte n° 1 du puits Chailan, nous n'avons pas vu, en effet, des épontes régulières, mais un toit bosselé, corrodé et irrégulier.

Ces gîtes ne sont point des couches, malgré leur

parallélisme avec la stratification. L'horizon ferrifère ne se poursuit pas sur l'étendue de la couche calcaire qui le renferme. La puissance est plus irrégulière et plus variable que celle d'une couche, on ne voit aucune stratification dans le minerai de fer, aucune roche ou argile sédimentaire. Tout est geysérien et le calcaire encaissant forme des noyaux ou amas dans la masse du minerai. Nous n'avons pu voir des filons-couches puisqu'il n'y a pas eu cassure rectiligne suivant une ligne de stratification.

Dans les régions où les calcaires sont peu inclinés il a pu se produire des dépôts suivant un thalweg suivi par l'eau minérale. C'est le cas de Ste-Barbe où il s'est formé un gîte ou amas lenticulaire peu incliné.

Enfin, à la surface, il a pu se produire aux points d'émergence des dépôts superficiels de minerais de fer et d'argiles geysériennes. Tel nous paraît être le cas du Collet-Rouge et d'autres points où ces dépôts superficiels ont été enlevés par dénudation ou exploités. Nous dirons donc en résumé que les gîtes de fer de Beau-Soleil sont des colonnes de minerais ou dépôts produits suivant des cheminées plus ou moins vastes et inclinées, où les eaux minérales génératrices ont pu circuler à travers la formation puissante des calcaires urgoniens.

Ce mode de formation se rapproche de celui des grottes et cavernes et la première conclusion à en tirer c'est que les gîtes sont isolés et séparés les uns des autres. Le gîte du Collet-Rouge, par exemple, n'est pas comme on l'a prétendu le prolongement du filon n° 1. Le gîte de Ste-Barbe n'est pas un lambeau d'une couche dont feraient partie le Collet-Rouge et le filon n° 1. Toutes ces opinions émises dans divers rapports sont contraires aux faits observés et à l'origine de ces gisements.

Les gîtes sont isolés, mais peuvent être alignés et former ce qu'on appelle des *zones ferrifères* ou ferrugineuses. Ainsi les gîtes de la Ginestière, Ste-Barbe et peut-être le Collet-Rouge, occupent la même position par rapport à l'axe que forment les marnes et calcaires argileux.

Les filons 1, 2, 3, du puits Chailan, le gîte de Broves et peut-être les gîtes du Bois des Blaques formeraient une autre zone inclinant en sens inverse. Il est donc impossible sur de pareils gisements de baser des calculs sur leur continuité et avant d'avoir démontré l'existence du minerai par des travaux de recherches. Ces travaux s'ils sont coûteux, ne doivent pas être eux-mêmes basés sur cette continuité. Il est préférable et plus prudent d'aller du connu à l'inconnu, c'est-à-dire de suivre le minerai de poche en poche.

Le minerai de Beau-Soleil est du peroxyde de fer hydraté, tantôt brun rouge, tantôt jaune brun. Généralement tendre et friable, il est quelquefois dur à l'état d'hématite caverneuse. Il a une certaine ressemblance avec les minerais d'Alais qui sont les chapeaux de fer de gisements de pyrites de fer, mais qui sont moins riches et moins purs. Le minerai de Beau-Soleil renferme aussi des rognons de pyrites isolés dans la masse et que l'on peut éliminer par un triage, sans qu'ils puissent nuire à la qualité du minerai marchand qui est cependant un peu sulfureux.

Ce dernier renferme en moyenne 57 à 58 o/o de fer. Il est assez phosphoreux et on y constate quelquefois des traces de sulfures de plomb et de zinc.

Nous donnons quelques analyses à la page suivante.

Nous examinerons les gîtes suivants :

1° Gîtes du puits Chailan 1, 2, 3 et de Broves ;
2° Gîtes de Ste-Barbe et Vieux Fourneau ;
3° Gîtes de la Ginestière ;
4° Gîtes du Collet-Rouge ;
5° Gîtes du Bois des Blaques.

Gîtes du puits Chailan. Dans la région du puits Chailan, le gîte n° 1 est bien caractérisé. A 45 mètres au Sud, on a exploité une lentille de minerai parallèle qui s'est fermée de tous côtés, c'est le gîte n° 2.

Y a-t-il réellement un gîte n° 2 parallèle au n° 1 ou bien cette lentille, exploitée dont la puissance a atteint 2 mètres, ainsi que quelques affleurements très irréguliers exploités à la surface ne représentent-ils qu'un gîte sans importance et accessoire ? Des travaux sont nécessaires pour résoudre cette question.

Un travers-bancs pris vers le Sud au niveau 78 n'a pas rencontré ce gîte n° 2 dont l'existence est très problématique à notre avis.

Quant au gîte n° 3 il est encore plus problématique puisqu'on n'observe que quelques indices superficiels.

MINERAIS DE FER DE BEAU-SOLEIL (Var)

	Creuzot 1880	Aciéries de Firminy 1879	Chasse	Marine Givors	St-Louis Marseille	Chasse	Chasse	Guitton	Rioult
Perte au feu	11.10	11.50	8.10	10.00	9.50	10.50	9.70	10.95	11.60
Peroxyde de fer	84.24	81.00	82.50	83.10	85.30	»	»	85.75	80.30
Ox. de manganèse	traces	0.30	»	»	0.30	»	»	»	»
Silice	1.80	5.00	3.25	3.00	1.90	1.90	2.25	1.22	5.30
Alumine	0.80	2.00	1.20	0.40	1.20	0.36	0.95	1.05	2.00
Chaux	1.20	traces	4.00	0.20	0.75	traces	traces	0.39	0.30
Magnésie	0.23	»	»	traces	0.05	0.43	0.32	0.608	traces
Oxydes de { plomb	»	»	»		traces	»	»	»	»
zinc	traces	»	»		»	0.28	0.51	0.16	»
cuivre		»	»		traces			»	»
Soufre	0.009	0.009	0.33	0.23	traces	0.035	0.034	0.055	0.02
Phosphore	0.06	0.08	»	0.09	0.05			»	»
Fer métallique	58.97	56.70	57.75	58.17	59.71	59.94	58.87	61.25	57.35

Le gîte de Broves, parallèle aux précédents, paraît être sur le prolongement du n° 2. Une ancienne tranchée s'étend sur environ 70 mètres en direction. Un puits et un travers-bancs ont été exécutés sur ce gîte ainsi qu'une galerie en direction sur 60 à 70 mètres. Il paraît avoir été exploité jusqu'à 30 mètres de profondeur. Il peut donc y avoir dans cette région du puits Chailan un faisceau de gîtes parallèles dont le n° 1 est seul reconnu à 100 mètres de profondeur.

Une colonne de minerai n° 1 (*voir le plan pl. 7, pag. 263*) a été exploitée jusqu'à 70 mètres de profondeur au N.-O. par un puits incliné, aujourd'hui effondré.

Le gîte était limité par des serrements à l'Est et à l'Ouest ainsi que l'indique le plan.

Une deuxième colonne n° 2, moins importante, a été exploitée.

Enfin, une troisième n° 3 l'a été par un puits pris dans le toit et on a reconnu que le gisement s'étendait à l'Est bien plus loin qu'on ne l'avait pensé.

Le puits Chailan, destiné à relier tous ces travaux, fut décidé et a été foncé à 300 mètres de profondeur.

A la profondeur de 78 mètres, un travers-bancs de 30 mètres vers le Sud a atteint le gîte dans la partie stérile D. Il a été prolongé de 40 mètres pour reconnaître le gîte n° 2 qui n'a pas été rencontré.

Une galerie horizontale d'avancement à ce niveau, 78 mètres, a atteint une longueur de 350 mètres.

A 100 mètres à l'ouest du travers-bancs, elle a rencontré le serrement et à l'est elle est au minerai à 250 mètres. La puissance a varié de 0 à 6 mètres et paraît être de 2 mètres en moyenne. Cet étage communiquait avec les puits et travaux de la surface et le remblayage pouvait se faire régulièrement par des cheminées en 1883.

Le niveau de 100 mètres nous a paru fort intéressant. Le travers-bancs partant du puits et dirigé vers le Sud-Ouest a été plus heureux et a rencontré le gîte parfaitement réglé.

Une galerie d'avancement horizontale l'a suivi sur 75 mètres vers l'Ouest sans aucune interruption et est arrivée au même serrement qui limite le gîte aux autres niveaux.

Vers l'Est, le minerai s'est montré aussi très régulier sur 120 mètres, sauf 14 mètres de stérile et le front est au minerai.

La puissance moyenne est plus forte 2^m50 environ, Il y a des parties de 5 à 6 mètres.

La lentille stérile D n'a plus que 14 mètres à ce niveau. La lentille E s'est fermée au-dessus. Le gîte paraît donc augmenter de puissance et de régularité à 100 mètres de profondeur.

2° *Gîtes de Ste-Barbe et Vieux-Fourneau.* — Ces gîtes situés de l'autre côté de l'axe formé par les marnes (voir la coupe BA), inclinent du côté opposé et ont une inclinaison bien plus faible. Une lentille assez importante a été rencontrée et a pu fournir 40.000 tonnes. Au

Vieux-Fourneau, à 150 mètres à l'Est, on a aussi enlevé un peu de minerai. Il est probable qu'il y a continuité entre ces deux points et on peut en dire autant à l'ouest et au sud de la lentille exploitée à Ste-Barbe.

3° *Gîtes de la Ginestière.* — Sur la même zone que Ste-Barbe, mais plus à l'Est, on observe sur 150 mètres de long des excavations anciennes sur un gîte assez important. Une galerie prise au-dessous a rencontré le minerai et c'est une recherche à continuer.

4° *Gîtes du Collet-Rouge.* — On avait pensé que les prolongements des filons 1, 2, 3 du puits Chailan pouvaient passer au Collet-Rouge. Nous avons déjà dit que cette assimilation nous paraissait impossible et il est très intéressant de le reconnaître.

Il pouvait exister là un point d'émergence des sources ferrugineuses.

5° *Gîtes du Bois des Blaques.* — Enfin il existe dans le bois des Blaques des indices de gisements avec anciens travaux. Ils sont en dehors de la concession et nous n'avons pu les visiter, mais il paraît intéressant d'y exécuter quelques recherches.

Tels étaient les gîtes de Beau-Soleil en 1891.

Fer chromé de Cavalaire. — Nous signalerons encore le fer chromé de Cavalaire.

Quelques îlots d'une serpentine ancienne se montrent, avons nous dit, sur quelques points des Maures. Celui du quartier des Quarrades est le plus intéressant parce qu'il renferme à l'état de rognons ou de nodules du fer chromé que l'on avait essayé de trier sur la plage de Cavalaire.

Les serpentines qui les renferment diffèrent de celles de la Corse et ne contiennent pas de diallage. Elles seraient anciennes et antérieures au permien. Coquand a signalé un filon de mélaphyre qui traverse ces serpentines au quartier des Quarrades.

CHAPITRE VII

La Sardaigne et la Corse

§ 1. — LA SARDAIGNE

Le terrain précambrien existe autour du grand massif granitique qui occupe la partie N.-E. de l'île de Sardaigne et se prolonge en Corse. Il est composé de schistes cristallins micacés et talqueux, de schistes ardoisiers et de calcaires ou dolomies.

Le terrain silurien se développe dans le Sud où il forme deux massifs importants : l'un à l'Ouest, le massif d'Iglésias, l'autre à l'Est, ou massif du Sarrabus, qui renferment les grands gîtes métallifères de la Sardaigne.

Au N.-O. de l'île, un îlot du même terrain renferme des mines d'Argentiera.

L'étage inférieur (cambrien) a été reconnu et bien étudié dans le district d'Iglesias où sa puissance atteint

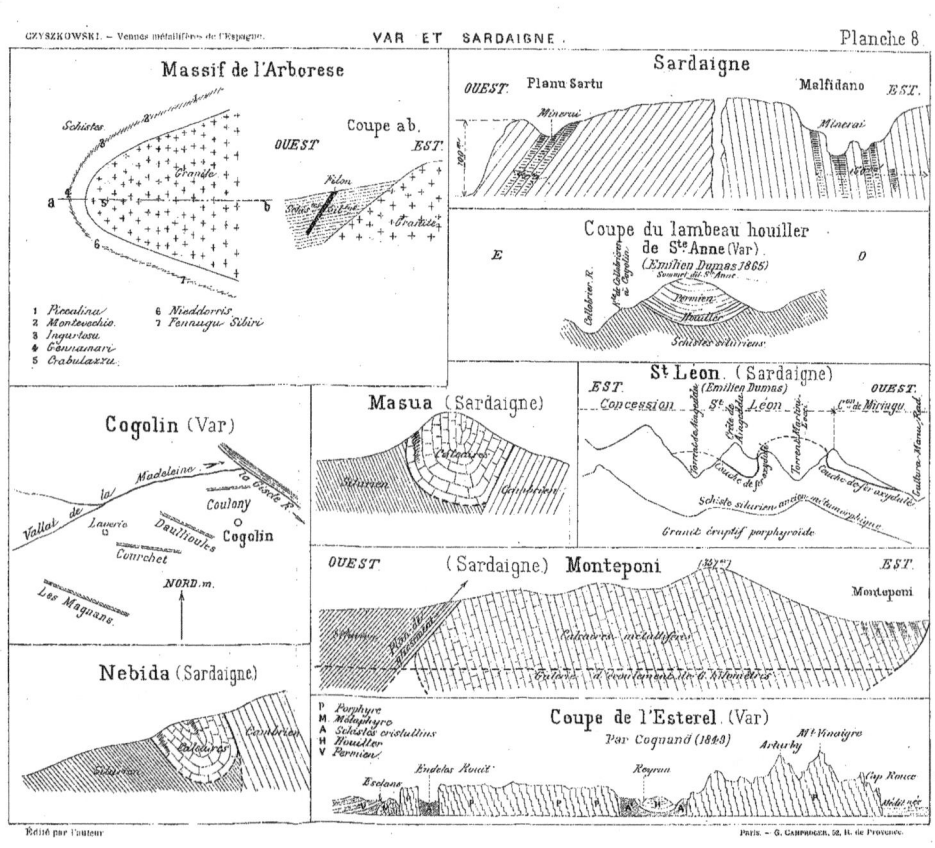

plus de 500 mètres. Il est fossilifère, surtout à l'ouest d'Iglesias, et se compose de grès, quartzites, schistes et calcaires siliceux.

Le silurien comprend, au-dessus de cet étage, des schistes fossilifères, micacés ou talqueux, des schistes carburés, des quartzites, des calcaires à orthocères, des grès, phyllades et calschistes.

Au-dessus de ces terrains vient une formation d'âge problématique, celle des *calcaires métallifères*, qui renferme quelques bancs de schistes.

Ces calcaires ne sont recouverts par aucune formation et les apparences de recouvrement que l'on observe seraient dues, à notre avis, à des glissements des schistes inférieurs sur les calcaires, à la suite des plissements qui ont ondulé les couches et relevé les terrains. Ces calcaires qui étaient résistants ont pu être englobés dans les schistes qui étaient plastiques. On n'y a pas rencontré de fossiles. Les géologues italiens les considèrent comme siluriens. Leur indépendance, par rapport au cambrien et au silurien supérieur nous engagerait à les considérer comme plus récents, peut-être dévoniens.

Tout indique ici, comme dans la région française des Pyrénées, qu'à l'époque carbonifère le sol s'est élevé et plissé, obéissant au grand phénomène que l'on a désigné sous le nom de « chaîne hercynienne ».

Il n'est pas impossible que dans ces calcaires il y ait quelques lambeaux dévoniens ou carbonifériens.

Quoiqu'il en soit, cette région a été affectée par les

plissements et étant émergée à l'époque permienne, elle a vu se dérouler les phénomènes éruptifs et métallifères les plus grandioses et les plus intenses qui ont caractérisé les époques carbonifères et permiennes sur presque toute la surface terrestre.

Les phénomènes métallifères, plus particulièrement, ont eu dans cette région une puissance et une intensité telles que l'île de Sardaigne est certainement un des plus riches et des plus remarquables centres métallifères terrestres.

Nous voyons ici les phénomènes se reproduire dans les mêmes conditions géologiques que dans le midi de la France ; mêmes mouvements du sol vers la fin de l'ère primaire, mêmes éruptions de roches porphyriques, mêmes venues métallifères. Mais, en ce qui concerne ces dernières, il y a une grande différence, c'est l'intensité des sources minérales. Pourquoi ont-elles été si abondantes en Sardaigne, tandis que dans les Pyrénées, les Corbières, la Montagne-Noire, les Maures et l'Esterel, elles ont eu une assez faible intensité, si l'on en juge par les gisements de ces contrées. Ce problème, comme bien d'autres relatifs à la genèse des gîtes métallifères, reste à résoudre. Faut-il voir une explication dans l'éloignement des centres orogéniques et métallifères ?

La Sardaigne se reliait probablement aux Pyrénées, aux Maures et à l'Esterel à l'époque carbonifère ; elle était émergée pendant que, dans le midi de la France, les éruptions porphyriques et mélaphyriques des Maures et de l'Esterel se produisaient avec une si grande intensité à l'époque permienne. Le terrain permien n'est pas représenté dans l'île. Quant aux dépôts triasiques, ils sont peu importants. L'îlot qui existe au pied du massif montagneux d'Iglesias est remarquable par son horizontalité. Il est constitué à la base par un conglomérat, au sommet par des calcaires, dont on retrouve quelques lambeaux isolés sur les schistes siluriens et qui ont pu être confondus avec les calcaires métallifères.

Le jurassique et le crétacé sont représentés dans l'île.

Les dépôts tertiaires, eocènes et miocènes ont recouvert la partie occidentale et des éruptions trachytiques et basaltiques ont traversé et affecté ces régions. Quant au quaternaire il occupe quelques surfaces, notamment le pli entre les golfes de Cagliari et d'Oristano et qui sépare les deux massifs métallifères de l'Arbus et du Sarrabus.

Les roches éruptives sont nombreuses et variées. Des granites, des granulites, des porphyres, diabases, diorites, eurites, se rencontrent sur de nombreux points, en relation plus ou moins nette avec les gîtes métallifères.

District d'Iglesias. — Dans le plus important district métallifère de Sardaigne, celui d'Iglesias, on peut distinguer deux régions distinctes au point de vue de la nature des gisements, bien que l'arrivée des minerais appartienne certainement au même phénomène : la région des schistes fracturés, autour du massif granitique de l'Arbus, et la région des calcaires métallifères des environs d'Iglesias.

Les eaux minérales ont formé dans la première de

véritables filons, dans les champs de fractures préparés à l'avance par l'arrivée des granites et les plissements postérieurs. C'est la région des filons. Dans la seconde il il s'est formé plus particulièrement des gîtes au contact ou au voisinage du contact des calcaires et des schistes.

Dans les conditions les plus favorables pour la circulation des eaux minérales, c'est-à-dire lorsque les calcaires étaient en stratification concordante avec les schistes, il s'est formé des gîtes de contact bien caractérisés à la place des schistes désagrégés d'abord, et, par substitution, aux calcaires ensuite, au contact même, lorsque l'inclinaison n'était pas très forte et le schiste au mur, ou des gîtes en colonnes, dans les calcaires, à une faible distance du contact, lorsque les couches étaient presque verticales.

Dans le cas contraire de stratification discordante, le contact n'a guère été suivi et les dépôts se sont formés plus particulièrement sous forme de colonnes, dans les joints de stratification des calcaires ou d'amas le long de certaines fractures.

M. Zoppi signale la prédominance des gîtes de contact dans le premier cas, dans les mines de Masua, Nebida, Punta Mezzodi, Pitzu is Luas, Monte-Scorra, Costa Martiada, et celle des gîtes en colonnes dans le second.

Il s'est formé, en outre, de véritables couches d'imprégnation de calamines à la place des calcaires et que l'on a voulu considérer comme contemporaines du calcaire. C'est une grande erreur. Il ne faut pas oublier la faculté de substitution des calamines, qui ont pris la place et l'aspect même de calcaires dans des gîtes dont l'âge postérieur est parfaitement démontré.

Enfin, il y a aussi quelques véritables filons dans cette région des calcaires métallifères.

On peut donc diviser le district d'Iglesias en deux régions métallifères importantes :

1. Région de l'Arbus ou des filons ;

2. Région d'Iglesias ou des gîtes associés aux calcaires.

Région de l'Arbus et de Flumini. — La zone des filons les plus importants de l'Arbus occupe le contour du massif de l'Arborese ainsi que l'indique le croquis (*pl. 8, pag. 273*).

La structure géologique du massif de l'Arbus est indiquée par la coupe *ab*.

Le contact du granite et des schistes siluriens a une inclinaison de 45° environ, tandis que celle des filons est plus forte dans le même sens. Les schistes encaissants se relèvent vers le granite avec une faible inclinaison.

Les filons du type de *Montevecchio*, autour du massif granitique, sont principalement quartzeux. Nieddoris et Fenuugu Sibiri renferment du spath fluor qui accompagne généralement les minerais d'argent, mais cette venue paraît plus récente.

Les filons principaux sont accompagnés d'autres filons secondaires et cet ensemble constitue la ceinture métallifère de l'Arbus.

Les mines ouvertes sur ces filons sont les plus importantes.

Indépendamment des filons encaissés dans les schistes il existe des filons dans le granite, et qui se prolongent aussi dans les schistes, mais qui paraissent s'arrêter au groupe annulaire dont nous venons de parler. C'est ainsi, que le filon de l'Arbus ne traverse pas celui de Montevecchio. Ces filons sont beaucoup moins riches sauf celui de S^{ti} Antonio, dans la concession de Crabulazzu.

Zone des filons de Flumini. — Les filons di Perda S'Oliu, Perdas de Fogu, Pala su Sciusciu et Sta Lucia, forment une zone remarquable au nord de Flumini parallèle à la zone de contact sud du granite de l'Arbus avec le silurien.

Enfin, il il y a quelques filons qui paraissent se rattacher à une zone de roches vertes, dykes porphyriques contemporains du granite d'après quelques géologues italiens, diabases postérieures à notre avis au granite. Tels sont les filons di Genna Moitza, Aqua Bona, Pibicu.

Montevecchio. — Nous donnerons seulement les caractères du grand filon de Montevecchio, si remarquable par son étendue et sa richesse en plomb argentifère. Les affleurements représentés par d'énormes crêtes de quartz mélangées d'oxyde de fer et de schistes s'étendent sur environ 12 kilomètres de Piccalina à Crabulazzu à une distance du granite variant entre quelques centaines de mètres et 2 kilomètres.

Le filon de Montevecchio n'est ni régulier, ni unique. Il y a généralement 2 ou 3 branches parallèles et des satellites secondaires.

La branche la plus importante appelée *filon principal*, dans la concession de Montevecchio, atteint 60 mètres de puissance. Les trois branches ont quelquefois 80 à 100 mètres.

Dirigé Est-Ouest à Montevecchio cet ensemble s'infléchit vers le Sud à Gennamari où il est presque Nord-Sud.

Le remplissage est composé de quartz blanc imprégné d'oxyde fer et c'est dans sa masse que la galène forme des veines, lentilles ou colonnes avec blende, pyrites de fer ou de cuivre. On a aussi trouvé beaucoup de baryte en certains points. Les veines de galène ont quelquefois plusieurs mètres d'épaisseur sur de grandes étendues. On a trouvé des lentilles de 7 à 8 mètres de galène pure.

Quand le filon est puissant il y a plusieurs veines parallèles atteignant ensemble 3 mètres de puissance. On a eu quelquefois 5 mètres de minerai à 30 o/o de galène sur plusieurs centaines de mètres en direction.

A Ingurtosu et Gennamari, le filon est moins puissant et moins riche, mais les veines de galène y ont présenté une épaisseur plus régulière. Le quartz quelquefois remplacé par du schiste a été moins compact, ce qui a rendu l'exploitation plus facile.

La teneur en argent varie de 700 grammes à 1 kilog. par tonne de minerai à 80 o/o de plomb. Mais on rencontre des minerais accidentels renfermant jusqu'à 3 kilog. d'argent à la tonne de minerai. Le principal minerai est la galène. La blende paraît augmenter en profondeur.

La teneur en argent paraît diminuer au contraire.

M. Sella avait essayé de classer les filons d'après leurs gangues. C'est impossible, car on trouve quelquefois toutes les gangues dans le même filon.

Il serait plus utile de classer les arrivées, non pour distinguer les filons, puisque ces venues ont enchevêtré leurs dépôts dans les mêmes filons, mais pour distinguer les phases du phénomène.

Des recherches ont été exécutées sur des minerais de nickel et de cobalt qui étaient mélangés à la galène dans les mines Perdas, de Fogu et Fenugu Sibiri. On a trouvé des minerais à 3o o/o de nickel.

Région d'Iglesias ou des gîtes associés aux calcaires. — Il existe un très grand nombre de gîtes sur la zone des calcaires métallifères des environs d'Iglesias. Nous n'examinerons que trois centres : Malfidano, Masua, Monteponi, qui nous paraissent suffisants pour donner une idée des manifestations du phénomène métallifère dans cette région.

Malfidano. — Les sources métallifères contemporaines et de même composition que celles du filon de Montevecchio, arrivant ici au milieu de calcaires, devaient produire des gîtes d'une nature différente.

La coupe (*pl. 8, pag. 273*) indique l'allure des gîtes de Planu-Sartu et de Malfidano.

A Planu-Sartu, la zone minéralisée a 40 mètres environ de puissance.

Dans cette zone on observe cinq joints de stratification

suivis par les eaux minérales et renfermant des amas ou colonnes de minerais.

On a eu 30 mètres de puissance de calamine à la surface.

La zone s'étend sur 350 mètres en direction et 100 mètres de hauteur jusqu'au niveau de la mer. Inclinée de 50° vers la mer, elle se compose de couches alternantes de calcaires, de calamines et d'argiles ferrugineuses, avec veines de quartz et de galène argentifère.

Nous trouvons bien là les éléments du filon de Montevecchio, mais le zinc se substituait ici aux calcaires, formant des dépôts calaminaires avec blendes.

A Montevecchio c'est la galène qui domine, ici c'est la calamine mélangée de blende.

A Malfidano, la zone affectée par les eaux minérales est plus puissante et a bien 150 mètres dans la coupe ci-dessus. Les calcaires sont inclinés vers l'Est de 80° environ. Les amas calaminaires et plombeux sont plus importants et sont alignés suivant une grande crevasse de 30 mètres de large et qui s'étend sur un kilomètre environ. Cette crevasse, remplie d'argile et de brèche calcaire, a permis aux sources minérales qui ont circulé dans ses épontes, de former dans les calcaires des ramifications ou amas tels que Malfidano, Caïtas, etc.

La vallée actuelle de Malfidano a enlevé une partie de ces amas.

L'amas de Malfidano, la plus importante masse métallifère de la région, est composé de calamine et blende, galène et carbonate de plomb, oxyde de fer et quartz. Les amas de surface ont été exploités mais le gîte s'étend en profondeur et il n'y a aucun doute pour nous que les exploitations s'étendront, plus tard, bien au-dessous du niveau de la mer. La galène et la blende augmenteront avec la profondeur, ainsi que la quantité d'eau à épuiser.

L'amas de Caïtas, exploité près de la surface, renferme peu de blende ou galène et se trouve au sud de l'amas de Malfidano. Il n'affleurait pas à la surface.

Les calamines carbonatées crues de cette région contiennent 40 à 42 o/o de zinc, 2 à 3 o/o de plomb, 10 o/o de silice.

Les calamines silicatées 45 o/o de zinc, 20 o/o de silice.

Les calamines plombeuses 35 o/o de zinc, 15 o/o de plomb.

Enfin les calamines calcinées donnent 58 o/o de zinc, 2 à 3 o/o de plomb, 12 o/o de silice.

Masua, Nebida, Domestica. — La zone calcaire qui occupe la côte occidentale de l'île devient plus étroite au sud de Malfidano, dans la région de Masua et Nebida. Ces calcaires sont fortement encaissés dans les schistes cambriens et siluriens. Leur stratification paraît concordante avec le silurien. Ils paraissent recouverts par le cambrien dans la coupe Nebida et par le silurien dans celle de Masua. Nous pensons que ces calcaires, peut-être dévoniens, se sont déposés en concordance sur le silurien, comme dans les Pyrénées, et en discordance sur le cambrien. Ils ont été ensuite plissés et plus ou moins englobés dans les schistes qui les supportent. On comprend ainsi parfaitement les coupes de M. Zoppi (*pl. 8, pag. 273*).

Les dépôts de minerais se sont formés au voisinage du contact des schistes.

On a exploité à Masua de grandes poches irrégulières, alignées suivant la zone de contact et reliées entre elles par des traces argileuses.

Le minerai était à l'état de carbonates de plomb et de zinc et c'est ce qui caractérise cette région de donner à peu près autant de carbonate de plomb que de calamine et cela jusqu'à une profondeur de 180 mètres. La galène et la blende sont peu abondantes.

Les gangues sont l'argile, le calcaire, du minerai de fer et du quartz.

La teneur en argent est très variable, mais elle varie surtout en raison inverse de la teneur en plomb. Ainsi à Masua un minerai à 30 o/o tient 300 grammes d'argent
à 40 — 340 —
à 60 — 450 —
de telle sorte qu'une tonne de plomb du premier minerai tient 1 kilog. d'argent, du second 850 grammes et du troisième 750.

A *Nebida*, il existe des gîtes de même nature. On y exploite des calamines à 45 o/o et des galènes à 38 o/o de plomb et 7 kilog. d'argent à la tonne de plomb. On y rencontre aussi des filons et c'est l'un d'eux, recoupant les calcaires suivant une direction Est-Ouest, à gangue de quartz et de fer carbonaté, qui a donné des galènes très riches en argent, ce qui paraît indiquer une venue postérieure, peut-être contemporaine de celle du Sarrabus.

A *Domestica* on a trouvé des gîtes ou colonnes de même nature que ceux de Masua et Nebida et composés de carbonates. La puissance a atteint 30 mètres à la surface.

Monteponi. — Les calcaires métallifères occupent une grande surface autour d'Iglesias et reposent au Nord et au Sud-Est sur les schistes cambriens, au Sud sur le silurien. L'éocène vient recouvrir ces terrains à l'Est et au Sud-Est d'Iglesias.

La zone minéralisée de Monteponi occupe une surface calcaire dans le voisinage du contact des schistes. Dans la partie la plus riche, sur plus de 400 mètres de puissance, les calcaires dirigés N.-S., presque verticaux et inclinant à l'Est, ont été fortement minéralisés et d'une façon toute particulière. La calamine et la galène occupent des joints de stratification. On a compté plus de 60 de ces joints ou filons renfermant des colonnes de minerais qui ont atteint 40 mètres de puissance. (*Voir pl. 8, pag. 273*).

La gangue est composée d'argile et de minerai de fer.

La partie nord de cette zone est calaminaire avec plomb carbonaté; la partie sud est surtout plombeuse bien qu'on y trouve un peu de calamine. Dans un même joint il y a quelquefois plusieurs colonnes distantes de 20, 50, 100 mètres.

Les travaux consistent donc non seulement en galeries Est-Ouest, en travers-bancs pour recouper tous les filons ou joints, mais aussi en galeries N.-S., suivant une trace ferrugineuse dans ces joints minéralisés. La zone des travaux a près de 1,000 mètres dans les deux sens. On peut avoir une idée de ce gisement en se représentant un livre posé sur le dos dont les feuillets presque verticaux figurant les bancs calcaires se seraient un peu entr'ouverts et dont les vides entre chacun d'eux auraient été remplis de minerais.

Les calamines de Monteponi sont ferrugineuses et assez pauvres. Elles contiennent 35 o/o de zinc et calcinées 45. Les galènes contiennent 80 o/o de plomb et 200 grammes d'argent à la tonne de minerai seulement. Des galènes à 60 o/o de plomb donnent 300 à 350 gr. d'argent. Les minerais de surface, exploités anciennement, étaient plus riches en argent.

Les beaux cristaux de sulfate de plomb de cette mine sont renommés et existent dans les principales collections minéralogiques.

Ce qui caractérise cette mine de Monteponi, c'est la production de galènes très riches et pures, 80 à 82 o/o (alquifoux), mais pauvres en argent (200 grammes), de galènes à 60 o/o 300 ou 350 grammes d'argent, de calamines à 55 o/o calcinées, provenant de parties riches et de calamines à 45 o/o, provenant de la laverie.

Une galerie d'écoulement de 6 kilomètres, allant jusqu'à la mer par un canal ouvert, a coûté 2 millions et a permis, en 1890, d'approfondir les travaux de 50 mètres.

Région de Sulcis au S.-O. de Cagliari. — Dans le massif montagneux, situé au sud-ouest de Cagliari, on rencontre dans le silurien des filons quartzeux et plombeux dans les environs de Pula, Teulada, Santadi, Villamassargia, ainsi que les *minerais de fer oxydulé de St-Léon*.

Le gisement de St-Léon a été déjà décrit par nous (1), et nous dirons seulement qu'à la partie inférieure des schistes siluriens, il existe un horizon de minerai de fer oxydulé magnétique à gangue de quartz et de grenat. Le grenat est au toit en général.

La couche qui a atteint 10 mètres de puissance, donnait des minerais très riches et très purs à 55, 60, 65 o/o de fer qui sont peut-être épuisés et des minerais très siliceux et quartzifères beaucoup plus pauvres, dont la teneur était bien au-dessous de 50 o/o et qui ne sont plus des minerais d'exportation.

La coupe géologique (*pl. 8 pag. 273*) d'Emilien Dumas, donne une idée de l'allure de ce gisement.

Région du Sarrabus (N.-E. de Cagliari). — Le silurien inférieur, limité au Sud, par le massif granitique du Sarrabus, est constitué de schistes et quartzites dirigés E.-O. Des microgranulites, des porphyres et des roches basiques ont traversé ces terrains.

Une zone métallifère au voisinage du contact des gra-

---

(1) Les minerais de fer dans l'écorce terrestre. 1884.

nites, renferme deux systèmes de fractures importantes : N.-S. — E.-O., qui ont été minéralisées.

Les plus importantes E.-O. inclinent au Nord, et ont suivi des joints de stratification.

Il paraît y avoir eu deux arrivées principales de minerais :

1° Une venue de galène et blende à gangue de quartz et quelquefois baryte et calcite.

2° Une venue postérieure de galène et blende, riches en argent et de minerais d'argent, tels que le sulfure, l'argent natif, le chlorure et le sulfo-antimoniure. La gangue est de la baryte rose, de la calcite, de la fluorine.

La première correspond à celle de Montevecchio, la seconde est plus récente et caractérisée par les minerais d'argent.

Les filons Est-Ouest parallèles aux quartzites s'étendent sur près de 40 kilomètres de *Muravera* à *Sta-Pantaleo*, en passant par les mines Bacu Arrodas, Monte Narba, Giovanni Boun, Carreboi.

Nous ne décrirons pas ces mines. Nous dirons seulement que les filons, dont la puissance varie de 0 à 2 mètres, sont irréguliers, discontinus, difficiles à reconnaître et à exploiter par des travaux méthodiques. Malgré cela, la continuité de la zone est très remarquable prise dans son ensemble et la partie orientale (Monte Narba) dans les communes de Muravera et San-Vito est la plus riche. Le remplissage est irrégulier comme la cassure et les parties riches forment des colonnes, lentilles ou veines au milieu des schistes broyés. Il ne paraît pas y avoir de loi dans la disposition des lentilles de minerai, et l'on est obligé d'aller un peu au hasard dans l'exécution des recherches.

La teneur en plomb des minerais marchands est de 30 à 40 o/o, celle en argent variable, mais très élevée.

La principale société a produit, en 1883, pour 2.400.000 francs de minerais, malheureusement cette production va en diminuant.

On a exploité et vendu quelques tonnes de minerai à 6 o/o d'argent à Carreboi et valant 12.000 francs la tonne, mais on a rencontré des veines beaucoup plus riches.

Ce qui caractérise cette région du Sarrabus, c'est une arrivée de minerai d'argent qui paraît s'être étendue du reste à quelques points de celle de l'Arbus et d'Iglesias.

Dans certaines mines, telles que San-Giovanni, des galènes ont donné de 4 à 8 kilos d'argent à la tonne ; à Perdù S'Oliu, on a trouvé de l'argent natif, sulfuré et chloruré. Une lentille de 100 tonnes de minerai tenait 4 o/o d'argent.

A Fennu Sibiri, on a rencontré aussi de l'argent natif et sulfuré.

Ces minerais d'argent sont du reste accompagnés de spath fluor ou de calcite, comme au Sarrabus.

On a dit que la proportion d'argent était d'autant plus forte que le filon était plus irrégulier.

L'argent étant arrivé postérieurement et par réouverture, les filons avaient certainement pu être accidentés dans les régions mouvementées et disloquées.

Quant à l'âge de cette venue argentifère, il est incertain. On a dit que les filons du même système (?) étant recouverts par les calcaires jurassiques, l'arrivée de l'argent était anté-jurassique.

Cet argument ne nous paraît pas suffisant.

Nous pensons que cette venue pourrait bien être tertiaire. Les filons de Sardaigne ont, en effet, été recouverts par le trias et le jurassique, mais une venue d'argent a parfaitement pu se produire par réouverture au voisinage des massifs granitiques sans affecter le moins du monde la petite surface où on a observé des calcaires jurassiques recouvrant des filons.

L'arrivée des trachytes pourrait bien, comme dans d'autres régions de l'Europe, avoir été suivie d'une venue argentifère.

A **Villasalto**, un *filon d'antimoine* a été découvert. Les mines Su Suergin, Carcinargins, Mastalai, sont sur ce filon quartzeux. Le minerai a été traité sur place.

Il est à l'état de sulfure plus ou moins disséminé dans le quartz.

Région de l'Ogliastra. — On rencontre dans la région d'Ogliastra, quelques filons de galène et aussi des minerais de fer à l'état d'hématite brune et de magnétite, dans les communes d'Arzana et Villagrande. On avait projeté, en 1875, la construction d'un haut fourneau au bois dans ces parages.

Ces gîtes mériteraient d'être étudiés et on peut se demander s'il n'y aurait pas là un niveau analogue a celui de St-Léon, ou bien si le terrain étant plus ancien ainsi que l'indique la carte géologique italienne, si ces minerais sont en filons dont le remplissage aurait eu lieu à l'époque du dépôt de St-Léon.

Région de Lula. — On connaît, dans la commune de Lula, des filons de galène dans les mines de l'Argentaria, di Gozzurra Suergiola.

M. Mazzetti a signalé des calamines dans une dolomie entre le crétacé et les schistes cristallins, et M. de Launay dit que ce fait pourrait modifier singulièrement les idées reçues sur l'âge des zincs sardes. Nous ne sommes point de cet avis et nous ne verrions rien de plus extraordinaire aux calamines du crétacé en Sardaigne, qu'à celles de l'oxfordien dans les Cévennes, dans la Drôme ou du crétacé de Tunisie.

Nous trouverions plus extraordinaire que cette venue récente de zinc ne fut pas représentée en Sardaigne.

Région de la Nurra (Commune de Sassari). — Dans la commune de Sassari, on peut citer la mine d'*Argentiera* qui produit des galènes, carbonates de plomb, calamines et blendes.

Enfin une *mine d'antimoine* a été découverte en 1878. La stibine est associée à la galène argentifère dans des filons quartzeux et les minerais d'antimoine donnant de 45 à 55 o/o de métal. On y a constaté un peu d'or et d'argent.

Age des gîtes métallifères de Sardaigne. —
Nous ne terminerons pas ce chapitre sans dire ce que nous pensons de l'âge des grandes venues métallifères de Sardaigne.

Si nous supposons un observateur visitant ces mines sans connaître la géologie générale de l'île, il sera certainement frappé par la relation qui existe entre les gisements et la position actuelle des couches qui les renferment, les terrains encaissants. Il se dira qu'étant donnés : des terrains disposés comme ceux de Sardaigne actuellement et de puissantes venues métallifères, il se produirait, en somme, des gîtes sensiblement analogues à ceux qui existent.

L'arrivée métallifère pourra donc lui paraître récente.

Mais l'ingénieur qui connaît la géologie de l'île pourra se demander si cette venue étant ancienne, le relief géologique n'est pas lui-même ancien. En un mot si la position relative des gîtes et des terrains encaissants, est restée la même depuis l'époque de leur formation.

Il n'y a pas eu, en effet, de plissements importants qui auraient ployé et brisé les filons, mais des oscillations et des dénudations.

Le trias, dans certaines régions où on l'observe encore, est resté presque horizontal.

Certains gîtes, tels que la *Duchessa*, étaient recouverts à la surface de dépôts produits par les sources minérales et les dénudations n'avaient pas atteint le gisement, mais d'autres terrains les avaient recouverts comme d'un manteau protecteur : le trias, le lias, l'éocène.

Un lambeau d'éocène existe près du filon de Montevecchio, et renferme des conglomérats dans lesquels on trouve des cailloux de calcaires triasiques et des calcaires avec fossiles du lias !

Le trias et le lias ont donc existé et ont été presque complètement enlévés dans la région par les dénudations.

Ce fait vient donc confirmer que les calcaires métallifères et les gisements étaient recouverts et protégés par le trias et le lias.

De plus, si les grandes venues métallifères de l'île de Sardaigne étaient récentes, il serait bien extraordinaire que les terrains secondaires n'aient point été affectés en en grand sur quelques points.

La venue est donc pour nous *hercynienne* et date probablement des époques carbonifère et permienne, probablement de cette dernière.

Ainsi que nous l'avons dit, une venue argentifère, celle de Sarrabus, paraît plus récente, peut-être tertiaire. Elle a affecté une surface moins considérable et a eu une intensité beaucoup plus faible.

§ 2. — LA CORSE

L'île de Corse, située à 180 kilomètres de la France, 460 de l'Algérie, 600 de l'Espagne et 80 de l'Italie est séparée de la Sardaigne par le détroit de Bonifacio qui a 11 kilomètres.

Sa superficie de l'île est de 87,200 hectares.

La longueur du cap Bonifacio au cap Corse est de 183 kilomètres.

Sa largeur du cap Rosso à la tour de Bravone 84 kilomètres, son contour d'environ 500 kilomètres.

Ce pays montagneux forme une chaîne centrale d'où partent des chaînons se dirigeant vers la mer.

La chaîne du cap corse, au Nord, forme une presqu'île de 40 kilomètres de long sur 12 à 15 de large et renferme les gîtes d'antimoine et de mercure d'Ersa. Son altitude est de 957 mètres entre Bastia et St-Florent, 1,305 à Monte-Stello, entre Brando et Nouza, 1,138 au Monte-Alticcione et 544 à la Punta de Torricella, au-dessus de Centuri.

C'est sur son versant oriental, au bord de la mer et à 1 kilomètre de Bastia, qu'existait l'*usine à fer de Toga*. Cette petite usine était alimentée par les charbons de bois du Sud de la Corse et du Nord de la Sardaigne et par les minerais de fer de l'île d'Elbe et d'Espagne.

La chaîne reprend vers le Sud-Ouest et atteint au Monte-Cinto 2,710 mètres d'altitude au N.-O. de Corte. C'est au pied de ce massif montagneux que se trouve la zone cuivreuse de Ponte-alla-Leccia, Moltifao, Castifao.

Dans sa partie centrale, la chaîne a des sommets élevés 2,343^m Monte-Tafonato ; 2,391^m Monte-d'Oro ; 2,136^m Monte-Incudine.

La partie occidentale de l'île est constituée de roches éruptives.

Dans le massif de granite à gros grains on rencontre en filons, des granulites, des diorites, des diabases. C'est à Algajola, sur la côte occidentale, qu'a été extrait le granite qui forme le soubassement de la colonne Vendôme à Paris.

Les porphyres quartzifères sont très développés. Ceux de Galeria, Girolata et Curzo qui sont globuleux sont exploités comme pierres d'ornement, ainsi que les syénites de Tallano et Olmeto.

La diorite orbiculaire de Corse, devenue célèbre comme pierre d'ornement, se rencontre près de Santa-Lucia (Sartène).

La partie orientale de l'île est constituée par des terrains anciens composés de schistes cristallins primitifs ou précambriens, de schistes satinés, talqueux, verdâtres, alternant avec des grès et des calcaires blancs devenus saccharoïdes et quelquefois dolomitiques. On n'y rencontre pas de fossiles.

Par analogie avec la Sardaigne, cet étage pourrait bien représenter le silurien.

Au-dessus une formation de calcaires gris atteint 100 mètres de puissance. La grotte de Brando est dans une fracture de ces calcaires d'où sort une source abondante.

Bastia et Toga sont situées sur les mêmes calcaires

dont l'âge ne peut être déterminé exactement faute de fossiles.

Faut-il y voir le carbonifère ou le dévonien ? Sont-ils de même âge que les calcaires métallifères de Sardaigne ?

Ces terrains avaient été considérés comme crétacés par Elie de Beaumont et l'on remarque la teinte verte de ces terrains sur les anciennes cartes géologiques.

Après les études de M. Hollande, géologue distingué, ancien professeur au lycée de Bastia, ces terrains furent considérés comme anciens et il parut rationnel de les assimiler en partie au silurien de la Sardaigne.

A Orsani on a signalé de l'anthracite. Il y aurait là un petit dépôt carbonifère qui s'étendrait jusqu'au golfe de Galeria.

Les terrains primaires ont été traversés par une venue importante de roches serpentineuses qui nous paraissent de même âge que celles de Toscane et tertiaires.

C'est au contact de filons ou dykes de serpentines ou euphotides avec les schistes et calcaires siluriens, que se sont concentrés plus particulièrement les sulfures métalliques amenés par les sources minérales qui suivirent ces éruptions.

On rencontre ces sulfures avec du cuivre natif dans la masse même des roches vertes.

Quelques îlots de jurassique de peu d'importance ont été reconnus.

L'eocène et le miocène occupent une faible surface dans l'île. On signale du lignite en un point.

Enfin quelques dépôts pliocènes et quaternaires existent sur la côte.

Gîtes métallifères de la Corse. — Si l'on compare la Corse à la Sardaigne, au point de vue des gîtes métallifères, le contraste est frappant.

On en est à se demander, en effet, si le phénomène si important qui a produit les riches dépôts de minerais de la Sardaigne a laissé quelques traces en Corse.

Quelques filons de plomb et de plomb argentifère situés dans la partie N.-O., non loin du massif porphyrique et aux environs de *Caleuzana* et de l'*Ile Rousse* sont les seuls témoins que nous puissions assimiler aux venues sardes.

La concession d'Argentella, communes de Caleuzana et Galeria, arrondissement de Calvi et commune d'Orsani, arrondissement d'Ajaccio, a 2,520 hectares et date de 1856 et 1874.

Dans cette concession on a rencontré de la galène argentifère qui a donné jusqu'à 6 kilog. d'argent à la tonne de plomb.

La concession de Monticello, communes de l'Ile Rousse et de Monticello, arrondissement de Calvi, a 752 hectares et date de 1865. On n'y a guère rencontré que des galènes pauvres en argent.

Le prolongement du massif granitique en Sardaigne est, du reste, assez pauvre en mines.

Tous les autres gîtes de plomb, zinc, cuivre, antimoine, mercure, appartiennent à la région des serpentines.

On peut distinguer deux zones :

Celle des gîtes d'antimoine et mercure du cap Corse, Ersa, Meria, Luri ;

Celle des gîtes cuivreux de Castifao, Moltifao, Ponte-alla Leccia.

Gîtes d'antimoine du cap Corse. — Il existe trois concessions de minerais d'antimoine au cap Corse :

La concession d'Ersa, commune d'Ersa, arrondissement de Bastia, 222 hectares, qui date de 1851 ;

Celle de Luri-Castello, commune de Luri, arrondissement de Bastia, 652 hectares, 1863 ;

Celle de Meria, commune de Meria, arrondissement de Bastia, 464 hectares, 1858 et 1891.

Les gîtes de sulfure d'antimoine sont assez irréguliers. Ils forment des veines, lentilles ou amas lenticulaires interstratifiés, dans les schistes, à leur contact avec les calcaires siluriens au voisinage des serpentines.

La puissance du gîte irrégulier exploité près de Castagnone a varié de 0^{m}50 à 2 mètres.

L'exploitation en ce point a été plusieurs fois arrêtée, faute de moyens d'épuisement suffisants. Le gîte était reconnu à plus de 50 mètres de profondeur.

Dans cette région, le sulfure d'antimoine est associé au sulfure de mercure. Des veines de cinabre ayant assez de continuité ont été reconnues sur plusieurs centaines de mètres.

La teneur en antimoine des minerais riches et triés a varié de 50 à 55 o/o.

Gîtes cuivreux de Castifao, Moltifao, Ponte-alla-Leccia. — Bien que les serpentines offrent des traces de cuivre sur un grand nombre de points, il paraît exister une zone cuivreuse mieux caractérisée, parallèle au contact des granites et schistes anciens, et à l'Est, d'une ligne tracée de Castifao à Corte.

Deux concessions existent dans cette région :

Celle de *Ponte-Leccia*, communes de Cannavaggia, Piedigriggio, Morosaglia, valle di Rostino, Castello di Rostino et Saliceto, arrondissement de Corte, 1,864 hectares (1861) ;

Celle de Linguizetta, communes de Linguizetta et Tox, arrondissement de Corte, 672 hectares (1855).

Les gisements sont essentiellement irréguliers et peu reconnus à Ponte-alla-Leccia. Des pyrites de cuivre et des sulfures se rencontrent dans les fissures des serpentines ou de l'euphotide, avec une gangue argileuse et quartzeuse.

Dans les argiles, les minerais de cuivre sont en nodules. Quelquefois la roche verte est mouchetée.

Des poches argileuses avec minerais existent au contact des roches serpentineuses.

A *Linguizetta*, c'est le cuivre natif qui paraît dominer et qui imprègne la roche éruptive.

Il existe quelques anciens travaux dans ces régions, mais nous croyons qu'il n'a jamais été fait des recherches méthodiques et importantes.

Nous signalerons encore dans l'arrondissement de Bastia deux concessions de cuivre :

Celle de Cardo, commune de Bastia, 236 hectares 1868.

Celle de Frangone, commune d'Olmeta-di-Tuda, 457 hectares, 1878.

Les gisements sont de même nature et aussi peu reconnus.

Quelques concessions ont été obtenues sur des indices de galènes pauvres en argent, telles que : Prato, commune de Barbaggio, arrondissement de Bastia ;

St-Augustin, commune de Castifao, Tartagina, etc.

Minerais de fer. — Une concession de minerais de fer a été accordée en Corse : Farinole et Olmeta, arrondissement de Bastia, 1,075 hectares, 1849.

On signale des minerais de fer à Farinola, Olmeta, Orchino, Arone, Poggiolo, Sagona, Lento, Castifao. Ces minerais, provenant sans doute de la décomposition des pyrites de fer venues avec les serpentines, paraissent devoir être en gisements peu importants.

CHAPITRE VIII

Province de Malaga

Le terrain primitif, dans le sud de l'Espagne, a été particulièrement étudié par M. Macpherson, par MM. Michel Lévy et Bergeron, en 1885, lors de la mission d'Andalousie relative aux tremblements de terre. Il comprend des gneiss glanduleux, des gneiss micacés, des schistes amphiboliques et pyroxéniques, des chloritoschistes, des schistes à séricite, des schistes micacés grenatifères.

On rencontre des amphibolites dans la Sierra Nevada, des calcaires cristallins et dolomitiques dans les Sierras des environs de Malaga.

Ces terrains ont été traversés par des granulites, des pegmatites, des diorites, des norites ou lherzolites en dykes énormes, dans la région de Malaga.

Des serpentines accompagnent les norites et proviennent de leur altération.

La norite, d'après les observations de MM. Michel Lévy et Bergeron, perce les schistes sériciteux et chloriteux supérieurs et est traversée par des filons de granulites.

Le précambrien est représenté probablement par les schistes supérieurs qui renferment des conglomérats, des dolomies, des quartzites.

Le silurien inférieur (cambrien) très puissant dans la Sierra Morena, où il est composé de calcaires et de schistes, existe aussi dans les environs de Marbella, ainsi que sur le versant sud de la Sierra Nevada, du moins on lui attribue des schistes et calcaires sur lesquels nous reviendrons.

Le permien a été généralement confondu avec la partie inférieure du trias, mais MM. Michel Lévy et Bergeron lui ont attribué des conglomérats et grès rouges reposant sur les schistes anciens dans la région de Malaga.

Le trias, bien caractérisé dans le sud-est de l'Espagne, présente tantôt le faciès des marnes irrisées avec gypse, sel, ophites; tantôt un faciès particulier de schistes satinés avec calcaires cristallins dans lesquels M. J. Gonzalo y Tarin a découvert des fossiles du muschelkalk, dans la Sierra de Gador. On l'observe dans toutes les sierras que nous allons examiner.

Le jurassique et le crétacé, représentés par des marnes et calcaires, existent autour du plateau central et ont rempli la dépression du Guadalquivir.

Au pied des sierras calcaires, l'éocène nummulitique est venu se déposer à stratification discordante.

Ce dépôt, à la suite des plissements pyrénéens, a été porté jusqu'à 1.300 mètres d'altitude.

Les molasses miocènes reposent sur l'éocène à stratification discordante. Des conglomérats puissants datent de la fin de cette période de mouvements du sol moins intenses que ceux de la fin de l'éocène.

Le miocène moyen, généralement peu plissé, se montre

cependant jusqu'à 700 mètres d'altitude dans la Sierra de Ronda.

Le relief du sol était à peu près ce qu'il est aujourd'hui, lors du dépôt du pliocène qui fut relevé sur quelques points jusqu'à 100 mètres d'altitude.

La province de Malaga est caractérisée par les gîtes de fer oxydulé des environs de *Marbella*, encaissés dans le grand massif primitif, situé au nord des villes d'Estepona et Marbella.

Ce massif a été décrit par MM. Michel Lévy et Bergeron (mission d'Andalousie 1885).

La coupe géologique (*pl. 9, pag. 303*), indique sa constitution géologique.

Le terrain primitif comprend des gneiss à Cordiérite, des gneiss et micaschistes avec intercalations d'amphibolites et de bancs de dolomies quelquefois énormes qui caractérisent cette région.

Les cipolins de même âge de St-Béat (Haute-Garonne) et du Simplon, dans les Alpes, sont beaucoup moins puissants. L'âge de ces dolomies a été très discuté.

Les savants que nous venons de citer les considèrent comme MM. Macpherson et Gonzalo y Tarin, comme appartenant au terrain primitif, ainsi que l'indique la coupe.

La formation supérieure, comprenant des schistes micacés avec bancs de quartzites et conglomérats, est rapportée avec doute au cambrien, par MM. Michel Lévy et Bergeron.

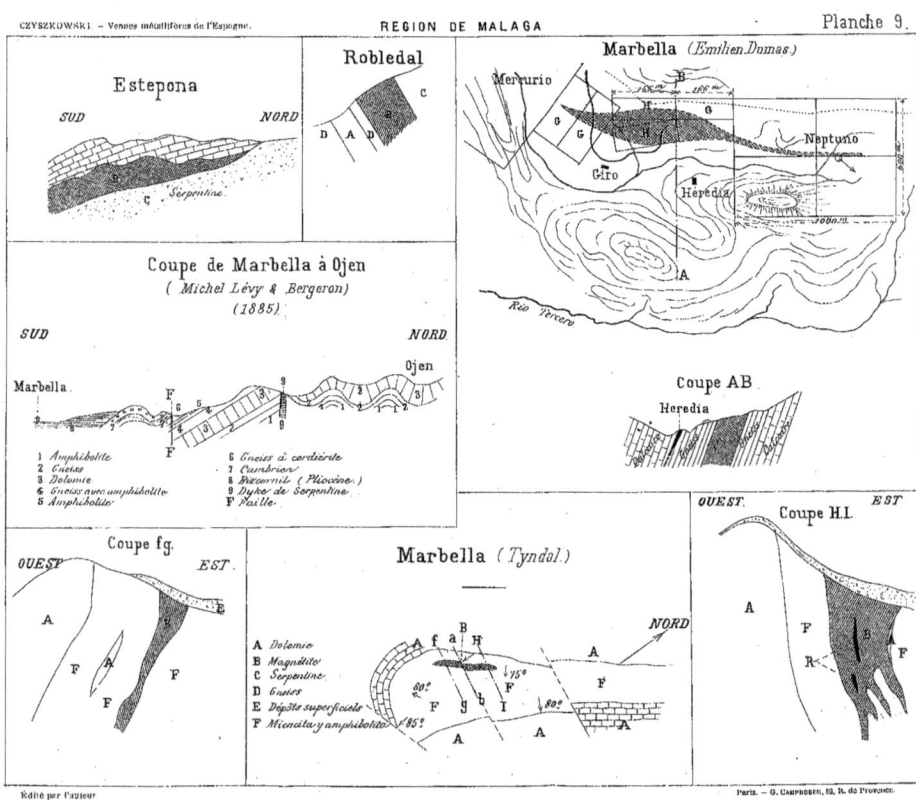

Emilien Dumas, en 1863, avait exprimé l'opinion que les grès et conglomérats pouvaient appartenir au terrain houiller.

Le pliocène inférieur recouvre ces terrains presque horizontalement près de Marbella.

Il faut remarquer, dans cette coupe, un dyke de serpentine, provenant de la décomposition des norites qui est sur l'horizon de la mine de fer de Marbella. En général, ces norites sont en relation avec les gîtes de fer oxydulé et sont traversées, ainsi que les terrains primitif et précambrien, par des granulites.

On a considéré cette venue de norites et lherzolites comme très récente d'abord, puis très ancienne.

Notre avis est que le phénomène pourrait bien être permien.

Le type de ces norites serait à los Peñones, sur la rive droite du ruisseau Alfraguara, près de Tolox, mais on rencontre diverses variétés suivant l'absence ou la diminution de l'un des quatre éléments principaux : péridot, diallage, bronzite ou anorthite.

La couleur généralement verte devient brunâtre avec l'abondance de bronzite.

Gîtes de Marbella. — Emilien Dumas a étudié, en 1863, les gîtes de fer oxydulé magnétique de Marbella.

Le filon-couche qu'il décrit est intercalé dans les gneiss décomposés et fortement redressés qui sont encaissés entre des calcaires blancs cristallins à grandes facettes.

L'amas lenticulaire s'étend sur environ 1.000 mètres d'étendue.

Dans les concessions Giro et Hérédia, la puissance a atteint 60 mètres, avec intercalations de roches stériles, mais il y avait 20 mètres de minerai complétement pur.

La partie puissante s'étendait sur 500 mètres environ, la partie rétrécie de 1^{m}90, dans la concession Neptuno, avait aussi 500 mètres.

Nous reproduisons le croquis d'Emilien Dumas et la coupe normale au gisement. (*pl. 9, pag. 303*).

A 1 k. 1/2 de Marbella un banc de minerai de 0.50 à 0.70 était connu.

Dans la concession Mercurio on observait des filets de minerai oxydulé dans les calcaires.

Le minerai est quelquefois pyriteux et cuivreux.

De son côté, M. Tyndal décrit les gîtes de Marbella dans la *Revista minera* (1893) n° 1447. Nous extrayons le plan d'une lentille importante de minerai et deux coupes (*pl. 9, pag. 303*) a ses extrémités, qui indiquent bien la forme et l'allure de ce gisement en profondeur.

Il est encaissé dans les micaschistes et amphibolites probablement supérieurs aux calcaires qui recouvrent les gneiss encaissant le gîte décrit par Emilien Dumas.

Les masses de fer oxydulé magnétique renferment des noyaux d'amphibolite qui forme pour ainsi dire la gangue.

Des masses lenticulaires de dolomies se rencontrent aussi au contact du minerai.

Avec la magnetite on rencontre quelquefois des pyrites et pyrrhotines.

M. Tyndal pense que ces minerais se sont formés par voie de substitution et considère leur âge comme indéterminé.

Il donne les trois analyses suivantes :

Peroxyde de fer	68.04	70.40	59.43
Protoxyde de fer	21.37	21.96	24.17
Ox. de mn.	1.40	traces	0.22
Silice	2.60	0.30	7.13
Alumine	3.42	1.50	2.46
Chaux	0.20	traces	0.44
Magnésie	1.18	3.36	5.41
Soufre	0.04	0.04	0.07
Acide phosphorique	0.01	»	0.02
Eau et acide carb.	1.74	2.44	0.65
	100	100	100
Fer métallique	**64.25**	**66.36**	**60.40**

El Robledal ou Robledar. — Émilien Dumas signale un gisement très reculé au col de Robledar.

Au sommet des vallées du Rio Verde et du Rio Guadeza, se trouve le col de Robledar, massif de la Sierra de Tolox, d'après la carte géologique d'Espagne, et sur le versant septentrional du massif montagneux composé de lherzolite et norite, se trouve un filon de fer oxydulé magnétique, passant près de la source de la Gitana.

Dirigé N.-O. S.-E, il a 5 à 6 mètres de puissance.

M. Tyndal indique un gisement probablement dans les mêmes parages à El Robledal à 20 kilomètres au nord de Sⁿ Pedro de Alcantara à 1.350 mètres d'altitude.

Ce gisement, dirigé Est-Ouest, aurait une étendue considérable. (*pl. 9, pag. 303*).

Estepona. — M. Tyndal donne la coupe reproduite même page, d'un gisement à Estepona qui est au contact des calcaires et de la serpentine.

Istan. — Enfin, on signale des gisements dans le Rio Verde, à 10 kilomètres de la mer, près d'Istan.

Des filons de norite ont été signalés dans cette localité.

Il nous suffira de faire ressortir que les minerais de fer oxydulé magnétique de la région de Marbella se trouvent tantôt dans les gneiss, tantôt dans les micaschistes et quelquefois dans les calcaires, pour prouver qu'ils n'appartiennent à aucune couche ancienne et que le phénomène de leur dépôt s'est produit postérieurement aux terrains encaissants.

Leur relation avec la norite et les serpentines provenant de leur altération tend à prouver que la venue de fer a suivi de près l'éruption des roches. Tout cela concorde bien avec ce que nous avons observé dans la région du Pedroso et sur le plateau central.

Il y a bien une différence entre les roches basiques du plateau central, qui sont des diabases ophitiques, et les norites, qui sont des roches plus basiques, mais nous n'y attachons aucune importance. Nous ne voulons voir que des variétés de la scorie interne de notre planète. Ces roches sont probablement de même âge et appartiennent au grand phénomène hercynien.

On a signalé, dans la province de Malaga, des gîtes de cuivre, de bismuth et de fer chromé qui n'ont pas paru importants et qui appartiendraient au même phénomène.

Manganèse de Periana. — Enfin, près de Periana et au centre de la région éprouvée par le tremblement de terre du 25 décembre 1884, au pied de la Sierra Tejeda, on signale des minerais de manganèse dont plusieurs échantillons analysés par M. Parreño à Carthagène ont donné de 35 à 55 o/o de manganèse

4 à 10 o/o de silice

0,06 à 0,18 de phosphore.

La venue de ces minerais de manganèse est probablement miocène et appartiendrait au phénomène de Huelva et Ciudad Real.

CHAPITRE IX

Province de Grenade

§ 1. — LA GRANDE ZONE OU CHAÎNE MÉTALLIFÈRE DU SUD-EST DE L'ESPAGNE

La grande zone ou chaîne métallifère du Sud-Est de l'Espagne s'étend de Grenade à Carthagène.

Dans la région de Malaga il n'y a guère que les minerais de fer magnétique des environs de Marbella qui méritent d'être signalés et que nous considérons comme appartenant aux manifestations des phénomènes hercyniens du plateau central espagnol.

Ces phénomènes métallifères n'auraient pas affecté, à notre avis, la chaîne métallifère de Grenade à Carthagène déjà émergée à cette époque géologique.

Le massif primitif de la Sierra Nevada dirigé Est-Ouest se prolonge à travers la province d'Almeria par les Sierras de los Filabres, de Torre-Bayabona et d'Almagrera.

Son prolongement oriental a disparu sous la mer vers la fin de l'époque pliocène, à la suite de l'effondrement méditerranéen, de même que le prolongement oriental des Pyrénées s'est effondré dans le golfe du Lion à Perpignan et Port-Vendres.

Il existe des gîtes métallifères jusque dans l'axe de la Sierra Nevada et sur son versant occidental dans les calcaires triasiques qui l'entourent aux environs de Grenade, mais c'est surtout dans les contreforts situés au sud et au nord du massif qui constitue pour ainsi dire les Pyrénées du sud de l'Espagne que l'on rencontre le plus grand nombre de gisements.

Dans la région septentrionale, nous trouvons la Sierra Harana avec des indices de fer oxydulé magnétique de plomb et de zinc au milieu du terrain jurassique de Montillana, les mines d'argent du Molinillo, la zone calaminaire des Sierras de Huétor et de Santillan à la base des calcaires triasiques, puis aux environs de Guadix les gîtes de cuivre de Jerez-Lanteira, ceux de fer d'Alquife, Hueneja, les anciennes mines de plomb, zinc, mercure de la

Sierra de Baza, les gîtes de mercure de Dolar et de Ferreira ; plus loin, on signale de l'étain et du mercure à Bayarque. On rencontre ensuite les gîtes de fer de Bacarès et de Cobdar, ceux des Sierras de Almagro, Enmedio, Aguaderas, Almenara : les mines de fer, plomb argentifère, zinc, mercure, des environs d'Aguilas, Morata, Mazarron, enfin la Sierra de Carthagène avec les mêmes minerais et plus au Nord les gisements de plomb et zinc de Lorca, Totana, ceux de fer oxydulé magnétique de Caravaca-Cehejin.

Dans la partie méridionale nous trouvons la grande région métallifère des Alpujarras avec les gîtes de fer de Busquistar, ceux de mercure des environs de Castaras et les grands gisements plombeux et calaminaires des Sierras de los Guajares, de Lujar, de la Contraviesa et de Gador. Puis avec leurs mines de fer les Sierras Alhamilla, Cabrera, Bedar et enfin la Sierra Almagrera, avec ses riches mines de plomb argentifère.

On peut grouper ces mines ainsi :

Principaux gîtes métallifères du Sud-Est de l'Espagne

Province de Malaga. — Gîtes de fer oxydulé magnétique d'Estépona, Marbella, Robledar, Istan.

Manganèse aux environs de Periana.

Province de Grenade (Sierra Nevada). — *Région Nord.* — Plomb et zinc de la Sierra Harana à Montillana, Trujillos, mine d'argent du Molinillo, calamines de

Huetor et Santillan, Monachil, Lubia, Dilar, gîtes cuivreux argentifères de Jerez-Lantéira, Guejar-Sierra, gîtes de fer d'Alquife et Hueneja, gîtes de plomb, zinc mercure, de la Sierra de Baza, mercure à Dolar et Ferreira.

Région Sud. — Grand gîte de fer du Cerro del Conjuro, Busquistar, zone cinabrifère de Almegijar, Castaras, Timar, zone plombeuse et calaminaire des Sierras de los Guajares, de Lujar, de la Contraviesa, de Gador.

Province d'Almeria (Sierra de los Filabres). — *Région Nord*. — Etain et mercure à Bayarque, gîtes de fer oxydulé de Bacarès et Cobdar, gîtes de fer des Sierras de Almagro, Enmedio, mines de plomb argentifère de la Sierra Almagrera, gîtes de manganèse et fer de los Terreros et du rio Almanzora, las Herrerias.

Région Sud. — Gîtes de fer des Sierras Alhamilla et Cabrera, de la Sierra de Bedar, gîte de plomb du Pinar, gîtes et indices métallifères du Cap de Gate.

Province de Murcie (chaîne centrale). — *Région Nord*. — Gîtes de fer des Sierras de Aguaderas, Almenara, avec les gîtes de fer d'Aguilas, Morata, mines de plomb argentifère de Mazarron, de mercure des environs d'Aguilas, gîtes de plomb et zinc des environs d'Aguilas et Totana, de fer oxydulé de Caravaca, Cehéjin, mines de fer, manganèse, plomb argentifère, zinc, étain, de la Sierra de Carthagène.

Région Sud. — Effondrée sous la mer, et Algérie.

A ce tableau nous croyons devoir joindre celui des

principales venues métallifères que nous avons pu distinguer dans le midi de l'Espagne.

Venues métallifères dans le Sud-Est de l'Espagne

Venues anciennes. — Peu représentées :

Or de la Sierra Nevada, fer oxydulé de Hueneja, Bacarès, Cobdar.

Venues tertiaires. — *A. Fin de l'eocène.* — Après le soulèvement ou plissement des Pyrénées et de la Sierra Nevada.

> Venue de fer spathique : Sierra Nevada, Alquife, Busquistar, Sierras Alhamilla, Cabrera, Bedar, Almenara (Morata), Cartagena.
>
> Venue de fer spathique et cuivre : Sierra Nevada, Guejar, Jerez-Lanteira, Trevelez.
>
> Venue de fer et sulfures divers. Plomb et calamines de Grenade, Baza, Alpujarras, mercure de Castaras, Aguilas. Dolar, Baza.

B. Fin du miocène. — Après le soulèvement ou plissement des Alpes.

> Venue de fer silicaté et sulfures divers de Carthagène :
>
> Région de Carthagène.
>
> Venue de fer manganésifère et manganèse :
>
> Cartagena, Mazarron, Sierra Almagrera.

Venue de fer manganésifère et sulfures argentifères :
Cartagena, Mazarron, Almagrera.

C. *Epoque pliocène* :

Venue de sulfures peu importante :
Cap de Gate, ophites d'Algérie.

La venue A a affecté l'eocène dans la province d'Almeria et les gisements sont recouverts par le miocène.

La venue B a affecté le miocène et les trachytes de Carthagène et Mazarron.

Le pliocène recouvre les gisements.

Les marnes du miocène supérieur intercalées dans le cailloutis ou block-formation de Grenade supérieures aux molasses, sont argentifères d'après M. Dron, ingénieur.

Parmi les gisements que nous venons de signaler, il en est quelques-uns qui sont associés à des ophites ou roches vertes dont l'âge est difficile à déterminer.

Au Molinillo, près de Grenade, les gîtes de plomb argentifère et cuivre sont au voisinage d'une roche verte que l'on pourrait considérer comme triasique. Mais à Montillana la roche verte est en plein terrain jurassique et a amené du fer oxydulé. La galène et la calamine existent aussi aux environs.

A Caravaca et Cehejin, province de Murcie, nous avons étudié des gisements de fer oxydulé magnétique associés à des roches ophitiques qui traversent le trias mais qui affectent des calcaires supérieurs jurassiques.

Une venue ophitique après le dépôt des marnes irrisées

est indiscutable en Espagne, mais y a-t-il eu une venue métallifère consécutive ? Nous en doutons et nous ne voyons pas, en somme, d'arguments sérieux en faveur de cette venue triasique. Nous devons cependant signaler la possibilité de son existence en quelques points.

Si les calcaires triasiques ou considérés comme tels sont si souvent minéralisés dans le sud-est de l'Espagne, c'est qu'ils étaient au voisinage de la surface dans les régions émergées où se produisaient les sources minérales à l'époque tertiaire et il n'y avait, le plus souvent, pas d'autres calcaires dans les sierras de cette époque. Cependant, dans la province d'Almeria, nous avons pu constater que d'autres calcaires ont été minéralisés et qu'ils appartiennent aux terrains : primitif, cambrien et éocène.

§ 2. — LA SIERRA NEVADA

La chaîne métallifère du sud-est de l'Espagne comprend dans sa partie occidentale le grand massif montagneux de la Sierra Nevada avec ses contreforts des environs de Guadix, au Nord, et ceux des Alpujarras, au Sud.

La Sierra Nevada, plus élevée que les Pyrénées atteint 3.481 mètres d'altitude au pic Mulhacen. Elle a été étudiée par MM. Gonzalo y Tarin, et de Botella, en 1882, puis par MM. Charles Barrois et Albert Offret, en 1885, lors de la mission relative aux tremblements de terre et par bien d'autres savants.

Sa structure géologique a paru difficile à expliquer. Les couches sont peu inclinées, peu plissées, presque horizontales sur d'assez grandes étendues, tandis que dans ses contreforts au Nord et au Sud, les terrains qui recouvrent les schistes primitifs sont, au contraire, fortement plissés et relevés jusqu'à la verticale, laissant voir parfois dans l'axe de leurs plis, le prolongement des schistes cristallins de la Sierra Nevada.

Les roches de cette sierra sont d'origine énigmatique, d'après MM. Barrois et Offret. Les éléments clastiques font défaut dans les schistes cristallins qui la constituent et qui rappellent des roches métamorphiques de Bretagne et des Alpes, au voisinage des granites et dans des régions plissées.

Il n'y a ici ni granites ni plissements pour expliquer les phénomènes métamorphiques.

La structure géologique du massif montagneux nous paraît pouvoir être expliquée en le considérant comme un môle fort ancien, limité par des fractures, qui a pu être recouvert en partie par le cambrien.

Les oscillations verticales se produisaient suivant ces fractures et les efforts de refoulement horizontaux agissant sur les extrémités de couches horizontales ont pu produire ces roches froissées, avec plis aigus ou rides irrégulières que l'on observe entre les bancs dont la stratification est restée pour ainsi dire régulière.

Ce môle, plus ou moins recouvert de roches attribuées au cambrien, est resté émergé aux époques carbonifère et permienne. Il n'a pas été plissé et on n'y rencontre pas de gîtes métallifères hercyniens.

A l'époque où se produisit l'affaissement du Guadalquivir, des dépôts triasiques vinrent le recouvrir plus ou moins.

Le massif montagneux est resté émergé encore en totalité ou en partie, durant les temps secondaires.

C'est à la fin de l'éocène qu'il a été fortement plissé sur ses bords et qu'il a pris à peu près son relief actuel en même temps qu'au nord de l'Espagne se formait la chaîne des Pyrénées.

Les éruptions de roches et les venues métallifères tertiaires ont affecté le sud-est de l'Espagne et, à la suite d'affaissements du sol, les dépôts miocènes et pliocènes se sont avancés aux pieds des contreforts, recouvrant une partie des gisements qui venaient de se former.

Tel est à notre avis le résumé de l'histoire géologique de la Sierra Nevada et de la chaîne métallifère du sud-est de l'Espagne, dont la partie orientale s'est effondrée et a disparu sous la mer à la fin du pliocène.

La coupe générale des terrains dans les Alpujarras serait la suivante :

Trias. — Calcaires bleus, souvent dolomiques. (Muschelkalk, d'après les fossiles rencontrés à Gador par M. Gonzalo y Tarin et déterminés par M. Lucas Mallada).

Cambrien. — Schistes micacés et quartzites, schistes satinés, schistes, grès et calcaires dolomitiques.

Primitif. — (Pas de fossiles, filons quartzeux granulitiques).

Micaschistes grenatifères.
(Schistes cristallifères, avec zones d'amphibolites, dolomies, serpentines dans la Sierra Nevada).

§ 3. — LES GÎTES MÉTALLIFÈRES DE LA SIERRA NEVADA

Gîtes de fer. — La venue de minerai de fer de la fin de l'éocène est représentée sur le versant Nord par les minerais d'Alquife. Ces minerais se sont substitués aux calcaires. Nous n'avons pas visité ces gisements en raison de leur éloignement de la mer, mais aujourd'hui ils présentent plus d'intérêt à cause de leur situation à 10 kilomètres de la station de la Calahorra du chemin de fer de Linarès à Almeria, située elle-même à 90 kilomètres du port d'Almeria.

Ces minerais seraient assez purs et renfermeraient de 50 à 52 o/o de fer environ. On rencontre dans la même région des minerais beaucoup plus anciens intercalés dans le terrain primitif et à l'état de fer oligiste ou oxydulé : ce sont les minerais de Hueneja.

Nous devons les renseignements suivants à l'obligeance de M. Roux qui nous a communiqué le résultat d'une étude faite par MM. Nigout et de Langlade, ingénieurs.

Les gîtes sont en couches dans les schistes cristallins, dans les calcaires et au contact de ces roches.

Le gîte de la mine Purisima Concepcion s'étend sur

300 mètres en direction. Il a 30 mètres de puissance en deux couches de 12 à 18 mètres, séparées par 14 mètres de stérite ou mélange de roche et minerai.

Le minerai est à l'état d'oligiste compacte pur ou mélangé d'hématites et de fer magnétique (los caballos).

Voici une analyse de l'oligiste de Purisima Concepcion, d'une seule tranchée :

Silice	5.75	
Alumine	2.30	
Peroxyde de fer . . .	85.05	
Ox rouge de manganèse .	0.43	fer métallique
Magnésie	traces	59.63 0/0
Soufre	»	
Phospore	»	
Perte au feu	5.75	

Léon Rioult

Dans la mine voisine (los Caballos) à l'est de Purisima, le minerai, mélange d'hématite et magnétique, s'étend sur 200 mètres en direction N.-S. et sur 28 à 30 mètres de largeur. Il incline de 40° vers l'Est.

Il a donné à l'analyse :

Silice	3.05	
Alumine	0.85	
Peroxyde de fer . . .	81.66	
Ox. rouge de manganèse	0.62	fer métallique
Magnésie	0.36	57.16 0/0
Soufre	0.10	
Phosphore	traces	
Perte au feu	10.30	

Léon Rioult

La distance de Hueneja-Station à Almeria est de 70 kilomètres.

Sur le versant sud de la Sierra Nevada, il existe des gisements de minerais de fer parmi lesquels le plus important du sud-est de l'Espagne, celui du Cerro del Conjuro, près de Busquistar.

La coupe (*pl. 5, pag. 175*), indique l'allure de ce gisement encore inexploité qui est une réserve pour l'avenir.

L'amas est connu sur plus de 500 mètres sur le versant N.-O. du Cerro del Conjuro. Sa puissance atteint 50 mètres.

Il plonge sous les calcaires triasiques jusqu'à une distance inconnue.

Suivant que les calcaires étaient plus ou moins encaissés dans les schistes cambriens à l'origine, ce gisement sera plus ou moins puissant et important.

A la Tafna, à Morata et sur d'autres points visités par nous, avant et après les travaux de reconnaissance, les gîtes ont été beaucoup plus encaissés que ne l'indiquait l'examen de la surface.

Le gîte de la Tafna, par exemple a atteint une épaisseur que personne n'aurait osé espérer. Ce gisement, de plus de 10 millions de tonnes fût offert au prix de 1.200.000 francs à une Compagnie française qui le refusa.

Celui du Conjuro paraît aussi important. Il y avait un

point d'émergence des sources minérales génératrices au pied de la Sierra-Nevada et au contact du terrain primitif, suivant une grande faille qui met en contact les micaschistes et les schistes cambriens, recouverts à stratification discordante et transgressive par les calcaires triasiques.

La formation des calcaires métallifères est enclavée dans les schistes cambriens sous forme de plis et ondulations qui forment autant de thalwegs et bas fonds encaissés par une roche complètement imperméable.

Cette observation est capitale et a la plus grande importance au point de vue du dépôt des sources minérales qui sont arrivées à la surface par des fractures et y ont produit les minerais de fer, plomb, zinc, que nous étudions aujourd'hui.

Cette observation nous permettra d'expliquer pourquoi sur la Sierra-Nevada constituée de roches imperméables et où il n'y avait pas de calcaires, les eaux minérales n'ont pu former de grands dépôts de minerais comme dans les Sierras de Gador et de Lujar. Il faut bien le reconnaître, l'influence de l'imperméabilité des roches qui encaissent des calcaires, sur le mode de gisement des minerais et sur l'importance de ces gîtes de substitution est évidente. Il y a là plus qu'une théorie, il y a une vérité géologique.

L'allure du gîte des Alpujarras est facile à expliquer. Le minerai de fer s'est substitué au calcaire au contact de la roche imperméable du terrain sous-jacent (cambrien).

Les gîtes ne plongent donc pas dans la formation schisteuse, ou bien ils forment des amas au contact des calcaires et des schistes, ou bien ils sont superficiels, reposant sur les schistes. C'est en effet ce que allons constater.

Exceptionnellement une assise calcaire intercalée dans les schistes argileux a pu être minéralisée et il s'est formé des gîtes dans le genre de ceux du Canigou, dans les Pyrénées-Orientales. L'origine des gisements est la même qu'à Bilbao.

Ici le calcaire repose sur les schistes imperméables cambriens, à Bilbao, il repose sur un grès imperméable beaucoup plus récent, crétacé.

Dans ces régions, l'une au Sud, l'autre au Nord de l'Espagne, les sources ferrugineuses minérales sont arrivées à la même époque géologique. Le mode de formation des minerais est pour ainsi dire le même. Il y avait dans les deux cas des thalwegs ou bas fonds qui ont été suivis par les eaux minérales venues bien postérieurement au dépôt des terrains et après que ces terrains avaient été préparés, ondulés ou disloqués par divers mouvements géologiques.

Des roches éruptives d'âge tertiaire se rencontrent pour ainsi dire à chaque pas dans les régions ferrifères de Bilbao et du sud-est de l'Espagne, particulièrement dans les provinces d'Almeria et de Murcie ; des roches vertes ophitiques ou diabases et des roches trachytiques.

Dans la région qui nous occupe on ne rencontre pas

de trachytes, du moins ils ne sont pas connus, mais nous avons rencontré des roches ophitiques vertes au pied du Conjuro et autour d'elles des gîtes de gypse. Des sources minérales alcalines paraissent en relation avec ces roches ophitiques au pied de la Sierra-Nevada.

Ce sont les plissements de la fin de l'eocène, contemporains du plissement pyrénéen, qui ont ondulé, disloqué et pour ainsi dire préparé les terrains avant l'arrivée des sources minérales et ont donné à la région son relief actuel, sauf l'approfondissement des vallées, les glissements de terrains qui se produisent encore de nos jours. Les villages situés au Nord d'Orgiva ainsi que Lanjaron sont sur des terrains mouvants. On est effrayé en traversant les rues étroites de ces villages, en voyant des murs crevassés, lézardés, plus inclinés que la tour de Pise, et des maisons dans un tel état de délabrement qui sont encore habitées.

La formation calcaire ainsi encaissée dans les schistes cambriens est très discontinue, très disloquée, très irrégulière. Elle représente pour ainsi dire les ruines du terrain triasique. Sa puissance devient parfois très grande. Les gîtes de minerai de fer qui ont pris la place de ces calcaires doivent donc présenter des caractères analogues.

Lorsque les calcaires étaient bien encaissés et que les eaux minérales ont pu séjourner, il s'est formé de gros gisements comme celui du Cerro del Conjuro.

Lorsqu'au contraire ils n'étaient pas encaissés et formaient soit un plan horizontal, soit des plans inclinés sur le flanc des Sierras, les eaux minérales n'ont pas accompli leur œuvre de minéralisation et il ne s'est formé que de petits gisements ou de simples taches sur les calcaires. (Prados de Villareal).

Ces taches n'indiquent pas toujours des gîtes sousjacents, ainsi que l'avait formulé un ingénieur anglais, M. Stephens, pour la région de Morata :

« Cette colline, disait-il, en commun avec toutes les
« autres, peut se comparer à une orange ayant une
« écorce extérieure alors que l'intérieur est du minerai
« de fer. Frappez où vous voudrez à travers la pierre cal-
« caire, vous arriverez immédiatement au minerai et à
« des endroits où on s'y attendait le moins. Dans toutes
« les galeries exécutées, nous n'avons pas trouvé une
« seule exception à cette règle. »

Le fait est vrai si l'on se place sur les grands gîtes de fer, et les galeries dont parle M. Stephens étaient dans ce cas.

La galerie n° 3 sur le gîte du Conjuro est dans le même cas, comme nous le verrons, vers l'extrémité occidentale du gisement.

Quelquefois les eaux minérales ont suivi des cavernes, des joints de stratification ou des fractures dans les calcaires supérieurs et il s'est produit des gîtes en amas, filons-couches, filons tout particuliers qui ne se prolongent pas dans les schistes. Mais dans ces gîtes il faut remarquer que la minéralisation est bien moins complète. Les gisements les plus riches, ceux où la minéralisation a été complète, correspondent toujours aux massifs calcaires fortement encaissés dans les schistes imperméables et ayant la forme soit d'une tuile, soit d'un entonnoir ; ce sont des thalwegs ferrifères.

Nous dirons enfin qu'étant données une telle origine et une telle allure des gisements, on comprend que pour un œil peu exercé, pour un ingénieur qui n'a pas étudié les gîtes analogues du bassin méditerranéen la forme de ces dépôts de minerais soit parfois difficile à saisir dans des explorations généralement rapides.

C'est ainsi que l'on a cru voir dans le sud-est de l'Espagne tantôt des lambeaux d'une immense couche de fer disloquée, tantôt des filons d'une très grande puissance.

En réalité il n'y a ni les uns ni les autres, et on s'explique ainsi les erreurs commises et les opinions si divergentes d'hommes qui ont certainement chacun leurs mérites.

Ainsi que nous venons de le dire, le calcaire peut être dans un état de minéralisation plus ou moins avancé. Il y a donc des minerais plus ou moins riches dans une même région.

Dans les Alpujarras on doit en effet distinguer le minerai des crêtes qui est plus pauvre, qui s'est formé à la surface et qui représente, pour ainsi dire, l'écume des minerais de fer de qualité des Alpujarras.

Sa teneur en fer n'atteint pas la teneur commerciale ou d'exportation 50 o/o. Ce minerai ne donne que 40 à 45 o/o de fer. Il renferme quelquefois des traces de cuivre.

Le minerai qui s'est formé souterrainement sous les calcaires et dans les bas fonds ou thalwegs dont nous venons de parler est complètement différent. Il est noir, friable, manganésifère, pour ainsi dire sans gangue. Tout le calcaire a disparu. La substitution du fer au calcaire a été complète. Un peu d'argile a été amenée par les eaux minérales elles-mêmes, soit postérieurement par des eaux venant de la surface. Il n'y a ni cuivre, ni sulfures.

Il y a donc un certain rapport entre l'importance d'un gisement, la qualité et la richesse de son minerai.

Ces observations ne s'appliquent pas seulement aux Alpujarras. Il en est de même à Morata, à Bédar, ainsi qu'en Algérie.

Description du gisement del Conjuro (1). — Je reproduis ici le plan que je viens de relever à la boussole de poche et qui est suffisant pour une étude d'ensemble, mais il ne faut pas y chercher un relevé mathématique des détails ; par exemple, une galerie tortueuse, comme on en fait souvent en Espagne, sera représentée par sa direction moyenne. On peut distinguer, sur l'affleurement du gisement, quatre régions distinctes : A, B, C, D que je vais décrire. (*Voir pl. 10, pag. 325*).

région A. Parcourons ce gisement qui s'étend sur plus de 500 mètres sur le versant occidental du Cerro del Conjuro.

Le point de départ de la concession de San-Augusto est situé entre les grandes crêtes de fer au point le plus

---

(1) Extrait de notre rapport annexe de février 1897.

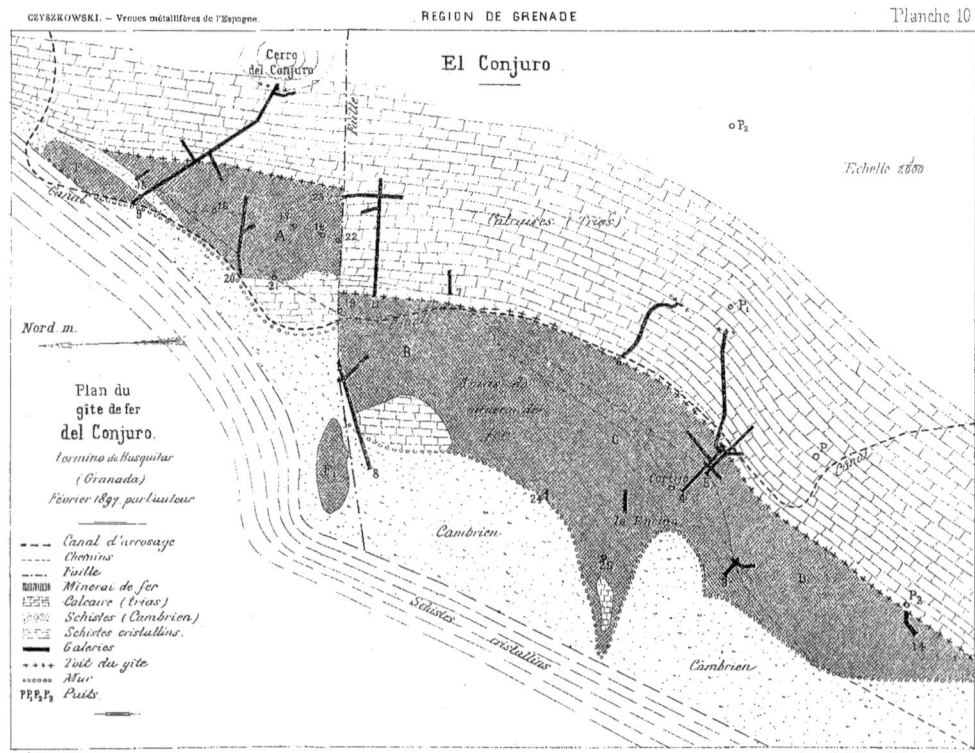

élevé, au nord du gîte dans la région A. Après avoir étudié ces crêtes F, on pourra visiter une galerie en descente n° 15 du plan, de 15 mètres, située au point de départ même et au mur du gisement. Le minerai y est dur et veiné de carbonate de chaux. A 20 mètres environ, un peu au-dessus, une amorce de galerie de 3 mètres montre le minerai noir, plus tendre au contact du toit.

Si on descend au niveau du canal d'arrosage, situé à plus de 10 mètres au-dessous du point de départ, en contournant les crêtes F, on pourra observer, dans ces crêtes même, du calcaire incomplètement minéralisé. Aussi faut-il bien se garder d'assimiler les crêtes de la surface à la masse centrale du gisement. Elles sont moins riches, 50 o/o environ, et ne forment qu'une partie infinitésimale de l'ensemble. Elles sont moins riches parce que la minéralisation est restée incomplète sur les bords de la lentille ferrifère, tandis que cette dernière représente, en somme, du calcaire complètement épigénisé en minerai de fer, et la teneur atteint et dépasse 60 o/o de fer ou manganèse.

L'entrée de la galerie n° 9 est au niveau du canal.

Cette galerie ancienne, qui date de plus de 20 ans (1) avait traversé 7^m50 de minerai, 15 mètres de schistes du mur, puis 63^m50 en plein minerai. Sa direction est sensiblement Nord-Ouest Sud-Est.

Les 15 mètres de schistes étaient complètement éboulés mais les 63^m50 dans le minerai, à l'abri de l'air depuis

---

(1) Nous l'avons visitée en 1877.

plus de 20 ans, étaient en parfait état de conservation. Après avoir fait traverser avec peine les 16 mètres éboulés nous avons pu arriver au front à 86 mètres de l'entrée.

Nous avons fait aussitôt exécuter quelques travaux intéressants. A gauche et à 40 mètres de l'entrée, une galerie perpendiculaire est restée à 13^m10 dans le minerai dur veiné de carbonate de chaux analogue à celui de la descente n° 15, mais plus riche.

Ce minerai a donné 51 o/o de fer et 7,30 o/o de manganèse, soit en tout **58.30** o/o.

Cette galerie prouve que le gisement s'étend encore vers le Nord-Est à une distance inconnue bien qu'à la surface le minerai n'affleure pas.

Sur la droite, à 50 mètres de l'entrée, nous avons fait commencer une descente pour aller toucher le mur. Elle avait le 6 février 28^m50 de longueur et son extrémité encore en plein minerai, était à 9 mètres verticalement au-dessous du n° 9.

L'analyse du minerai de cette descente a donné un résultat magnifique : 53,11 o/o de fer, 9.02 de manganèse, total **62.13** o/o.

Enfin, à l'avancement, nous avons fait obliquer à gauche pour aller toucher le toit. Après 15^m50 ce toit a été atteint et suivi en direction sur 11^m80 et en descente sur 8 mètres.

Il résulte de ces travaux que le toit est régulier et incline en moyenne de 30°. Le minerai reste homogène, pur et riche jusqu'au calcaire où la séparation est brusque.

La teneur en fer est de 53 o/o. en manganèse 5.62 total **58.62** o/o, d'après les analyses nouvelles. Les anciennes donnaient 55 o/o de fer environ et 4 o/o de manganèse dans cette galerie n° 9.

L'inclinaison sous les calcaires, dans la direction du Cerro del Conjuro et non vers l'entrée, avec une telle régularité est un fait important à noter et indique que le gisement au lieu de se fermer, s'ouvre pour ainsi dire, sous la montagne ainsi que nous l'avons prévu et annoncé.

La masse de minerai A si importante et si riche, a été reconnue, en outre, par une galerie n° 30 au même niveau qui a atteint 36^{m}60 restant en plein minerai.

Commencée près d'un noyau calcaire non minéralisé elle avait pour but de montrer qu'il ne se prolongeait pas dans la masse de minerai. Une descente prise à 19^{m}50 de l'entrée l'a atteint à 16 mètres et à 6^{m}60 verticalement au-dessous du n° 30. Ce noyau calcaire disparaît donc probablement en profondeur.

Enfin des tranchées n° 16 — 17 — 18 — 22 — 23, ont mis à nu le minerai noir manganésifère sous les éboulis de la surface.

Sous les calcaires du toit existait une exploitation fort ancienne et des scories indiquent que le minerai était traité sur place.

Le n° 21 montre le minerai reposant sur le noyau calcaire non minéralisé. Les n°ˢ 19, 22 et 23 montrent une faille qui coupe le calcaire et le minerai.

Au n° 19, sur le chemin de Trevelez, on voit le toit du gîte qui a été abaissé de 22 mètres verticalement par cette faille.

La coupe A *(Pl. 11, pag. 329)*, indique l'allure du gisement dans cette partie où la puissance est d'au moins 50 mètres. On peut espérer la voir augmenter en profondeur lorsque le noyau calcaire aura disparu.

L'analyse du n° 23 a donné : fer 50.49, manganèse 10,39. soit en tout **60,881** o/o ; c'est le point du gîte qui a donné la plus forte teneur en manganèse.

La moyenne des tranchées 17 et 18 a donné : fer 54.60, manganèse 6,16 soit en tout **60.76** o/o En résumé, dans cette région A, le gisement est magnifique, son inclinaison est régulière et de 30° environ vers le Sud-Est, sa puissance de 50 mètres avec chances d'augmentation. Il n'y a pas de parties stériles dans la masse, mais seulement un noyau calcaire, près de l'affleurement correspondant aux crêtes F.

La qualité du minerai est exceptionnelle ainsi que l'ont confirmé les analyses nouvelles.

RÉGION B. — La région B présente aussi un grand intérêt, à la surface le gîte n'est presque pas apparent car il est recouvert d'éboulis et de croûtes calcaires. Un noyau analogue à celui de la région A existe au contact des schistes. Enfin la faille dont nous venons de parler limite cette partie du gisement au Nord. Deux galeries, l'une

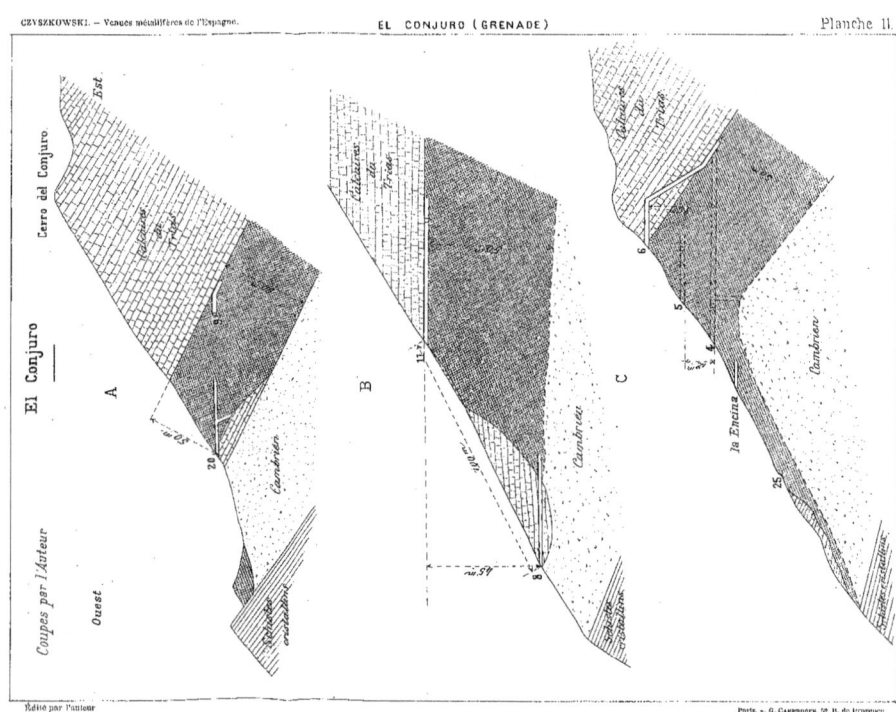

au toit le n° 11, l'autre au mur le n° 8, distantes verticalement d'environ 45 mètres ont donné des résultats importants.

La galerie n° 11, prise dans le toit et dirigée vers l'Est a suivi un mélange de calcaire et de minerai sur 28 mètres, puis le minerai pur sous le toit calcaire jusqu'à 66 mètres de l'entrée.

Le toit est à peu près horizontal dans cette partie. A 54 mètres de l'entrée, deux galeries perpendiculaires dirigées l'une au Nord, l'autre au Sud ont été poussées la première à 25 mètres dont le front est toujours en plein minerai, la seconde à 10 mètres dans le minerai, le reste dans le toit. L'inclinaison devient plus forte en ce point.

Au n° 8, après 40 mètres dans le stérile, on a atteint le minerai, ce qui est fort important à considérer car la puissance serait encore ici de plus de 40 mètres. Mais cette galerie n'est pas accessible et nous ne pouvions la faire relever en aussi peu de temps. C'est un travail à reprendre. La coupe B indique l'allure du gîte. Si le contact des schistes du mur n'est pas horizontal, la puissance dans cette partie peut être de plus de 50 mètres. La continuation des travaux en profondeur sera donc fort intéressante.

Le minerai de la galerie 11, a donné 54 o/o de fer 4 à 5 de manganèse soit en tout **58 à 59** o/o.

Région C. — Si nous passons à la région C, les crêtes de minerai de fer reparaissent à la surface et descendent fort bas dans un thalweg remarquable jusqu'au contact des schistes cristallins et on y voit aussi des noyaux calcaires, mais cette pointe, vu ses faibles dimensions présente peu d'intérêt au point de vue du tonnage.

Une tranchée n° 25 a constaté la présence du minerai en place sous les éboulis.

La galerie de la *Encina* (le chêne) n'a été poussée qu'à 14 mètres dans un minerai très friable.

Il y avait en ce point une ancienne exploitation et une forge. On y trouve beaucoup de scories.

Les travaux importants ont été exécutés par les galeries 4 et 5 dans la partie où la lentille commence à diminuer de puissance en allant vers la limite méridionale du gisement. Notre coupe C donne une idée du dos d'âne formé par les schistes.

La *galerie n° 4* avait 36 mètres horizontalement. A 32 mètres de l'entrée, nous avons fait prendre une galerie se dirigeant vers le toit et qui l'a atteint après 62^{m}50 en plein minerai, soit à 94^{m}50 de l'entrée. Le toit est là fort incliné et n'était pas reconnu à notre départ.

Une descente à 26^{m}50 de l'entrée prise sur la gauche a touché le mur après 32^{m}50 en plein minerai et à 10^{m}50 verticalement au-dessous.

Une galerie horizontale de 14 mètres prise à droite est restée en plein minerai dur et massif.

La *galerie n° 6*, prise dans le toit, avait suivi le calcaire sur 21 mètres horizontalement, puis sur 27 mètres avec une inclinaison de 40°. Elle a alors touché le minerai et l'a suivi vers le contact du toit. C'est le travail le plus mal exécuté du Conjuro, assez difficile à visiter, mais accessible cependant.

La galerie n° 5, située 12 mètres verticalement au-dessus du n° 4 avait été prise en descente et poussée à 36ᵐ50.

A 17 mètres de l'entrée et à droite, une galerie de 16 mètres est restée au minerai sous les croûtes calcaires de la surface, ainsi qu'une autre, à gauche, de 10 mètres.

Le minerai de la région C, est un peu moins riche. Les analyses ont indiqué une teneur de **56** o/o de fer et manganèse. Il est cloisonné et à l'état d'hématite brune plus particulièrement.

Région D. — La région D est une de celles où un observateur peu expérimenté pourrait croire à une partie stérile. Le calcaire ferrugineux existe presque partout, mais le minerai pur est au-dessous ainsi que l'ont prouvé les galeries de droite de 4 et 5, et la galerie n° 3, qui après avoir percé des concrétions calcaires a atteint la masse et a suivi le toit et le minerai sur 15ᵐ50 jusqu'à l'avancement, 13 mètres à droite, 6ᵐ50 à gauche.

Enfin, au **n° 14,** non loin de la limite sud du gisement, une descente a suivi le minerai sous les calcaires jusqu'à 14 mètres. Un puits de 6ᵐ50 a été aussi exécuté en ce point en suivant un minerai noir, manganésifère et calcaire à **52** o/o environ.

L'inclinaison paraît forte en ce point et on peut se

demander s'il n'y aurait pas eu un glissement sur le toit du gîte.

NATURE DES MINERAIS. — Les travaux que nous venons de faire exécuter, les analyses anciennes ou nouvelles, indiquent que les parties A, B et une bonne fraction de C. c'est-à-dire la *plus grosse partie du gisement*, donneront un minerai à **59 ou 60** o/o *de fer ou manganèse*, dont 52 à 53 de fer, 6 à 8 o/o de manganèse et que les parties sud, C et D, donneront un minerai à **56** o/o environ, dont 2 à 4 de manganèse. La teneur en phosphore ne paraît pas dépasser 0,01 o/o dans tous les échantillons.

Il y a un peu de soufre, en proportion variable, mais peu élevée en général, depuis des traces jusqu'à 0.10, 0.20.

Ce corps est facile à éliminer en métallurgie. Il y a aussi un peu de chaux, de magnésie et d'alumine.

Quant à la proportion de silice elle est de 2 à 5 o/o dans les minerais riches et ne dépasse guère 7 à 8 o/o.

L'eau et l'acide carbonique atteignent 8 à 12 o/o.

Les minerais du Conjuro sont donc des minerais de qualité exceptionnelle.

Il suffira pour s'en rendre bien compte de les comparer aux minerais de Bilbao, Tafna, Bedar, Morata, Carthagène, Beau Soleil (Var), décrits dans le présent ouvrage.

Après les descriptions qui précèdent, l'importance du gîte du Conjuro est évidente. Les 700 mètres de galeries accessibles en plein minerai permettent de constater que la masse est homogène, son inclinaison régulière sous les calcaires, la puissance de 50 mètres et peut-être plus.

Le minerai dominant du Conjuro sera donc plus riche que les meilleurs minerais du bassin méditerranéen. C'est un peroxyde de fer dans le genre de la vena qui fut si recherchée à Bilbao et si vite épuisée. La vena renfermait environ 60 o/o (teneur commerciale) était noir, pulvérulent et manganésifère.

L'exploitation donnera des minerais friables, menus, pulvérulents dans une certaine proportion qu'il est difficile de déterminer dans l'état actuel des travaux.

Du reste, tout les minerais de qualité du bassin méditerranéen présentent cet inconvénient.

Gîtes cuivreux. — Les gîtes de cuivre ne sont pas rares dans la Sierra-Nevada et nous citerons trois centres de gisements :

Jerez-Lanteira à 1,100 et 1,300 mètres d'altitude sur le versant Nord.

Guejar-Sierra, dans le haut de la vallée du Génil, à partir de 1.800 mètres d'altitude environ.

Trevelez, dans les régions plus élevées de la Sierra.

Il y a à Jerez-Lanteira un réseau de 10 filons dont 8 à Jerez, 2 à Lanteira encaissé dans les schistes cristallins dont l'inclinaison se rapproche parfois de l'horizontale.

La venue de fer spathique tertiaire a été accompagnée de sulfures de cuivre.

Dans la première phase du phénomène, les filons ont

reçu du fer spathique avec pyrite de cuivre ; dans la seconde, du cuivre gris argentifère. On a cru remarquer une direction particulière pour les filons pyriteux N.-S. sensiblement et pour les filons pyriteux avec cuivre gris des directions N. 15° E. à N. 35° E. La puissance est de 0,80 à 1 mètre.

On s'est demandé si les filons avec cuivre gris étaient des croiseurs et on a voulu voir plusieurs systèmes de filons. Nous ne sommes point de cet avis. Tous les filons sont remplis de fer spathique avec pyrite cuivreuse. Le cuivre gris est venu à la fin dans des régions particulières de ces filons.

Le cuivre gris est irrégulièrement réparti et on ne le suit en direction que sur des étendues peu considérables. Les travaux faits par la Compagnie de Jerez-Lanteira sont relativement peu importants sur les filons.

Les affleurements ne sont connus que sur 5 à 600 mètres. A Lanteira, un travers-bancs de 400 mètres a été exécuté à la cote 1,235. Les travaux s'étendent sur environ 250 mètres en direction et 100 mètres de profondeur de la côte 1,320 à la côte 1,210. A Jerez les filons sont étudiés aussi sur 250 mètres en direction et 100 mètres de hauteur et 1.100 à 1,000 mètres. D'après M. Terraillon qui a publié un travail sur ces mines dans l'*Industrie Minérale* t. 5 (1891) pendant une durée de 4 mois d'exploitation à Jerez, le mètre carré du filon Santa-Anna aurait donné 300 kilog. de pyrite à 27 o/o de cuivre. La teneur moyenne du minerai étant de 8,55 o/o de cuivre.

A Lanteira l'ensemble des deux filons pendant la

même période de 4 mois aurait donné des minerais à 6,74 o/o de cuivre et 8 k. 111 d'argent à la tonne de cuivre.

Le mètre carré aurait donné 123 kilog. de minerai.

La pyrite de cuivre se trouve plus particulièrement au toit et au mur des filons avec 0,02 à 0,10 de puissance au contact des salbandes d'argile. On la trouve aussi en mouches dans la masse de fer spathique.

On rencontre parfois des sulfures de cuivre à l'état pulvérulent.

Le cuivre gris, surtout près de la surface, a donné quelquefois des teneurs en argent de 8 à 10 kilog. à la tonne de minerai.

La pyrite n'est pas argentifère.

Le quartz est très rare ou absent.

La zone altérée des filons va jusqu'à 80 mètres de profondeur.

A 15 kilomètres de Guejar-Sierra, dans la vallée du Génil, en janvier 1889, nous avons pu arriver jusqu'à 1,800 mètres d'altitude, à la limite des neiges, et visiter ce groupe de mines. Les filons sont dirigés N.-O. ou N.-N.-O. et sont de même nature. La gangue est de l'hématite provenant du carbonate de fer. Les travaux accessibles étaient rares et ces filons nous parurent assez riches en cuivre.

Nous avons vu là deux filons, Andreina et Teresina d'un groupe de mines situé dans la vallée du Genil et séparé par le Rio Guenon de celui de la Société " La Estrella ".

C'est le filon Teresina, paraît-il, qui donna en 1850 des minerais à plus de 10 kilog. d'argent qui servirent de prétexte à la spéculation qui fit monter à 20,000 fr. les actions de la Société Madrilène.

La neige ne nous permit pas de visiter les mines de Capilaire et Trevelez et nous nous empressâmes de redescendre à Guejar et de regagner Grenade située à 15 kilomètres.

La teneur des minerais à Jerez-Lanteira est devenue de plus en plus faible et n'était que de 2 à 3 o/o de cuivre.

Les filons paraissent donc s'appauvrir en profondeur, contrairement à l'opinion admise dans le pays et ce serait dans la partie haute de la Sierra, entre les cotes 1,200 et 3,481, que les filons seraient plus riches. Aucune exploitation méthodique n'y a encore été entreprise.

Gîte de plomb argentifère de Molinillo. — Le gisement de Molinillo est encaissé dans les schistes cambriens. Ces schistes, micacés ou argileux, sont traversés par des roches vertes ophitiques, dans la vallée de Molinillo.

Une zone d'altération qui renferme des conglomérats avec débris de roche verte et beaucoup d'argiles ferrugineuses présente en un point dans la concession St-Paul plusieurs petits filets de minerais stratiformes.

Des travaux d'exploitation sur 120 mètres en direction et 35 mètres de hauteur environ furent entrepris par le propriétaire, M. de la Puente de 1880 à 1888.

La galène qui se trouve en nodules dans l'argile est très argentifère.

Malgré une préparation mécanique défectueuse et des pertes considérables d'argent, les minerais vendus pendant ces huit années renfermaient de 50 à 60 o/o de plomb et 2, 3 et 4 kilos d'argent à la tonne de minerai.

Une galerie, prise 80 mètres au-dessous des affleurements, a été exécutée par une petite Société au capital de 150.000 francs. Cette galerie, prise dans une zone stérile, n'a rien rencontré.

En présence de ce résultat, doit-on considérer le gisement du Molinillo comme reconnu ?

Certainement non, à notre avis. Une seule recherche a été faite sur l'horizon métallifère. On peut en tenter d'autres fort intéressantes, à notre avis, à l'est et à l'ouest de la mine St-Paul.

La vallée du Molinillo nous parut fort intéressante à étudier lors d'une visite rapide en 1889. La forte teneur en argent des minerais plaide certainement en faveur de nouvelles études méthodiques mais qui doivent être basées sur l'origine du gisement et non sur un programme élaboré en France.

Gîtes plombeux. — Une venue plombeuse très importante a affecté la région à 25 kilomètres de l'axe de la

Sierra Nevada, tant au Nord dans la Sierra de Baza, qu'au Sud dans les Alpujarras.

Dans la Sierra de Baza on rencontre les anciennes mines de Romeral, Caniles, los Palos. Les calcaires triasiques existent dans la partie occidentale de cette sierra, tandis que le terrain primitif occupe la partie orientale.

Baza est sur le pliocène qui limite la sierra au Nord, tandis qu'à l'Est le diluvium vient recouvrir le trias et s'étend jusqu'à Guadix, Hueneja, Fiñama, dans la vallée du Rio Almeria, constituée par la grande faille de Guadix à Almeria qui sépare le massif de la Nevada de celui de los Filabres dans la province d'Almeria.

Au Sud, dans les Alpujarras, la galène est fort abondante dans les Sierras de Gador, de la Contraviesa, de Lujar, de los Guajaras.

Les parties des gisements voisines de la surface ont été exploitées et les travaux vont parfois à 1.000 ou 1.200 mètres au-dessous des affleurements.

Les gisements principaux sont dans les calcaires triasiques, affectant toutes les formes : filons, filons-couches, amas.

La galène n'est pas argentifère.

Gîtes calaminaires. — Les gîtes de zinc sont à l'état de calamines mélangées de sulfures : blende et galène. La calamine paraît provenir le plus souvent de l'altération des blendes.

On connaît des gisements dans la Sierra de Baza, dans les environs de Gor, venta del Baul, culler de Baza, Léon de la Plata, corral del Padre, et sur le versant de l'Almanzora. Sur le versant méridional de la Nevada il en existe des gisements sur la zone plombeuse des Alpujarras et aux environs d'Albuñol et de Motril.

Dans la partie orientale, du côté de Grenade, on en a exploité à Monachil, près de Lubia, de Dilar, Malvizar, etc.

Au nord de Grenade, des gîtes sont étudiés mesurés plus de 10 kilomètres, dans les Sierras de Huetor et Santillan.

Les calamines de Grenade sont assez pauvres. La teneur varie entre 17, 28, 30, 32, 36 et 38 o/o de zinc à l'état cru.

Elles sont associées aux calcaires cambriens et triasiques.

Gîtes de mercure. — Les gîtes de cinabre commencent à être étudiés sérieusement dans le sud-est de l'Espagne, il en existe aux environs de Baza, au Cerro de Quintana, au sud de Guadix, à Dolar et Ferreira.

Une zone cinabrifère, parallèle à la Sierra Nevada, ayant 8 à 10 kilomètres, d'Almejijar à Timar, et passant par Castaras paraît intéressante.

Trois petites usines ont été construites : l'une au nord d'Almejijar, les deux autres termino de Castaras.

Les gisements sont fort curieux, on ne distingue aucun filon caractérisé. Les calcaires dolomitiques du trias renferment des veines de cinabre de quelques centimètres,

Les roches de la région sont parfois imprégnées. Des argiles remplissant des fentes, des joints de stratification, renferment de 3 à 20 o/o de cinabre invisible à l'œil nu. Il suffit de diluer ces argiles dans l'eau pour le voir apparaître. Les fentes ou cassures des calcaires sont parfois remplies d'arragonite présentant le cinabre au toit et au mur quelquefois associé à la galène.

Ces gisements sont des stockwerks. La teneur varie de 0.50 à 1, 2 et 3 o/o de mercure.

Une petite usine existe à Castaras et appartient à MM. Parera et Cie.

Les travaux sont encore peu développés sur les mines et on a commencé partout par la fin, c'est-à-dire par la construction de l'usine. Il y a aussi une petite usine aux environs d'Aguilas.

Gîtes d'or. — Il nous reste à signaler les gîtes d'or de la province de Grenade.

L'or a été rencontré dans la Sierra Nevada, dans les roches amphiboliques et grenatifères entre Veleta et Mulhacen.

Il n'y a pas de filons aurifères et d'après M. Guillemin Tarayre, la masse entière du micaschiste est imprégnée d'or. Il n'est pas impossible que la venue granulitique qui a affecté la région ait amené un peu d'or. Quoiqu'il en soit, les alluvions de Grenade sont aurifères et ont depuis longtemps attiré l'attention des observateurs.

A Grenade, des millions ont été dépensés en installations par la maison Goupil de Paris, mais on n'a pas produit encore d'or. L'entreprise paraît même abandonnée. La teneur en or sur laquelle on croyait pouvoir compter, de 2 à 3 grammes par tonne, se réduirait peut-être à 0.50 ou 0.75 de gramme. Avec une teneur de 2 grammes, l'affaire eut été très fructueuse.

La venue de l'or paraît ancienne et n'appartient pas, à notre avis, aux phénomènes métallifères tertiaires.

Au point de vue industriel nous dirons :

1° Les gîtes cuivreux argentifères de la Sierra Nevada ne peuvent guère être exploités actuellement avec les bas cours du cuivre. Il faut donc les laisser pour le moment. Peut-être pourrait-on tenter quelques recherches dans les parties hautes de la sierra, où le cuivre gris est très argentifère.

2° La mine de plomb argentifère du Molinillo mérite d'être étudiée, car son minerai renferme parfois 4 kilos d'argent à la tonne.

3° Les mines de plomb ne sont certainement pas épuisées, mais des travaux coûteux par travers-bancs ou par puits sont nécessaires pour aller rejoindre les parties encore vierges des gisements.

Les mines de la Sierra de Lujar pourraient être reprises si le chemin de fer projeté des mines de Busquistar à Calahonda était construit. Il en résulterait une économie de plus de 15 francs par tonne sur les transports actuels de la mine de los Cariles, située près d'Orgiva.

4° Les gîtes de calamines pourraient aussi être exploités

avec des moyens de transport. On peut citer ceux de la zone de Huetor-Santillan, situés à 12 ou 13 kilomètres de la station de Huelago du chemin de fer de Linarès à Almeria.

5° Les gisements de cinabre encore peu reconnus méritent une étude sérieuse. Le groupement de certaines mines paraît nécessaire pour augmenter l'importance et la durée de l'exploitation.

6° Les alluvions aurifères de Grenade ne paraissent pas exploitables par les procédés connus à ce jour.

CHAPITRE X

Province d'Almeria

§ 1. — GÎTES DE FER

Le grand massif de los Filabres joue le même rôle géographique et géologique dans la province d'Alméria que le massif de la Nevada dans celle de Grenade. C'est son prolongement, mais un accident géologique, la faille du Rio Almeria, a disloqué et divisé le massif primitif en deux sierras.

Dans la *Sierra de los Filabres* et sur son versant nord, il existe des minerais de fer anciens tels que ceux de Bacarès, de Cobdar.

Sur son versant sud, on connaît des gîtes peu puissants, termino de Gergal, et l'ouverture du chemin de fer de Guadix à Almeria a provoqué leur exploitation.

Nous n'avons pas visité les gîtes de Bacarès, devenus célèbres par les procès auxquels ils ont donné lieu et situés près de Serón, mais nous avons étudié ceux de Cobdar qui donneront une idée de la nature de ces gisements et de leurs minerais.

Le gisement de *Cobdar*, est situé sur la rive droite du Rio de même nom, à une altitude de 650 à 700 mètres environ et à 8 ou 10 kilomètres à vol d'oiseau d'Albanchez, station du chemin de fer d'Aguilas à Baza. Il est encaissé en amas stratiformes dans les schistes cristallins qui sont criblés de petits cristaux de grenat. Nous avons observé trois lentilles de minerai de fer oxydulé magnétique qui quoique disloquées par des failles nous ont paru appartenir à un même horizon ferrifère.

La direction du gisement est sensiblement E.-O. comme les couches encaissantes et l'inclinaison est vers le Nord.

La lentille occidentale a environ 65 mètres de long et se trouve divisée en trois lambeaux par des failles. La puissance varie de 8 à 10 mètres.

Le lambeau central est le plus important et renferme une lentille de micaschiste et beaucoup de grenat en un point.

La lentille suivante n° 2, en allant vers l'Est, a à peu près les mêmes dimensions, mais son inclinaison est plus faible, 40° environ. Le minerai est plus grenatifère.

Enfin, une troisième lentille moins importante renferme du minerai plus impur dans la mine *Capricornio*.

Le minerai de fer oxydulé magnétique plus ou moins grenatifère de la mine *San Emilio* qui renferme les lentilles 1 et 2, a donné les résultats suivants :

	n° 1	n° 2
Matières volatiles.	1.00	1.25
Silice	11.10	19.35
Peroxyde de fer	62.14	54.41
Protoxyde de fer	22.68	20.90
Alumine.	1.34	1.89
Chaux.	0.89	1.17
Soufre.	0.11	0.09
Phosphore.	0.01	0.01
Fer métallique.	61.14	54.48

1ᵉʳ avril 1890. Parreño

Accidentellement on rencontre dans ce minerai un peu de pyrite de fer et de cuivre.

Les gîtes de fer de la Sierra de Bedar. — La Sierra de Bedar, renferme un grand nombre de gîtes de fer qui avaient été peu étudiés et étaient à peine connus lors de notre visite en mars 1890.

Le gisement de *Serena* était exploité par la Cⁱᵉ d'Aguilas, qui après y avoir fait quelques recherches préliminaires, construisit un câble de 15 kilomètres 600 mètres pour le transport des minerais à la mer, à la plage d'embarquement de la *Garrucha* où l'on est arrivé à embarquer 1.500 tonnes par jour de beau temps.

Ce câble marchait en moyenne cinq jours par semaine, les deux autres étant employés aux réparations. Il pouvait transporter dans l'année 200,000 tonnes, ce qui est plus que suffisant, les mines ne produisant guère que 100,000 tonnes.

Depuis notre étude, il s'est créé une nouvelle société « la Empressa Chavarri y Lecoq » qui a construit un chemin de fer à voie de un mètre, de la plage de la Garrucha à la rambla de Bedar, sur 17 kilomètres 290 mètres. Les minerais des deux mines les plus importantes « *Mulata* » et « *La Higuera* » y arrivent par des plans inclinés et des voies secondaires.

Il existe dans cette région une infinité de concessions et nous y avons étudié les mines par groupes ou régions. Nous examinerons les groupes de Serena, de Bedar, du Pinar, d'Albarico, del Chive, de la Mela, d'Almocaizar.

Indiquons d'abord la constitution géologique du pays.

Le terrain primitif occupe la région, soit à découvert, soit recouvert par quelques lambeaux de terrains divers.

Il est constitué de gneiss et de micashistes, passant à des schistes satinés, talqueux, verdâtres, renfermant des veines de quartz, du jaspe, des grenats en abondance, des tourmalines, etc.

La partie supérieure des schistes renferme une couche de calcaire qui à *Serena* a été transformée en minerai de fer sur toute son épaisseur.

Sur le terrain primitif et à stratification discordante,

nous avons observé des lambeaux d'un terrain que nous considérerons comme *cambrien*, composé de schistes et calschistes métamorphiques et de bancs d'un calcaire jaunâtre dolomitique.

L'aspect jaunâtre de cet ensemble de couches est caractéristique. Nous n'y avons pas rencontré de fossiles.

Ce terrain est bien caractérisé au village de Bedar où il renferme le gîte de *Mulata*. Il a subi de grandes dénudations et sur certains points il a une très faible puissance. Nos coupes géologiques donneront une idée de son allure. Il est recouvert à stratification discordante par une formation calcaire qui occupe souvent le sommet des montagnes et qui pourrait bien être triasique comme dans la Sierra de Gador. Ces calcaires sont recouverts eux-mêmes par d'autres calcaires plus récents et puissants.

Enfin, à Serena et au Pinar, nous avons rencontré des lambeaux de calcaires coquillers, appartenant probablement à l'eocène, et qui ont été affectés par les sources minérales ferrugineuses.

Le terrain miocène existe au pied du massif montagneux et renferme des gisements considérables de gypse, tantôt cristallin, tantôt mélangé d'une poussière jaune.

Le pliocène vient recouvrir d'une façon très nette les gîtes de fer dont l'âge est compris entre l'eocène et le pliocène.

Une roche éruptive verte (genre spilite), a transformé les calcaires des environs del Chive en marbres et aux

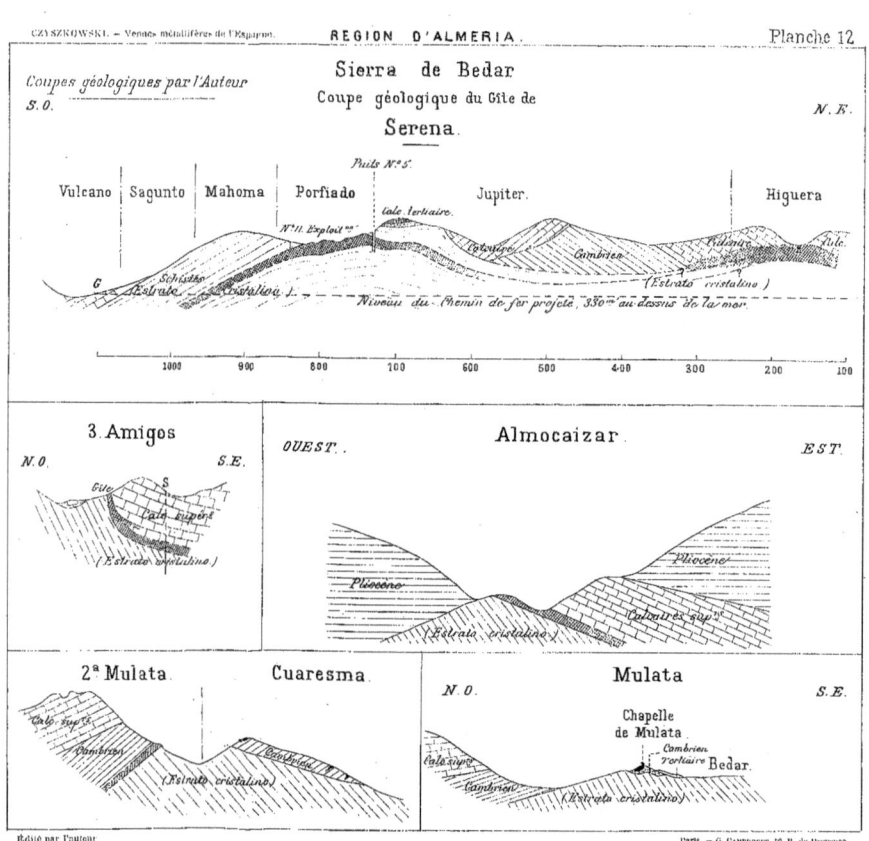

environs de Vera et Antas on rencontre des roches basaltiques récentes (veritas ou limburgites) avec lesquelles les gîtes de fer n'ont aucun rapport.

Groupe de Serena. — Il y a un grand nombre de concessions autour de Serena. Nous en indiquons quelques-unes sur notre coupe géologique.

Le gisement de Serena était peu apparent à la surface et s'annonçait par de grandes taches ferrugineuses. Quelques travaux exécutés par la Compagnie d'Aguilas, avant la construction du câble, avaient indiqué au moins 700.000 tonnes. Il fut reconnu sur 300 mètres de long et 100 mètres de large avec une puissance de 8 mètres.

La coupe géologique que nous donnons (*pl. 12, p. 347*) indique son allure. C'est une couche de calcaire intercalée dans les schistes, qui a été transformée en minerai de fer. Nous avons retrouvé un affleurement de ces calcaires dans la concession «*Sagunto*» avec une puissance de 10 mètres environ, peu minéralisés en ce point ou on ne voit au contact des schistes que quelques crêtes de fer de 0.50 à 1 mètre d'épaisseur.

Le gîte de «*Porfiado*» ne s'étend donc pas jusque-là.

Gîte Sⁿ-Manuel. — Le gîte Sⁿ-Manuel est tout différent. Il s'est formé au contact des schistes et calcaires et suivant des fractures. Sur 300 mètres environ, on l'observe avec une dizaine de mètres de puissance. Le calcaire paraît englobé dans les schistes.

Gîte de la Higuera. — Le gîte de la Higuera était

reconnu par des galeries tortueuses en plein minerai, mais n'allant atteindre ni le toit, ni le mur. Ces recherches, peu intelligentes, étaient insuffisantes pour bien se rendre compte de l'allure du gisement.

Est-il au contact des schistes et calcaires ?

Y a-t-il un gîte analogue à celui de Serena ?

Des travaux étaient nécessaires pour se prononcer. Ils ont dû être faits, nous l'espérons, avant la construction du chemin de fer de Bedar.

Groupe de Bedar. — *Gîte « Mulata »*. Aux environs de Bedar, le terrain cambrien, composé d'une alternance de calcaires et de schistes, repose sur les schistes du terrain primitif. Les calcaires cambriens ont été transformés en minerai de fer, sur des épaisseurs de 20 à 30 mètres, mais la minéralisation n'est pas toujours complète.

Il en résulte des variations de teneur et des intercalations de calcaire dans les masses de minerai.

La chapelle de Mulata est construite sur le minerai qui paraît exister sur tout le flanc nord du mamelon.

Environ 60 mètres au-dessous, la *Cueva oscura*, au niveau du ruisseau de Bedar, a traversé le minerai un peu sulfureux. On y rencontre en effet des pyrites de fer,

De l'autre côté du ruisseau, deux assises calcaires paraissent assez mal minéralisées.

Nous donnerons seulement (*pl. 12, pag. 347*), une coupe géologique de « Mulata ».

Gîte « Segunda Mulata ». — A 500 mètres au S.-O. de Bedar un affleurement de minerai se montre sur environ 100 mètres, reposant sur les schistes primitifs dans la concession Segunda Mulata. Dans la mine *« Cuaresma »*, on voit quelques traces de minerai avec les calcaires.

Nous donnons une coupe géologique de ces mines malgré leur peu d'importance (*pl. 12. pag. 347*).

Dans cette région, les schistes primitifs passent au gneiss et l'allure en lambeaux du cambrien est très nette. Les calcaires supérieurs le recouvrent.

Gîtes « Alerta, Ladislao. » — Dans les mines Alerta, Ladislao, on rencontre quelques affleurements de minerais de fer dont le plus important a 35 mètres de long et 8 à 10 mètres de puissance.

Au N.-O. de Bedar, dans la région des calcaires supérieurs, les mines du quartier de *« las Angoustias »* sont sur des taches de minerais et nous n'avons pas vu de gisements.

Dans les escarpements produits par les vallées, les calcaires ne sont pas minéralisés et le contact avec les schistes est aussi stérile.

Dans le quartier *« del Curato »*, à 3 kilomètres N.-E. de Bedar, près du hameau de *los Olvicos*, il existe quelques concessions qui ont été exploitées et dont les minerais étaient transportés à la Garrucha, pour y être employés comme fondant. Ce sont encore des bancs de calcaires cambriens qui sont minéralisés.

Le gisement de « *3 Amigos* », situé à l'est de Bedar est au contact des schistes primitifs et des calcaires supérieurs. Des travaux anciens existent sur son affleurement.

Notre coupe indique la possibilité d'un gisement sous les calcaires.

Groupe du Pinar. — Nous ne parlerons que d'une mine de ce groupe « *la Pobreza* ».

Comme à *3 Amigos*, c'est le contact des calcaires supérieurs et des schistes primitifs qui est minéralisé. Il existe sur les calcaires de ce quartier des taches de minerai sur lesquelles quelques travaux exécutés par la Compagnie d'Aguilas n'ont pas rencontré de gisements. Ces travaux étaient subordonnés à certaines théories de filons qui n'ont rien à voir avec les gisements de ce pays. On a le plus de chance de rencontrer le minerai dans les thalwegs formés par les calcaires et les schistes et au contact des deux roches.

Groupe d'Albarico. — Les calcaires supérieurs d'Albarico sont encaissés dans les schistes primitifs.

On observe sur ces calcaires quelques taches de minerais et des colorations ferrugineuses aux environs du village d'Albarico.

Groupe del Chive. — A environ 2 kilomètres du village del Chive, les calcaires supérieurs recouvrent le terrain primitif et ont été affectés par une roche verte ayant l'aspect d'une spilite qui, en s'introduisant entre les bancs, les ont transformés en marbres. Quelques lentilles de minerai de fer peu étendues existent dans ces parages. Les calcaires sont parfois dolomitiques et colorés par le fer.

Bien que les lentilles de minerais de fer soient peu reconnues il ne nous a pas paru probable de rencontrer de gros gisements dans cette région.

Les marbres de ce pays sont blancs et très fracturés. Ils ne pourraient servir que pour la confection de dalles ou de petits objets.

Croupe de la Mela. — Dans les environs de la Mela, on rencontre quelques gisements analogues qui ne nous ont pas paru devoir être importants.

Groupe d'Almocaizar. — Enfin, près d'Almocaizar, nous avons visité de petits gisements qui présentent surtout un intérêt géologique. Le pliocène qui les recouvrait ayant été dénudé a laissé voir le minerai de fer au contact des calcaires et du terrain primitif ainsi que le montre la coupe (*pl. 12, pag. 347*).

Les minerais de fer existaient donc à l'époque pliocène. D'autre part, l'éocène a été affecté par la venue ferrugineuse à Bedar et à Serena.

Il est donc très probable que cette venue date de *la fin de l'éocène*.

Les minerais de la région de Bedar sont à l'état pulvérulent ou en roche. Ces derniers doivent être considérés comme des calcaires dont la transformation en minerai de fer a été plus ou moins complète, aussi rencontre-t-on tous les degrés, depuis le calcaire ferrugineux jusqu'au minerai à 57 ou 58 o/o de fer.

Il y a même des minerais pulvérulents qui atteignent 65 o/o de fer. Tout le calcaire a alors disparu sous l'action prolongée des sources ferrugineuses.

Quoique très friables, on distingue encore la texture cristalline du carbonate de fer.

Le gisement de Serena ne donne guère que 20 o/o de gros. Celui de Higuera paraît devoir donner beaucoup de menu.

A Mulata et 3 Amigos, on aura plus de gros, mais des minerais plus pauvres.

Les anciens exploitants recherchaient les minerais pulvérulents et laissaient tout le reste.

La Cie d'Aguilas, suivant cet exemple, laissait le gros dans les déblais et faisait des mélanges.

L'humidité atteint dans ces minerais jusqu'à 12 o/o. Il y a toujours 2 à 3 o/o de manganèse. Voici quelques analyses faites sur nos prises d'essai :

ANALYSES DES MINERAIS DE FER DE LA SIERRA DE BEDAR

DÉSIGNATION	Eau	Silice	Alumine	Chaux	Magnésie	Soufre	Phosphore	Mn.	Fer	Fer et mn.
3 Amigos (brun)	12.20	6.15	1.31	0.55	0.12	0.32	0.03	2.08	53.44	55.52
— noir	12.20	2.55	0.94	1.73	1.26	0.09	0.01	3.24	53.18	56.42
Mulata (haut)	11.66	4.94	1.76	1.98	0.93	0.08	0.01	3.24	51.34	54.58
— (bas)	10.54	5.65	1.23	1.44	0.74	0.07	0.02	3.02	52.69	55.71
Higuera (noir)	5.80	13.85	0.49	0.86	»	0.06	0.05	3.80	51.32	55.12
— (brun)	6.03	10.35	0.80	2.52	0.27	0.12	0.03	2.00	53.84	55.84
El Chive	11.00	1.56	0.75	2.56	1.48	0.07	0.02	3.72	53.77	57.49

Parreño

Les prises ont été faites sur du minerai extrait. A Serena nous avions pensé que l'on pouvait obtenir deux qualités par un triage soigné : un minerai à 60 o/o, genre vena de Bilbao, et un minerai à 52 ou 53 o/o gros et menu mélangés. Il resterait en outre des minerais pauvres.

La teneur moyenne calculée sur les expéditions de la Cie d'Aguilas pendant l'année 1889 a été de 54 1/2 o/o de fer et le prix de vente était de 8 fr. 48 la tonne (par contrat).

Sierra Cabrera. — Le mines de fer de la Sierra Cabrera, inexploitées aujourd'hui, et en partie épuisées, ont eu leur heure de célébrité il y a 35 ans. Les minerais analogues à ceux de Bedar étaient consommés par une petite usine à fer située à la Garrucha et dont l'accès n'était pas facile à en juger par cette phrase du rapport d'Emilien Dumas en 1863 :

« Il m'a été absolument impossible de pénétrer dans l'usine de la Garrucha. »

La mine de la *Fraternidad* ou de Ferreila, située sur le bord de la mer, au sud de la Garrucha, a été exploitée de 1855 à 1865 et aurait fourni environ 300.000 tonnes de minerai. La coupe d'Emilien Dumas indique son allure (*pl. 13, pag. 355*).

A 4 heures de marche de cette mine, l'éminent géologue du Gard, signalait trois groupes de mines sur les gîtes des environs de la Cueva del Pajaro ou de la vallée

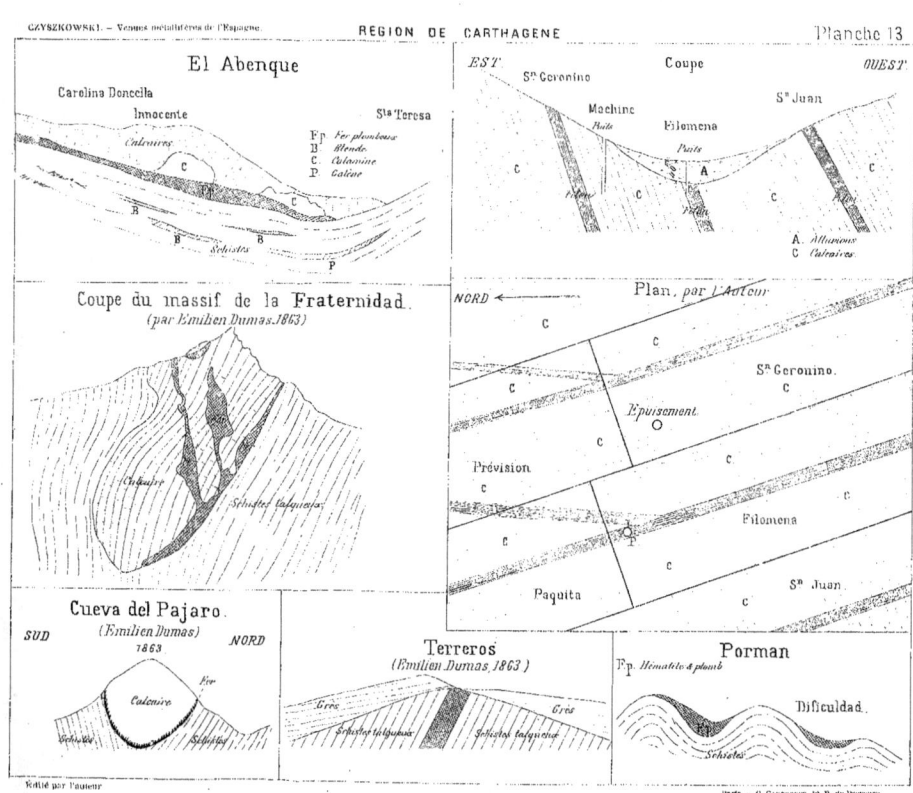

du Rio Alias et connues sous le nom de *mines de Carbonera*.

Le groupe de la *Cadima* est situé dans un bassin hydrographique particulier l'*Arroyo Granadino* et à 5 ou 6 kilomètres du village de la Cueva del Pajaro, dont il est séparé par un col élevé.

Le groupe de la *Cueva del Pajaro* comprenait 5 mines non loin du village et le croquis d'Emilien Dumas indique l'allure des calcaires et des gîtes de fer au contact des schistes.

Le troisième groupe, situé dans la Rambla del Harto, présentait quelques attaques anciennes au pied des crêtes calcaires connues sous le nom de Peñas Negras. On recherchait, paraît-il, du plomb, et Emilien Dumas n'y vit que 0,80 de minerai de fer. Si nous avons parlé de ces gîtes si peu importants c'est que les observations du savant géologue français sont précieuses à recueillir parce qu'elles sont exactes et consciencieuses (1).

Sierra Alhamilla. — La Sierra Alhamilla est sur le prolongement occidental de la Sierra Cabrera. Les gisements de minerais de fer qu'elle renferme sont analogues à ceux de Bedar, mais il y en a de sulfureux, de phosphoreux et peut être plombeux.

N'ayant pas visité cette Sierra nous ne ferons que citer les régions les plus minéralisées, aux environs de Lucainena, Turrillas, Tabernas, Alfaro y los Baños.

Un chemin de fer de 36 kilomètres a été construit,

---

(1) Afin d'obtenir un rapport favorable, il fut offert 100,000 francs à Emilien Dumas qui les refusa.

puis reconstruit, par la maison Borner mais on n'a encore rien exploité.

On peut citer, près des sources thermales de los Baños, une mine pour laquelle on a construit un chemin de fer de 17 kilomètres jusqu'au port d'Almeria et un câble Roets de 1.300 mètres. Elle est reliée par un câble Bleichert à une autre mine appelée Alfaro.

La Sierra Alhamilla a été affectée par la venue de sulfures, mais les filons de galène sont peu puissants et pauvres en argent.

§ 2. — GÎTES DE PLOMB, ARGENT, ZINC, CUIVRE, MERCURE.

Sierra de Gador. — C'est surtout de l'autre côté de la vallée d'Almeria, dans la *Sierra de Gador*, que le phénomène métallifère s'est produit avec une grande intensité.

Les conditions les plus favorables à la production de gîtes importants existaient dans cette région : la présence de calcaires fortement accidentés et encaissés dans une roche imperméable, le schiste, au voisinage de la surface.

Les calcaires appartiennent au muschelkalk, d'après les fossiles recueillis par M. J. Gonzalo y Tarin et déterminés par M. D. Lucas Mallada. Les schistes sont probablement cambriens.

La région ainsi constituée et émergée, à l'époque de la venue métallifère, il devait se former des dépôts dans les vides, fractures des calcaires et particulièrement au contact de ces roches dans les bas fonds ou thalwegs.

La Sierra de Gador atteint 2.316 mètres d'altitude et est comprise entre les vallées d'Almeria et Adra, sur environ 25 kilomètres de long et 12 de large.

L'exploitation fut commencée en 1822 et prit un rapide développement. 1.500 mines, en y comprenant celles des sierras de Lujar et Contraviesa, furent ouvertes, 20.000 ouvriers furent occupés et la production atteignit 40.000 tonnes de plomb par an. Mais la baisse du métal, les événements politiques de 1830 et l'épuisement de certaines mines vinrent modérer cet élan extraordinaire. Dès 1840, il n'y avait plus que 10.000 ouvriers, 6.000 en 1860.

En 1875, lors de notre premier passage dans ces régions, il n'y en avait presque plus et ces mines, jadis si florissantes, étaient dans l'abandon le plus complet.

La production de 1895 a été de 4.830 tonnes.

Les mines sont-elles épuisées? Présentent-elles des chances de reprises? Il est difficile de répondre à ces questions. Les documents sont rares sur les anciens travaux. Nous n'avons trouvé aucune description détaillée de ces mines.

Les exploitations les plus célèbres, dit M. Petitgand étaient dans la partie occidentale, dans les territoires de Dalias et de Berga.

La partie orientale eut des destinées moins brillantes mais cependant des jours d'éclat.

Les calamines, en amas subordonnés aux gîtes de plomb, furent observées par cet ingénieur au Cimarion, dans les barrancos del Negro, de l'Aguilas, district de Dalias; dans la vallée d'Andarrax à Itar, à Instincion et dans le barranco de Ragol.

Les minerais de la Sierra de Gador étaient des galènes et des carbonates de plomb d'une richesse et d'une pureté exceptionnelles. La gangue peu abondante était constituée de chaux carbonatée et fluatée et d'un peu de quartz.

Le minerai massif était vendu comme alquifoux, le minerai de fondeur avait une teneur de 67 à 75 o/o de plomb. La teneur en argent était toujours très faible. Les calamines étaient généralement assez pauvres comme celles des environs de Grenade.

La *Solana de Fondon* a produit, en 1895, environ 460 tonnes de galène.

Dans la Sierra du cap de Gate, quelques mines ont produit 1.840 tonnes de galène ou carbonate. On y a aussi extrait 1.300 tonnes de calamines.

Ces minerais de la Sierra du cap de Gate appartiennent à la même venue que ceux de la Sierra de Gador. Quant à la venue qui aurait suivi les roches basaltiques récentes du cap de Gate nous la croyons insignifiante.

On peut encore signaler, comme manifestation de la venues des sulfures, une sorte de brèche ou plutôt un calcaire dolomitique broyé, qui a été cimenté par la galène ou des sulfures de fer et de cuivre au Pinar de Bedar. Ce gisement est très pauvre et inexploitable.

Sierra Almagrera. — La Sierra Almagrera, célèbre par la richesse de ses filons, est située entre Vera et Aguilas. Son axe dirigé N. 60° E. est parallèle à la côte et situé à environ 10 kilomètres de la mer.

Son point culminant, le Pico de Tenerife atteint 366 mètres d'altitude seulement. Nous avons eu l'occasion de traverser plusieurs fois cette sierra déserte, dont les travaux étaient abandonnés depuis 1888, par suite de l'insuffisance des moyens d'épuisement des eaux.

Une commission d'études, nommée par le gouvernement espagnol et composée de MM. Pablo Garcia Martino, Juan Pié y Allué, Federico Kuntz, Fernando Villasante, fut chargée d'examiner les moyens d'épuisement des eaux de la Sierra Almagrera. A la suite de son étude avec le concours de M. Francisco Isnardi, elle publia son rapport du 24 avril 1890.

La Sierra Almagrera est composée de schistes plus ou moins argileux toujours très altérés et quelquefois micacés, dans lesquels on n'a rencontré aucun fossile. Fortement plissés et à stratification confuse, il est difficile de voir leur direction et leur inclinaison.

Ils paraissent appartenir à la partie supérieure du terrain primitif, strato-cristallin des géologues espagnols.

C'est en 1839 que fut découvert le fameux filon *Jaroso*, par Don Miguel Soler Molina et ses ouvriers Andres Lopez, Perdigon et Pedro Bravo, mais il existait dans la sierra des travaux romains.

Les résultats de l'exploitation du filon Jaroso furent

fort brillants et une véritable fièvre de mines s'empara de la population des environs. Plus de 2.000 concessions couvrirent toute la Sierra. Il en restait en 1890 encore 350 dont le périmètre total est de 1.236 hectares. Malgré une exploitation défectueuse on a extrait pour plus de 200 millions de pesetas de minerai dans les 50 années de 1839 à 1889.

Une venue d'eau thermale (maximum 48° 1/2) fut rencontrée à environ 30 mètres au-dessus du niveau de la mer par toutes les exploitations.

L'épuisement devint la plus grosse difficulté. L'entente entre les divers exploitants fut d'abord impossible, les moyens d'épuisement devinrent insuffisants.

En 1875, le niveau des eaux et de l'exploitation avait atteint — 24^m30 au puits du Barranco del Francès et — 52^m68 au puits d'épuisement n° 1 del Jaroso. La venue d'eau était de un mètre cube par minute.

En 1886, après de nouveaux efforts, le niveau des eaux était de — 65 mètres au barranco del Francès, — 84^m10 au Jaroso et la venue était de 2 mètres cubes par minute. De nouveaux efforts et de nouvelles installations devinrent nécessaires pour entreprendre l'épuisement et l'exploitation d'une nouvelle zone en profondeur.

Le rapport de la commission évalue à 2 millions le capital nécessaire pour l'exécution des galeries au niveau de la mer et l'installation de machines plus puissantes, de façon à arriver à 160 mètres au-dessous du niveau de la mer.

Ce projet est en voie d'exécution et on peut espérer que l'exploitation en profondeur pourra être reprise cette année.

Les filons sont nombreux, on en connaît plus de 5o : leur direction se rapproche de N.-S. et oscille entre N.-E. et N.-O. Ils plongent avec une inclinaison variable de 5o à 70°, tantôt à l'Est, tantôt à l'Ouest. Des variations brusques et des changements de l'Est à l'Ouest indiquent des pressions postérieures au remplissage des fractures.

Plusieurs filons se rejoignent en profondeur. La puissance est très variable; 0,5o, 1, 2, 3, 4 mètres et jusqu'à 13 mètres.

Même avec 0^m5o les filons sont quelquefois fort riches.

Le remplissage est identique dans toute la région. La gangue se compose d'oxyde de fer, d'argile et de sulfate de baryte, mais l'oxyde de fer provient de la décomposition du carbonate qui se montre en profondeur à partir du niveau de la mer.

Au-dessous de ce niveau, le carbonate de fer appelé « *Molinera* » par les mineurs, est la gangue dominante.

Le minerai utile est la galène argentifère, quelquefois antimoniale ou arsenicale. Certains filons renferment beaucoup de pyrite de fer.

Les minerais d'argent et la pyrite de cuivre imprègnent parfois le fer spathique, mais alors, on n'y rencontre pas de galène disséminée ce qui pourrait indiquer une venue postérieure de sulfure d'argent.

On n'a reconnu aucune loi pour la richesse des filons qui est fort variable.

La galène tient de 10 à 78 o/o de plomb et jusqu'à 30 onces d'argent par *quintal castillan* (1) de minerai.

Dans le barranco del Francès, les mines donnaient une teneur de 12 à 14 onces en moyenne, dans celui de Jaroso 8 à 10 onces.

Le rapport de la commission dit que l'expérience acquise paraît indiquer le rendement moyen du mètre carré de filon comme étant de 16 quintaux de minerai à 20 o/o de plomb et 2 onces d'argent au quintal castillan de minerai, ce qui donne une idée de la richesse de la sierra avec ses nombreux filons.

M. Petitgand dit : « aujourd'hui (1861) on peut évaluer que le minerai trié et préparé contient 10 à 12 o/o de galène, produisant au traitement 40 à 50 o/o de plomb et 4 à 5 millièmes d'argent. » Il ajoute que la richesse aurait progressivement diminué ainsi que le titre. *(Revue Universelle 1861).*

Les filons concrétionnés de la Sierra Almagrera paraissent dus au même phénomène, mais quel est l'âge de cette venue métallifère?

A-t-elle suivi l'arrivée des roches les plus récentes du cap de Gate ? Nous ne le pensons pas.

Ou bien faut-il l'attribuer au phénomène de Carthagène et Mazarron qui a affecté les trachytes de cette région ?

(1) L'once vaut 28 gr. 75, le quintal 46 kilog.

C'est notre avis.

Les trachytes de Mazarron sont plus anciens que les roches du cap de Gate.

Le docteur Osann (1) pense que les grandes masses de roches éruptives, les andesites à hornblende et micacées et les dacites sont plus anciennes que le pliocène, mais qu'à cette époque d'autres éruptions se produisirent telles que celles des andesites à augite, des liparites.

Enfin la verite est la roche la plus moderne, bien postérieure au pliocène qu'elle recouvre.

Le pliocène ne renferme pas en général de filons, mais recouvre d'une façon très nette les gîtes de fer de Bedar ainsi que l'indique notre coupe d'Almocaizar. (*pl. 12 pag. 347*).

D'après *Emilien Dumas* (1863) les gîtes de Terreros et Herrerias sont aussi recouverts par les grès tertiaires qui s'étendent au pied de la Sierra Almagrera.

Le *gîte de Terreros* est situé au S.-E. du fort du même nom, placé sur une élévation tertiaire formant un cap assez avancé dans la mer.

Les minerais de manganèse ferrifère sont en amas dans trois petits monticules isolés au milieu de la plaine. On est tout d'abord disposé à les considérer comme tertiaires mais, avec plus d'attention on découvre au centre les schistes talqueux tandis que leur enveloppe extérieure est formée de grès tertiaire comme toute la plaine (*Voir pl. 13 pag. 355*).

(1) Voir explicacion del mapa geologico de España por L. Mallada, tome I.

Le *gîte de las Herrerias*, dans la rambla de Muleria est dans des conditions géologiques tout à fait semblables, mais il est bien plus important. En certains points le minerai renferme du sulfate de baryte et de la silice. Depuis 1863, les affleurements visités par Emilien Dumas ont été exploités. On a rencontré aussi des terres argentifères.

Les mines *Santa-Matilde* et *Virgen de las Huertas* sont inondées par le Rio Almanzora.

Le plan incliné de Santa-Matilde a 150 mètres de longueur avec une inclinaison de 23 o/o.

Dans le voisinage on trouve des roches éruptives analogues à celles du cap de Gate et qui n'ont rien à voir avec la venue métallifère de la Sierra Almagrera, à notre avis.

Les grès pliocènes sont relevés vers le sommet de la sierra. De ces faits et de ce que quelques fossiles récents ont été transformés (1) en minerais de fer ou de plomb Don Juan Pié y Allué (2) a cru pouvoir conclure que tous les gîtes de fer, plomb, zinc du sud-est de l'Espagne étaient d'origine récente et post-tertiaires ! C'est une erreur. Il a dit en outre que les filons de la Sierra Almagrera sont en voie de formation !

Nous signalerons dans la province d'Almeria du mercure à Bayarque dans la vallée de Bacarès. M. Petitgand dit que ces prétendues mines d'étain et de mercure consistent en des roches amphiboliques imprégnées de fer

(1) Probablement à la suite d'actions postérieures au dépôt des minerais.
(2) Sobre los criaderos de Hierro y de Plomo del Levante de España.

oxydulé, de grenat et en mouchetures de cinabre et qu'elles ont servi à faire des dupes.

Enfin au cap de Gate on a signalé des indices de venues métallifères peu importantes qu'il ne faut pas confondre avec celles de Gador dont on trouve des manifestations dans cette sierra du cap de Gate.

CHAPITRE XI.

Province de Murcie.

§ 1. — SIERRA DE CARTHAGÈNE

La région de Carthagène comprend deux formations géologiques distinctes : l'une inférieure et schisteuse, l'autre supérieure et calcaire.

L'inférieure renferme de bas en haut des schistes chloriteux à séricite grenatifères, des quartzites, des schistes siliceux, des phyllades, des schistes argileux et des calcaires. Cette formation est le *estrato cristallino* de la carte géologique d'Espagne.

Elle est recouverte à stratification discordante par une assise de calcaires que l'on attribue généralement au trias comme tous les calcaires métallifères que l'on rencontre sur la côte des provinces de Murcie, Almeria et Grenade depuis les intéressantes découvertes de fossiles de M. J. Gonzalo y Tarin dans le muschalkalk de la Sierra de Gador. Déjà en 1856, MM. de Verneuil et Collomb avaient rapporté tous ces calcaires au trias. Ils avaient reconnu dans les dalles à orthocératites de Carthagène des fossiles qui leur ont fait penser qu'elles venaient de Suède ! Ce sont ces dalles qui avaient fait considérer les terrains de Carthagène comme siluriens. On les avait aussi considérés comme permiens.

Il ne nous paraît pas impossible que, comme dans les Pyrénées, il y ait des calcaires de divers âges occupant cette position des calcaires métallifères sur la côte sud-est de l'Espagne et nous croyons qu'il est prudent de faire certaines réserves sur les points où on ne rencontre pas de fossiles.

Tel est le cas de la région qui nous occupe.

Le miocène et des alluvions quaternaires que l'on rencontre aussi dans la sierra entourent cette montagne au Nord et on rencontre, dans la même région, des roches trachytiques et basaltiques qui paraissent être sur l'alignement de celles du cap de Gate.

Si la constitution géologique des environs de Carthagène paraît simple, il n'en est pas de même des gîtes métallifères de la sierra située à l'est de la ville et qui s'étend sur 30 kilomètres environ jusqu'au *cabo de Palos*. L'examen de cette sierra et des environs paraît indiquer *trois venues métallifères distinctes* caractérisées la première par des fers spathiques ou hydroxydés, la seconde par du fer silicaté, enfin la troisième, par du fer manganésifère.

Chaque venue de fer aurait été accompagnée d'une venue de sulfures.

Le visiteur arrivant à Carthagène cherche d'abord à se renseigner auprès des exploitants et des ingénieurs de la région. Il ne tarde pas à constater des incertitudes et des divergences d'opinions, non seulement sur l'origine et l'âge des gisements ce qui n'est pas rare dans bien des districts métallifères, mais sur la nature même, la position, l'allure de ces *laguenas, azules, manto de los azules,* si caractéristiques de ce pays de mines. S'il parcourt la sierra rapidement, ainsi que cela arrive le plus souvent, il constatera le plus grand désarroi au milieu de ce dédale de mines, d'effondrements, d'excavations, de puits où l'on exploite, soit du fer, soit du manganèse, soit du plomb argentifère et du zinc. Le mode d'exploitation lui paraîtra barbare.

L'absence de toute règle, de toute méthode, de tout principe le surprendront. Il se demandera s'il doit se risquer dans des mines sans aérage, dans des puits sans guidages.

S'il veut se rendre compte du périmètre et des limites des mines cela lui sera souvent difficile. Il sera convaincu des difficultés d'un effort commun en vue d'exploiter une région déterminée de ce magnifique gisement qui eut pu donner de si brillants résultats s'il eut été entre des mains expérimentées et non livré au gaspillage et aux dilapidations d'une infinité de propriétaires, spéculateurs, entrepreneurs, partidarios et sous-partidarios. Soit qu'il parcoure, en été, cette sierra dénudée et aride, par une chaleur accablante, au milieu de nuages d'une poussière à composition très complexe et qu'il respire soulevés par des troupeaux d'ânes, soit qu'il fasse cette excursion en hiver, après les pluies, et alors il patauge dans une couche de boue si puissante quelquefois que l'on y a vu disparaître des ânes, son impression n'en sera pas moins pénible.

Si enfin il cherche, à son retour à Carthagène, une consolation dans les documents et les traditions il n'en trouve pour ainsi dire pas.

Il est surpris de voir une région si importante, depuis si longtemps exploitée, si peu étudiée et décrite.

Les gens du pays savent bien que tel puits à traversé, telles couches, à telle profondeur, mais les résultats acquis par les exploitations si nombreuses et si variées, tour à tour abandonnées et reprises, n'ont pas été coordonnés.

Voici cependant l'idée que l'on se fait généralement des gisements à Carthagène, question d'origine à part.

On admet la succession des couches suivantes, de haut en bas :

1° Les calcaires supérieurs, considérés comme appartenant au muschalkalk et renfermant des poches, filons ou amas de minerais de plomb, zinc, fer, cuivre, manganèse ;

2° La couche de fer hydroxydé et de carbonates de plomb occupant le contact des calcaires et des schistes qui renferment aussi toutes les autres variétés de minerais ;

3° Schistes argileux, avec noyaux calcaires, appelés *laguenas*, appartenant au trias selon les uns, provenant de la décomposition des schistes selon les autres ;

4° Schistes *azules* avec couches de blende ;

5° Couche de fer silicaté plombifère, désignée sous le nom de *manto de los azules*, dont la puissance a généralement 10 mètres, mais atteint 100 mètres et qui s'étendrait sur toute la surface de la sierra ;

6° Schistes argileux stériles.

Ce serait une bien grande erreur de croire que partout dans la sierra, cette série de couches existe ainsi que nous le verrons tout à l'heure.

Quoique nous n'ayons pas fait une étude détaillée des gîtes de plomb de Carthagène, nous allons donner notre opinion sur les gisements de ce pays, basée sur nos observations personnelles et sur divers renseignements, laissant au lecteur le soin d'apprécier et de réformer s'il y a lieu nos appréciations.

La région minéralisée des environs de Carthagène est à notre avis une *zone d'altération hydrothermale* du terrain constitué, comme nous l'avons dit, par des calcaires probablement triasiques, reposant sur des schistes anciens renfermant quelques calcaires intercalés.

Lorsque les eaux minérales ont produit cette altération des couches, sur plus de 100 mètres de puissance de schistes au-dessous des calcaires supérieurs, le sol de la sierra venait d'être plissé et ondulé à la fin de l'éocène. Les schistes formaient des anticlinaux et des synclinaux, pour employer des termes scientifiques à la mode. Dans les synclinaux ou thalwegs, il a pu se déposer des gîtes que nous avons désignés sous le nom de thalwegs métallifères, par suite de l'entraînement des schistes ou par substitution aux calcaires qu'ils encaissent.

L'abondance et le débit des sources thermo-minérales étaient tels qu'il se formait parfois de véritables niveaux d'eaux minérales.

On doit cette altération pour ainsi dire en bloc de toute une épaisseur de terrain disloqué et caractérisée par des couleurs variées des schistes, devenus plus argileux et pyriteux, à des niveaux d'eaux ou à des circulations suffisantes.

Les eaux minérales ont produit pendant leur période ascendante des dépôts de minerais dans des filons, dans des cavernes, poches ou fissures des calcaires. Près de la surface elles suivaient des thalwegs superficiels, ou souterrains, le long desquels elles déposaient des minerais, des argiles ou autres matières. Mais ces eaux, au lieu de s'écouler vers la mer, devaient, dans des calcaires fissurés, descendre jusqu'aux couches imperméables des schistes. La zone de schistes de 100 mètres au-dessous des calcaires était certainement disloquée elle-même, les quartzites fissurés, quelquefois broyés. C'est donc jusqu'à une couche vraiment imperméable, non disloquée et à une distance suffisante du calcaire, roche résistante, que les eaux minérales plus ou moins épuisées, ont dû arriver de haut en bas et produire un niveau d'eau; ou bien la circulation a été suffisante pour altérer les roches, les imprégner plus ou moins de fer, plomb, zinc, y produire ou y apporter du gypse, transformer les calcaires en dolomies, tout cela dans des circonstances particulières.

Au Laurium, les eaux minérales arrêtées ou déviées dans leur marche ascendante par des couches imperméables, se sont répandues dans les couches calcaires inférieures et y ont produit des gîtes caractéristiques, ayant pour toit les schistes, c'est-à-dire la roche imperméable.

Nous avons signalé et nous rencontrerons encore dans le sud-est de l'Espagne, de nombreux exemples de calcaires encaissés dans les schistes et minéralisés dans le bas, tandis que dans le haut, ils sont seulement altérés.

C'est, à notre avis, par des circulations d'eaux minérales ascendantes ou descendantes et par des niveaux d'eaux alimentés par des eaux minérales pures ou bien diluées et venant de la surface, dans les conditions que nous venons d'indiquer, que se serait formée cette zone d'altération thermo-minérale de Carthagène.

Examinons maintenant de plus près cette zone et les dépôts importants de minerais qu'elle renferme.

Nous étudierons les gisements dans l'ordre suivant :

A. Gîtes de surface ou *Crestones* ;
B. Gîtes associés aux calcaires supérieurs ;
C. Gîtes associés aux calcaires intercalés ;

D. Gîtes au contact des calcaires supérieurs et des schistes (*laguenas*) ;
E. Gîtes dans les schistes, *azules ;*
F. Gîte de fer silicaté plombifère (*manto de los azules*) ;
G. Gîtes en filons proprement dits.

A. Gîtes de surface ou Crestones. — Les eaux minérales génératrices en arrivant à la surface, formaient à leurs points d'émergence des amas ou crestones. De plus, elles déposaient encore des minerais suivant des thalwegs superficiels, particulièrement sur les schistes imperméables. Ces dépôts en partie dénudés ont constitué également des crestones.

Parmi les amas importants exploités à la surface dans la sierra, il en est qui ont pu avoir cette origine.

L'examen de la coupe de la Sierra de Porman (*pl. 13, pag. 355*), donne une idée des thalwegs superficiels.

Il en est d'autres qui ont été mis à jour par dénudation des calcaires qui les recouvraient, et qui renfermaient du carbonate de fer, des hématites ou des calamines. Le type des gisements de surface n'existe pour ainsi dire plus aujourd'hui, ou n'est représenté que par des minerais délaissés, pauvres, ou des argiles ferrugineuses.

Pendant 40 ans, la production de Carthagène a été alimentée par ces gisements considérables de fer hydroxydé plombifère, dont nous indiquerons la composition et que les anciens avaient laissé à cause de la faible teneur des minerais en argent.

On peut citer les mines suivantes qui ont eu leur heure de célébrité : *el Humo, la Superior, la Española, San Antonio, el Corcho, la Inglesa, la Paloma*.

B. Gîtes associés aux calcaires supérieurs. — On rencontre dans les calcaires supérieurs de grands amas, ou bien des filons et des filons-couches. Nous citerons les amas calaminaires et les filons ou filons-couches de fer manganésifère.

La coupe du quartier *del Abenque (pl. 13, pag. 355)*, donne une idée de l'allure des grands amas calaminaires.

Les calamines sont généralement de couleur claire, feuilletées ou cloisonnées, ou bien rouges compactes et ferrugineuses. Leur teneur n'est guère à l'état cru que de 30 o/o environ, 40 o/o après calcination. Ce sont des calamines pauvres.

Dans la mine Tetuan un banc donnerait paraît-il du 35 à 40 o/o cru. Ce gisement est très mélangé de fer hydroxydé manganésifère. Son étendue et sa puissance qui atteint 10 mètres, le rendent intéressant. Lorsque nous l'avons visité en 1891, les affleurements étaient depuis longtemps épuisés et on s'occupait de l'exploiter en profondeur. Un puits de 60 mètres situé en avant du puits d'exploitation épuisait les eaux, mais on comptait beaucoup sur la collaboration d'un puits situé dans la plaine, au pied de la montagne qui renferme le beau filon de manganèse Victoria. Une machine puissante devait y être installée pour entreprendre l'exploitation.

Les calamines rouges proviennent surtout de l'altération des blendes.

Les analyses ci-contre de *M. Massart* indiquent leur composition.

Filons de fer manganésifère. — Une venue que nous croyons la plus récente a amené des minerais de fer manganésifères renfermant de 15 à 20 o/o de manganèse. Les dépôts de ces minerais se sont formés soit au contact des calcaires et des schistes, comme le fer hydroxydé pur ou plombeux, soit dans des joints de stratification ou des fractures du calcaire supérieur, soit dans des calcaires intercalés.

Nous ne parlerons ici que des filons dans les calcaires supérieurs. La puissance de ces gîtes atteint 15, 20, 25 mètres, mais tout n'est pas bon et un triage doit éliminer une forte proportion de minerai pauvre ou de gangue. La coupe et le plan de quelques mines *(pl. 13, pag. 355)*, que nous avons eu l'occasion de visiter en 1891, indiquent l'allure de ces filons.

On voit que des joints de stratification ont été suivis par les sources minérales et que des bancs de calcaires ont été minéralisés. Elles ont suivi aussi des fissures et il s'est formé les branches N.-S., qui se détachent des filons principaux.

Les affleurements des gîtes de manganèse ont été généralement exploités et on doit atteindre aujourd'hui les parties vierges au moyen de puits.

ANALYSES DES CALAMINES DE CARTHAGÈNE

DÉSIGNATION	Tetuan	Sⁿ José	Perdida	Maja Gara	Sᵗª Teresa	Bichosa	Inocente
Matières volatiles	26.60	26.15	27.70	29.64	26.12	25.12	26.34
Silice ou argile	12.50	3.40	4.30	11.21	6.52	6.40	11.15
Zinc	36.25	45.20	38.50	37.50	33.20	33.20	41.00
Fer	9.28	4.00	6.20	7.25	13.30	15.17	6.50
Manganèse	2.32	3.80	2.74	»	3.21	2.75	traces
Oxygène	14.56	10.30	10.50	9.84	14.60	14.96	9.36
Chaux	0.50	4.50	7.20	2.61	2.25	1.25	traces
Alumine	»	2.17	»	1.00	1.80	1.15	2.40
Plomb	»	1.20	»	»	traces	traces	3.51
Soufre	»	traces	»	traces	»	»	traces
Cuivre	»	»	2.34	»	»	»	»

MASSART

La composition de ces minerais est très variable ainsi que l'indiquent les analyses suivantes (1) :

MINERAIS DE CARTHAGÈNE. FER ET MANGANÈSE.

Mines.	Fer.	Manganèse.	Silice.	Phosphore.
La Caridad	31.81	12.70	12.72	»
Tetuan 1	23.10	14.72	12.55	»
Tetuan 2	28.44	13.28	13.20	»
Tetuan 3	22.72	16.58	14.45	»
Molinera	34.58	10.37	6.15	»
Julio Cesar	53.32	»	»	0.02
San Jorge	54.12	»	»	0.03
Violeta	49.17	»	»	0.04
Artesica	52.94	»	»	0.02
Perseverante	22.12	21.92	10.75	»
La Victoria	21.90	21.23	7.85	»
Esmeralda	53.34	»	»	0.03
La Buscada	22.05	15.42	8.03	»
San Aniceto	25.20	15.90	9.05	»
San Manuel	54.12	»	»	0.04
Borracha	33.44	12.12	6.64	»
San Felipe	50.00	»	»	0.02
Pozo Colon	27.09	14.46	5.30	»
Santa Ana	37.84	15.34	7.30	»
San Joaquin	51.38	»	»	0.03
La Edetana	43.42	12.12	6.35	»
Juanito	51.19	»	»	0.02

(1) Ces analyses ne représentent probablement pas la moyenne des gîtes. Les prises d'essai ont été faites par des exploitants de ces mines et sans méthode, croyons-nous.

CZYSZKOWSKI. — Venues métallifères de l'Espagne. RÉGION DE CARTHAGÈNE. Planche 14.

Mine Suerte

Sc. *Schiste*
C. *Calcaire*
F.m *Fer manganésifère*
G. *Galerie de 100ᵐ*

Barranco del Francès.
Oriolana

P. *Plomb*
F.m *Fer manganésifère*

Collado de Don Juan.

Mine Léon Negro

F. *Fer hydroxydé plombeux*
F.m — *manganésifère*

Puits Sᵗ Francisco

Mine Léon Negro.

Collado de Don Juan

Puits Sᵗ Francisco

S. *Silicate de fer plombeux 6 à 8% P.b.*

S. *Silicate de fer plombeux*
F. *Fer hydroxydé plombeux*

D'après renseignements fournis par M. Fougère.

Édité par l'auteur.
Paris. — G. Camproger, M. R. de Provence.

C. Gîtes associés aux calcaires intercalés. — Des calcaires sont parfois intercalés dans les schistes et ont été pour ainsi dire laminés et divisés en gros noyaux de forme ovoïdale. Les sources minérales ont attaqué ces calcaires d'autant plus facilement qu'elles étaient retenues par les schistes imperméables qui les encaissent. La substitution a été parfois complète sur 40 mètres de puissance, d'autrefois incomplète. Cette puissance de 40 mètres paraît indiquer le maximum de durée de la période d'activité des sources minérales. Les coupes (*pl. 14, pag. 377*), que nous devons à l'obligeance de M. A. Fougère, permettent d'apprécier la nature et la forme caractéristique de ces gisements, dans la mine *Suerte*.

On y voit des blocs de calcaire entourés de minerai manganésifère. La galène s'y rencontre également. Dans une mine voisine, c'est la calamine qui était le principal minerai.

On rencontre aussi accidentellement, dans ce type de gisement dont l'ensemble est dirigé N.-S., de la galène argentifère à 2 kilos d'argent à la tonne de plomb.

La mine *Suerte* est exploitée par la Compagnie d'Escombrera et fournit, depuis 1886, environ 5.000 tonnes de minerai manganésifère par mois. Elle est exploitée depuis plus de 30 ans. Les minerais renferment environ 30 o/o de fer, 18 de manganèse, 8 à 10 de silice lorsqu'ils sont de premier choix, et souvent 16 à 17 o/o de manganèse, 25 de fer, 9 à 10 de silice. Ces minerais revenaient à 18 francs la tonne à bord, en 1891. Il y a des teneurs en manganèse encore plus faibles.

La mine *Victoria* peut produire, paraît-il, du minerai à 20 o/o de manganèse, 20 à 25 o/o de fer.

D. Gîtes au contact des calcaires et des schistes (laguenas) — C'est au contact d'une roche facilement attaquable par les acides, le calcaire supérieur, et d'une roche imperméable, le schiste, que se sont formés les gîtes les plus remarquables de Carthagène qui constituent par leur ensemble un véritable horizon géologique. Mais ce contact n'est pas toujours minéralisé et parfois le calcaire repose directement sur les schistes.

Ces derniers sont altérés et ont été désignés sous le nom de *laguenas*.

La couche calcaire n'existe pas sur de grandes surfaces et alors le gisement n'existe pas non plus. Cet horizon a été suivi plus particulièrement par les eaux minérales dans ses parties formant des synclinaux ou thalwegs dans les schistes, et comme il y a eu plusieurs venues d'eaux minérales, on rencontre des dépôts de minerais différents, soit séparés, soit enchevêtrés.

Le gypse est très fréquent et forme parfois des amas importants.

Le fer hydroxydé n'est généralement pas loin de la surface et constituait des gisements importants sur une grande surface de la Sierra.

Ces gisements ont été activement exploités et leur puissance a atteint quelquefois 30 mètres. Ils furent gaspillés car, suivant les exigences des acheteurs, on abandonnaît certaines parties, sous prétexte qu'elles étaient trop pauvres ou trop impures. On les reprend aujourd'hui en faisant un triage plus soigné.

Les hématites brunes de Carthagène n'ont jamais constitué un vrai minerai de qualité, car il y a toujours des traces de plomb, cuivre, zinc, du soufre et du phosphore. On n'a jamais moins de 0.03 o/o de phosphore.

Le *fer hydroxydé manganésifère* est généralement à une assez grande profondeur dans les parties ou les calcaires sont puissants. Nous avons déjà décrit les gîtes ou filons-couches remplis par la même venue.

Voici quelques analyses de la région du *Barranco del Francès*, d'après M. Massart : (1).

	Oriolona.	Molinera.	S¹ Isidoro.	Edetana.
Quartz, argile	6.50	13.80	5.65	5.31
Eau	14.48	12.50	14.80	13.65
Fer	33.50	37.80	27.50	35.40
Manganèse	17.21	7.50	22.31	16.80
Oxygène	19.75	15.34	20.77	19.84
Soufre	1.32	0.80	0.62	1.48
Zinc	0.57	2.31	traces	0.64
Chaux	2.84	3.97	2.98	2.60
Alumine	3.20	5.00	4.80	4.40

Cette venue a produit des dépôts importants dans les régions du *Barranco del Francès*, de *las Poligas*, de *Ponce*, de *los Lobos*, *el Strecho*, *el Llano del Beal*, *el Abenque*.

(1) Voir en outre le tableau page 376.

La puissance est de 5, 10, 15, 25 mètres.

Certaines régions sont maculées de sulfate de baryte.

La coupe (*pl. 14, pag. 377*), indique l'allure du gîte du Barranco del Francès, recouvert par une couche de calcaire de 50 mètres environ.

Le *fer hydroxydé* est quelquefois *plombeux*. Les parties les plus puissantes renfermant du carbonate de plomb, ont été exploitées à la surface. Le carbonate de plomb forme des lentilles dans l'hématite brune, la galène forme des veines ou mouches, surtout dans les parties profondes et dans les hématites manganésifères.

Nous donnons le croquis de la mine *Leon Negro*, avec les éléments fournis par M. A. Fougère. On voit que l'assise calcaire supérieure à 156 mètres dans ce quartier et que deux fractures F et Fm ont été minéralisées.

Le *Silicate de fer plombeux* occupe aussi la position du contact des schistes et calcaires. La coupe (*pl. 14, pag. 377*), ne nous paraît laisser aucun doute à cet égard.

Le silicate de fer du *Collado de Sᵃ Juan*, qui renferme de 6 à 8 o/o de plomb, occupe bien la position du calcaire et ce minerai n'est donc point contemporain des schistes *azules* dans lesquels on rencontre le gîte du *Manto de los azules* que nous décrirons.

E. Gîtes dans les schistes azules. — Dans les schistes *azules* ou schistes altérés qui supportent les calcaires, on rencontre des couches ou veines irrégulières et discontinues de galène, mais surtout de blende dans une région de la sierra, *el Abenque*. (*Voir pl. 13, pag. 355* la position et l'allure de la zone des blendes).

Certains bancs atteignent 8 mètres de puissance et renferment des sulfures, parmi lesquels la blende domine. Ils occupent une assez grande surface et constituent des gîtes abondants mais dont la composition est très complexe et très variable.

La mine *Imperio Romano* est caractérisée par la blende pure, tandis que la mine *Fraternidad* l'est par la galène.

M. Massart donne l'analyse moyenne suivante de ce qu'il appelle la couche de blende :

Argile et silice.	Zinc.	Fer.	Plomb.	Soufre.	Alumine.
12.50	26.00	19.75	6.20	32.80	2.75

Ces gîtes de substitution sont composés de sulfures de fer, zinc, plomb, à gangue de quartz et argile.

Quelquefois le schiste a disparu et le minerai a pris sa place, d'autrefois le schiste est imprégné et renferme des cristaux de blende, galène, pyrite de fer.

Ces gisements existent surtout dans la partie nord-ouest de la Sierra.

F. Gîtes de fer silicaté plombeux (Manto de los azules). — Le « Manto de los azules » a été considéré comme le plus continu des gisements de la Sierra et comme une couche existant partout. C'est, croyons-nous, une grande erreur.

Il y a eu, avons-nous dit, une venue de fer silicaté plombeux qui a imprégné une couche favorable, le « Manto de los azules », à une certaine profondeur et dans les schistes, mais elle a produit d'autres gisements, soit des amas énormes à la place des calcaires (collado de S"-Juan) soit de vrais filons qui recoupent les trachytes et les schistes au *Monte Rajado*.

La puissance de ces gisements est très variable. La couche imprégnée des azules aurait environ 10 mètres, tandis que dans les calcaires elle atteint 150 mètres à la mine *Leon Negro*.

Le « Manto de los azules » est tantôt compact et composé de silicate de fer, d'une couleur vert olive, à cassure conchoïdale. Il renferme des veines, mouches ou rognons de sulfures. Le gisement est quelquefois composé d'alternances de bancs de silicate de fer et de couches de schistes plus ou moins imprégnées de sulfures.

M. Massart a trouvé la composition suivante et moyenne du silicate de fer du *manto de los azules* :

Silice	oxyde ferreux	chaux	alumine	eau
43.20	45.15	2.25	3.15	6.25

Les galènes les plus argentifères de Carthagène proviennent du *manto de los azules*. La teneur en argent est de 1.500 grammes à la tonne de plomb.

La proportion de galène serait de 8 à 10 o/o dans les parties riches du gisement, mais quelquefois de 2 à 3 o/o seulement. La teneur en argent est très variable et on trouve des minerais qui en renferment jusqu'à 5 kilos à la tonne de plomb.

G. Gîtes en filons proprement dits. — Il nous reste à signaler de véritables filons qui sont encaissés dans les trachytes et qui se prolongent aussi dans les schistes et calcaires de la Sierra (Cabezo Rajado, près le village d'Alumbres).

Ces filons sont dirigés perpendiculairement à la sierra et sensiblement N.-O — S.-E.

Le remplissage se compose de galène, blende, pyrites de fer et de cuivre, fer et manganèse, et dans la gangue on rencontre, ainsi que le fait remarquer Don Juan Pié y Allué, le silicate de fer et le carbonate de fer. En un mot on trouve dans ces filons tous les minerais et toutes les gangues que l'on rencontre dans la sierra ce qui prouve que le remplissage de tous les gîtes est dû à un même phénomène.

Gîtes d'étain, cuivre, argent. — M. Massart signale deux gîtes d'étain dans la Sierra de Carthagène, dont l'un a été exploité dans la mine San-Isidoro; c'était un amas presque vertical suivant la stratification des schistes et qui avait sur certains points plus de 2 mètres de puissance à l'affleurement et qui se réduisait à quelques centimètres à 60 mètres de profondeur.

Le minerai était de l'oxyde d'étain concrétionné à gangue silicatée très légère et très poreuse avec baryte sulfatée.

Le gîte de la Superior Segunda n'avait que 0^m30 à 0^m40

de puissance et une faible étendue. Il était associé à la galène.

Un gîte de cuivre formant un amas assez important a été exploité avec avantage dans la mine *Amable*. Il occupait le contact des schistes et calcaires, et contenait des carbonates, malachite et azurite, avec noyaux de cuivre sulfuré.

Voici la composition moyenne des minerais d'après M. Massart :

Eau	carbonate bleu	carbonate vert	sulfure	pyrite de fer	quartz et argile
6.50	19.60	42.50	17.17	8.64	5.31

La pyrite de fer très répandue en gîtes irréguliers et impurs n'a pas été exploitée.

Enfin des *minerais d'argent* ont été exploités dans quelques mines : *el Corcho, Murciana, Carolina.*

L'argent à l'état natif, chloruré ou phosphaté, était disséminé dans des argiles qui formaient, dit M. Massart, des amas irréguliers dans les failles de la couche ferrugineuse ou au voisinage des amas de fer hydroxydé avec carbonate de plomb et provenaient de la décomposition des galènes.

Voici une analyse de M. Massart sur les argiles argentifères de la mine *Corcho* :

Argile	eau	argent	ox. de fer	ox. de plomb
55.75	9.40	0.764	10.41	5.24

Ox. de cuivre	ac. phosphorique	chlore	chaux	alumine
3.33	2.30	0.94	3.80	6.70

En résumé nous dirons que l'on exploite dans la région de Carthagène les principaux minerais suivants :

1. Des galènes à 1.500 grammes d'argent à la tonne de plomb, à gangues très variables, telles que fer silicaté avec blende et pyrites, blende et pyrites (les plus impures), fer manganésifère avec traces de cuivre et de zinc, fer et silice.

2. Des minerais de fer siliceux à 48 ou 50 o/o de fer, rarement 52, généralement impurs et contenant au moins 0,03 de phosphore.

Il n'y a pas de véritables minerais de fer de qualité à Carthagène.

Leur valeur a varié de 7 à 9 pesetas la tonne, à bord.

3. Des minerais de fer manganésifères qu'on peut diviser en 3 classes :

a   18 o/o de manganèse, 25 o/o de fer, 8 à 10 o/o de silice, valant 16 pesetas environ la tonne.

b   15 o/o de manganèse, 30 o/o de fer, 10 à 15 o/o de silice, valant 14 pesetas.

c   12 o/o de manganèse, 35 o/o de fer, 10 à 15 o/o de silice, valant 12.50 en *1891*.

Enfin comme minerais accessoires nous citerons les calamines, le cuivre, l'étain oxydé, la blende.

§ 2. — GISEMENTS DE MAZARRON

Gîtes de plomb argentifère. — Une venue métallifère importante a eu lieu à 30 kilomètres environ à l'ouest de Carthagène, à *Mazarron*. Des massifs de trachyte se sont fait jour à travers les schistes et calcaires qui sont le prolongement de ceux de Carthagène. Les calcaires sont encore plus disloqués qu'à Carthagène, le trachyte les a quelquefois recouverts ou englobés. Mais il y a aussi dans la région des roches vertes basiques que nous rencontrerons encore plus fréquemment dans la région ferrifère de Morata, située à 15 kilomètres à l'Ouest.

La ville de Mazarron est bâtie sur le trachyte et l'on peut dire qu'il y a des exploitations dans la ville même.

La venue de plomb a été fort importante et s'est répandue dans un réseau de fissures qui paraissent être des lignes de retrait du trachyte, produites par refroidissement de cette roche.

Les filons sont généralement peu étendus en direction. Ce sont des cheminées métallifères que l'on exploite actuellement à 400 mètres de profondeur.

Les directions se rapprochent de N.-S et E.-O. La puissance est de 0.75 à 1 mètre, 2 mètres et atteint quelquefois 7 à 8 mètres et jusqu'à 15 mètres (filon el Trionfo).

La teneur en argent atteint 1.500 grammes à la tonne de plomb. Elle était plus élevée en certains points et à diminué jusqu'à 100 mètres de profondeur. Au-dessous elle est restée presque constante.

La gangue est composée de carbonate et de sulfate de chaux et d'argile. On rencontre des pyrites de fer et de la blende dans les N.-S. particulièrement.

Les filons sont plus riches dans le trachyte que dans les

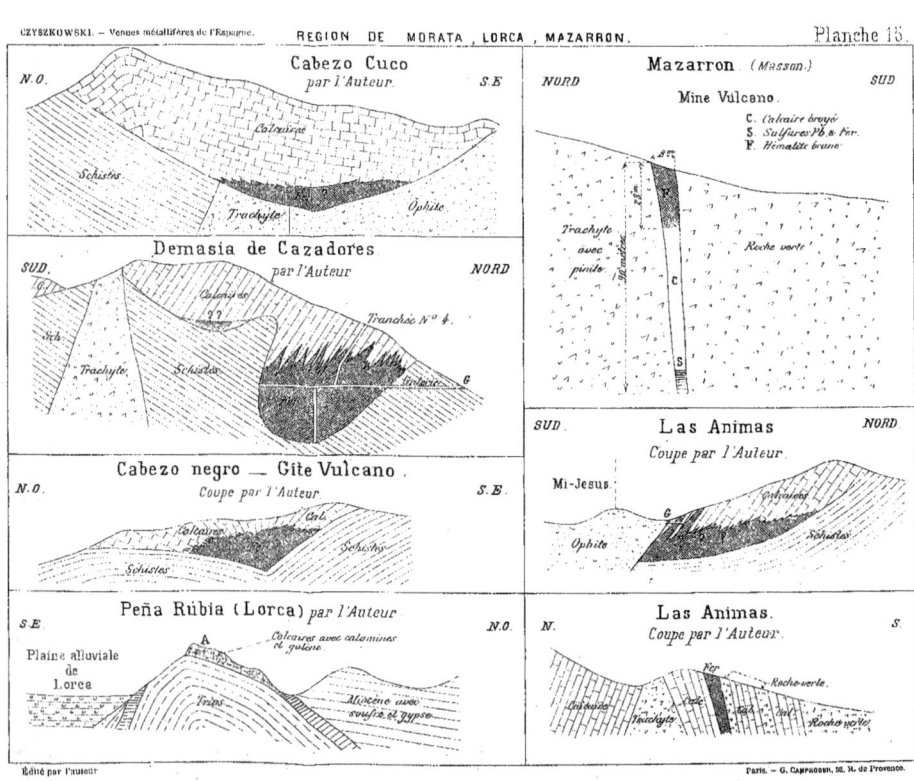

autres roches. Dans les roches vertes basiques ils s'appauvrissent ou sont stériles, paraît-il.

Les travaux romains vont à plus de 100 mètres de profondeur.

La Compagnie d'Aguilas a recoupé à 140 mètres de profondeur le filon St-Georges dans la mine San-Antonio. Il avait à cette profondeur une puissance de 5^m50 et était composé de 1^m50 de trachyte décomposé renfermant de la galène et de l'argile, 3 mètres de galène avec blende, un mètre de blende et pyrite de fer. Il avait l'allure d'un filon concrétionné parfaitement caractérisé avec salbandes.

La puissance est très variable et des filons de 7 mètres tels que le Prodigio, se réduisent quelquefois à une simple veine de fer hydroxydé.

Toutes les roches sont fortement altérées dans la région et à la surface, au-dessus des filons importants, il existe des dépôts d'alunites qui ont été exploités.

Gîtes de fer. — Bien qu'il n'y ait pas à Mazarron d'exploitation importante de minerais de fer, les venues de fer et de fer manganésifère sont représentées dans la région.

La coupe (*pl. 15, pag. 387*), que nous devons à l'obligeance de M. Masson, ingénieur à Mazarron, représente un gîte très curieux de 8 mètres de puissance qui s'est perdu à 23 mètres de profondeur et a été remplacé par du calcaire broyé.

Le calcaire a été pincé entre deux roches éruptives, le trachyte très chargé de pinite et une roche ophitique verte. Les travaux ont rencontré à 90 mètres de profondeur ces calcaires imprégnés de sulfures de plomb et de fer.

On a cru, et quelques personnes croient encore, que tous les affleurements de fer doivent conduire en profondeur à des gîtes de plomb.

C'est une erreur et on comprend très bien que, puisqu'il y a eu une venue de fer spéciale et plus ancienne que celle du plomb, on puisse ne pas rencontrer ce métal au-dessous de tous les gîtes de fer.

Nous signalerons encore un gîte de fer manganésifère à la mine Santa-Justina où un mamelon de calcaire plus ou moins fissuré et complètement altéré repose sur les schistes également altérés et pénétrés par le trachyte. On a exploité au contact quelques lentilles de minerai de fer hydroxydé manganésifère qui présentait cette particularité d'être très argentifère. Des poches, des fissures et joints de stratification en renfermaient également.

Nous signalerons en terminant le gîte de fer de « *la Fragua* », entre Aguilas et Carthagène, qui donnait des minerais de fer assez purs.

Le gisement était encaissé dans les calcaires. Il a été exploité par la Société des Forges de Firminy et donnait un minerai ayant à peu près la composition suivante :

Fer	manganèse	phosphore	chaux	silice
48 o/o	2 o/o	0.02 o/o	3 à 4 o/o	8 à 10 o/o

et un peu de soufre.

Ce gisement qui a fourni environ 85.000 tonnes, est

paraît-il épuisé. Nous retrouverons des minerais analogues dans la région de Morata.

La venue plombeuse de Mazarron est postérieure aux trachytes qui l'encaissent et au miocène moyen.

D'après M. Masson, il y aurait des trachytes qui recouvrent les roches vertes ophitiques.

§ 3. — RÉGION DE LORCA ET TOTANA

Nous avons eu l'occasion de visiter rapidement une mine abandonnée au sud-est de Lorca sur la montagne de Peña Rubia.

Cette ancienne mine a dû produire surtout du plomb, mais on y a aussi extrait et calciné sur place des calamines à 30 ou 35 o/o de zinc à l'état cru.

La coupe (*pl. 15 pag. 387*), indique l'allure de ce gisement qui occupe le contact des marnes irrisées et des calcaires supérieurs triasiques.

L'assise calcaire, d'une puissance de 35 à 40 mètres, renfermait de grandes poches de minerais et sur le plateau A il existe un grand nombre de puits et d'excavations.

La situation de cette mine au sommet d'une montagne est remarquable.

Au Sud-Est, le trias est recouvert par les alluvions de la grande plaine de Lorca, au Nord-Ouest, par le miocène qui renferme du gypse et du soufre en couches.

Le gîte de Peña Rubia est-il triasique ou est-il tertiaire ?

Il nous était difficile de résoudre cette question dans une excursion rapide. Nous dirons cependant que nous le considérons comme tertiaire par analogie avec les gîtes de Carthagène, Mazarron, Morata, Aguilas.

Morata est situé au sud-est de Lorca, et renferme de nombreux gisements de minerais de fer quelquefois avec traces de sulfures dans les sierras qui limitent de ce côté l'immense plaine alluviale de Lorca, dont la largeur est de près de 15 kilomètres.

Les calcaires de la région de Morata qui recouvrent les schistes précambriens en stratification discordante et qui sont probablement de même âge que ceux de Carthagène, pourraient bien représenter ceux qui couronnent la montagne de Peña Rubia et par suite être triasiques.

Nous avons vu aussi rapidement à l'ouest de Totana, un petit gîte de calamines dans la mine Luz et dans des calcaires très altérés.

On observe des traces ou indices de calamines dans les mines Santa-Ana, Luz, Santa-Eulalia, Virgen de las Huertas.

Dans la mine Luz une faille N.-S. a permis aux sources minérales de circuler et de transformer les calcaires en calamines. Un échantillon analysé à Carthagène, par M. Parreño, a donné 32 o/o de zinc. Cette mine nous a paru pouvoir donner des calamines à 30 o/o crues et 40 o/o calcinées. C'est le type de celles de Carthagène.

§ 4. — RÉGION FERRIFÈRE DE MORATA

La région ferrifère de Morata a été étudiée par un grand nombre d'ingénieurs, et il faut bien le dire, les rapports les plus fantaisistes, on pourrait dire les plus fantastiques, ont été rédigés, les opinions les plus divergentes ont été formulées, parce qu'en général on n'a pas su apprécier l'allure et la forme des gisements.

Nous avons fait trois rapports sur cette vallée de Morata, le premier en 1889 ayant pour objet l'étude de quelques mines pour le compte de la Société Commerciale d'Affrètements et de Commission, 1, rue St-Georges (Paris) ; le second en juin 1890 sur plusieurs groupes de mines pour le compte de la maison Naylor, Benzon et Cie, 20, Abchurch Lane (London) ; enfin un troisième en janvier 1893 sur toutes les mines de cette vallée pour le compte de la Société anonyme des anciens établissements Cail, 15, quai de Grenelle (Paris).

Nous extrayons de ces rapports quelques descriptions et coupes géologiques pouvant donner une idée des gisements, ainsi que des analyses pour indiquer la nature et la qualité des minerais.

Un chemin de fer de 16 kilomètres allant à la plage de Parazuelos, a été construit avant d'avoir fait des travaux importants de reconnaissance sur les gisements qui sont répartis entre diverses Compagnies ou propriétaires.

Il n'y a pas eu entente entre les intéressés et nous n'avons pas à retracer ici les phases de cette affaire. Nous dirons seulement que les mines ne sont pas encore en exploitation régulière.

La grande région ferrifère du sud-est de l'Espagne, qui s'étend de Carthagène à Almeria et jusqu'au pied de la Sierra Nevada dont nous avons décrit les principaux gisements, comprend aussi les mines de la vallée de Morata qui font partie du massif montagneux désigné sous le nom de *Sierra de Almenara*.

La constitution géologique de cette région est très simple. C'est encore ici une formation de schistes talqueux métamorphiques qui supporte une formation calcaire divisée en lambeaux et probablement d'âge triasique.

Ces calcaires ont été minéralisés comme nous l'avons dit, page 321, pour la région des Alpujarras.

Deux roches éruptives, d'âge tertiaire, ont traversé ces terrains : une roche verte à l'état d'ophite ou de diabase et une roche trachytique.

L'Ermitage de Morata est construit sur le trachyte.

Nos coupes géologiques de quelques gisements indiqueront l'allure de ces roches.

Nous ne reviendrons pas sur le mode de formation des gîtes de fer, nous dirons seulement que nos observations étaient assez nombreuses lors de notre dernière étude de la vallée de Morata pour que nous ayons pu établir une loi pour les recherches à faire dans cette région intéressante.

Cette loi peut être formulée ainsi :

Pour déterminer l'emplacement et découvrir les masses

importantes de minerais de fer qui existent dans ce pays, il faut rechercher les points où les calcaires formaient un thalweg, par suite de leur encaissement dans les schistes. Suivant la disposition des lieux, des sondages, puits ou galeries doivent être exécutés pour reconnaître ces thalwegs.

Nous avions divisé les gîtes en 3 catégories :

1° Ceux qui sont suffisamment reconnus pour affirmer leur existence, mais ne pouvant encore être exactement cubés tels que *Vulcano, Cazadores, Reconquistada,* las *Animas.*

2° Les masses peu reconnues dont l'existence est probable, telles que *Famosa, Abundancia, Saturno.*

3° Les gîtes peu reconnus présentant des indices extérieurs, *Hormija, Resureccion.*

La vallée de Morata dirigée sensiblement N.-O.— S.-E. est au centre de la région ferrifère qui nous occupe et qui est située au sud de Lorca et au sud-ouest de Carthagène, à environ 50 kilomètres de cette ville.

La petite rivière de Morata, souvent à sec, vient se jeter à la mer au point désigné sous le nom de baie de Parazuelos où se fait l'embarquement des minerais, par le beau temps, car cette rade est ouverte et peu abritée.

Il y a dans la région de Morata une infinité de mines et un groupement est nécessaire pour les décrire avec ordre et clarté. Il y en a du reste beaucoup qui sont sans importance.

Nous avons étudié et décrit les 12 groupes suivants :

Cabezo Negro. — Mines Vulcano, La Fe, La Bermeja.

Cabezo de Lardines. — Mines Abundancia, n°ˢ 7, 17, 26, La Bomba, Catalina, Paca, Platere.

Cabezo de los reales. — Mines Famosa, Santa-Clara.

Rambla de Morata. — Mines du 15ᵐᵉ au 18ᵐᵉ kilomètre, Diluvio universal, Uno, San-Juan y Pablo.

Cabezo del Abuelo. — Mines Abuelo, Caridad. Esperanza, Pepe.

Cabezo del Bosque. — Mines Positiva, Carmelita, Cazadores, Olvido, Sergia, 4 Amigos.

Rambla d'Uquejar. — Mines Resureccion, San-Carlos, Concepcion, Raymundo Lulio.

Cabezo del Cuco. — Mines las Animas, Incarnacion, Virgen del Carmen, Ascencion, Caridad.

Cabezos de Zamora, de los Pinos et Cantalar. — Mines de Reuma, Aquila.

Cabezo de la Cueva de Montajour. — Mines Hormija, Positiva.

Cabezo de las Copas. — Mines Reconquistada, 3 Amigos, Aprieta, Abanzada, Concepcion, Carlota, Tasso.

Cañada de Egea. — Mines Saturno, Marte, Diana.

Nous ne pouvons reproduire ici nos decriptions de tous ces groupes et de toutes ces mines. Nous parlerons seulement des mines :

Vulcano, Cazadores, las Animas, de notre premier groupe;

Famosa et Abundancia, du second;

Hormija et Resureccion, du troisième.

Nature des minerais de Morata. — Comme dans la région de Bilbao, il y a ici deux qualités de minerais :

1° L'*hématite rouge manganésifère*, provenant en général de la décomposition du carbonate de fer et renfermant de 50 à 51 o/o de fer à l'état sec, 2 à 3 o/o de manganèse, un peu de silice, de la chaux, de 0,02 à 0,07 de phosphore et un peu de soufre.

Ces minerais sont très faciles à réduire. Ils renferment de 5 à 8 o/o d'eau ce qui ramène leur teneur à l'état naturel à 48 o/o environ.

Le minerai riche est généralement très friable et donne beaucoup de menu. Le gros est plus pauvre et représente du calcaire incomplètement minéralisé.

On a extrait à *Vulcano* 35,000 tonnes qui ont donné 15,000 tonnes de première qualité à 51 o/o de fer à l'*état sec* et 21.000 tonnes de seconde qualité renfermant 49 o/o de fer, à *l'état sec*.

Cette deuxième qualité renfermait une assez forte proportion de gros.

2° L'*hématite brune*, à gangue siliceuse, peu manganésifère, mais plus riche en fer.

Le minerai de la *Demasia de Cazadores* a donné 53 o/o de fer, à *l'état sec*. On a expédié 12.000 tonnes de ce minerai qui a donné seulement 0,02 de phosphore. Il est très friable et renferme de 5 à 8 o/o d'humidité.

Telles sont les deux qualités de minerais de Morata. Nous indiquerons les teneurs en fer de quelques gîtes principaux d'après des analyses d'échantillons isolés qui peuvent ne pas représenter une moyenne car la teneur en fer d'un gisement est variable d'un point à un autre. Il en est de même de la teneur en phosphore.

Cabezo Negro. Gite Vulcano. — Le gîte *Vulcano* occupe le sommet d'un mamelon couvert de taches de minerai. La coupe *(pl. 15, pag. 387)* perpendiculaire à la direction indique son allure.

Il s'étend sur 130 mètres en direction et sur une largeur encore indéterminée de 50 mètres environ.

La puissance moyenne est d'une vingtaine de mètres.

En 1890, une analyse faite sur une prise moyenne de 700 à 800 tonnes avait donné : fer 47,38 mn. 2,08, silice 5,02.

Des tas de minerais pauvres avaient donné : fer 40,60 mn. 1.40, silice 5,80.

Mais ces minerais provenaient des affleurements et de la partie supérieure du gîte.

La minéralisation est plus complète au centre du gisement et le minerai plus friable. Il a donné, comme nous l'avons dit, 49 et 51 o/o sur le minerai à l'état sec et sur les deux qualités expédiées.

Cazadores. Demasia de Cazadores. — La plus grande erreur commise à Morata est sur les gîtes de la

Fuente d'Oliva, qui n'ont pas d'importance et sont inexploitables. Mais on a découvert un nouveau gisement, dans la Demasia de Cazadores, qui présente un intérêt tout particulier parce qu'il n'affleurait pas.

Le calcaire ici a été fortement encaissé dans les schistes, tandis qu'aux tranchées de Cazadores il ne l'était pas.

La coupe (*pl. 15. pag. 387*) indique l'allure du gîte qui n'était pas complètement reconnu lors de notre dernière visite, mais qui paraît avoir 100 mètres en direction Est-Ouest.

La galerie G, après 50 mètres de schistes, a traversé 54 mètres de minerai à l'état d'hématite brune. Sa teneur, avons nous dit, est de 53 o/o à l'état sec et 0,025 de phosphore.

Ce gisement peut avoir l'importance de celui de Vulcano.

Cabezo del Cuco — Gîte las Animas. — Le gîte de *las Animas* paraît être un filon couche dans le calcaire au voisinage de la roche verte qui se montre dans le filon même.

On observe aussi un pointement de trachyte non loin de là. L'affleurement du minerai est assez mauvais et mélangé de calcaire sur 350 mètres en direction.

Une galerie commencée près de la roche verte a atteint la masse après 40 mètres dans le calcaire, mais elle avait traversé à 20 mètres une lentille de minerai.

De grands vides indiquent une ancienne exploitation qui aurait fourni dit-on 30,000 tonnes.

L'analyse d'un échantillon pris sur un tas de minerais extraits a donné : fer 55.55, mn. 1.04 silice 2.96.

Dans l'exploitation par la galerie on a trouvé un peu de galène.

Ce gisement ne serait point, à notre avis, un filon proprement dit, mais un amas suivant un thalweg, suivi par les eaux minérales ainsi que l'indique notre coupe *(pl. 15, pag. 387)*.

Le gîte, s'il s'étend sous les calcaires, pourrait être assez important et exister dans les mines voisines.

Le gîte de las Animas, représenterait la partie occidentale du thalweg ferrifère dont nous venons de parler et la partie orientale si elle existe serait intacte et vierge. La coupe théorique du Cabezo Cuco indique le magnifique thalweg formé par les calcaires et il serait intéressant de rechercher si le bas fond de ce thalweg est occupé par le minerai de fer.

Un fait intéressant à signaler c'est qu'on rencontre à *las Animas* les deux variétés de minerais, hématites rouges et hématites brunes. Nous avons vu également du fer spathique provenant sans doute de la galerie.

Donnons encore une coupe du Cabezo Cuco passant par le Cabezo de los Pinos. *(pl. 16, pag. 399)*.

A l'Est de cette région et au pied du Cerro de Cantalar, nous avons vu des traces de cuivre et de plomb. Dans le barranco de Malcamino, une galerie de 40 mètres et des puits ont été exécutés sur quelques veines de carbonates de cuivre dans les schistes.

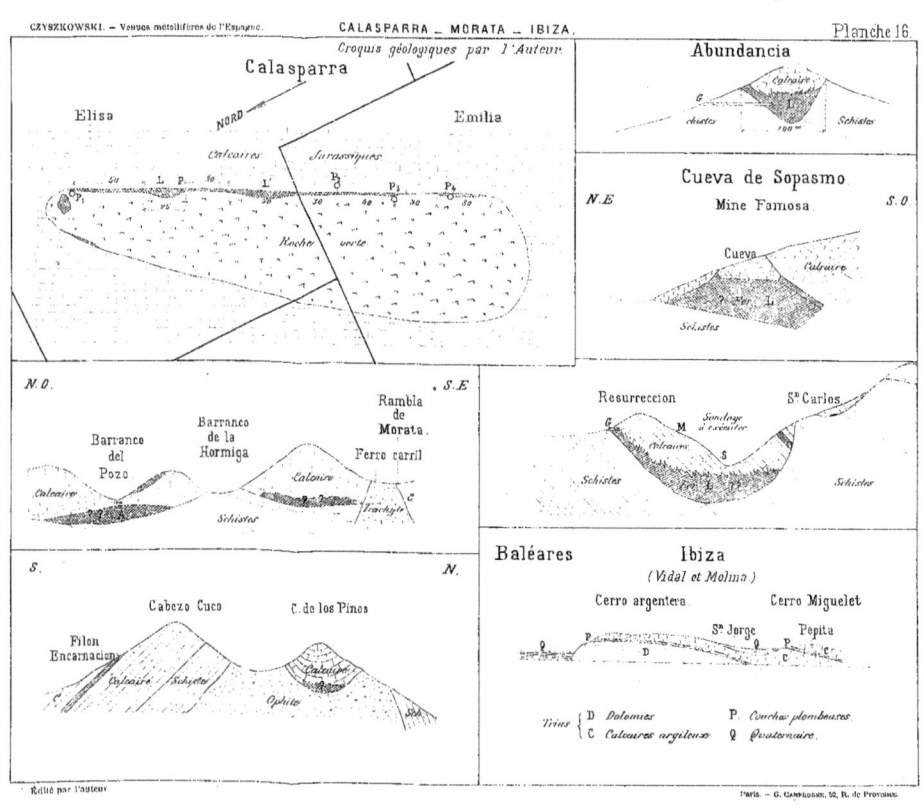

Cabezo de la Cueva de Montajour — Gîte Homija (*pl. 16, pag. 399*). — Nous avons vu, dans la mine Hormija, quelques excavations sur un petit gisement dans les calcaires et nous pensons qu'un amas peut exister en A sous le niveau du Barranco et au contact des schistes. On trouve dans cette région des traces de plomb.

Rambla d'Uquejar — Gîte Resureccion. — Dans la mine Resureccion il existe un gîte, au contact des schistes et calcaires, qui n'est visible que sur 20 mètres en direction et reconnu par une galerie G. S'il existe un gîte important dans ce quartier c'est en profondeur ou la lentille présumée L devrait être recherchée par un sondage S convenablement placé. (*pl. 16, pag. 399*).

Cabezo de Lardines – Gîte Abundancia. (*Pl. 16, pag. 399*). — La mine Abundancia occupe le sommet du Cabezo de Lardines d'où on voit Totana et la magnifique plaine alluviale de Lorca.

Un plateau calcaire inclinant un peu à l'Ouest est couvert de taches de minerais.

Quelques travaux assez étendus ont peut-être été exécutés pour rechercher le plomb.

Il peut exister en ce point une lentille de minerai d'une certaine importance sous les calcaires.

Cabezo de los Reales — Mine Famosa. — La mine Famosa est sur le versant de Lorca où beaucoup de mines ont été prises sur du calcaire coloré ou sur des taches de minerai sans importance.

Je ne citerai que le gisement de *Sopasmo* ou des *Cuevas* de *Sopasmo*, dans la mine Famosa. (*pl. 16, pag. 399*). On y observe des travaux anciens sur 120 mètres en direction.

Il pourrait y avoir, dans cette région, un gîte assez important ainsi que l'indique notre coupe. Le minerai a le même aspect que celui de Vulcano, et paraît bon. Une prise faite en 1890, avait donné fer 43.95 o/o, mn. 3,03, silice 3,96, mais elle avait été faite sur trop peu de minerai pour représenter une moyenne.

CHAPITRE XII

Est de l'Espagne

§ 1. — RÉGION FERRIÈRE DE CALASPARRA, CARAVACA, CEHEJIN

Les gîtes de fer oxydulé magnétique, associés aux roches éruptives vertes, sont fort irréguliers, lenticulaires, discontinus, généralement superficiels et peu importants. Ils ont un aspect trompeur et des erreurs fréquentes sont commises sur les gisements de cette nature.

Le célèbre gisement de l'île d'Elbe avait été considéré par Burat comme un énorme gîte de fer magnétique. La vérité est que l'on n'y a jamais trouvé que des gîtes insignifiants de ce minerai à Calamita et à Cala Ginevra, reposant sur la roche verte.

A Sériphos, le professeur de géologie M. Lepsius avait vu des couches de fer oxydulé magnétique analogues aux gîtes de Suède, et nous n'avons pu trouver dans cette île 50.000 tonnes de ce minerai.

Dans la région qui nous occupe, un savant chimiste avait vu des quantités énormes de ce minerai.

Ces erreurs s'expliquent de diverses manières. On prend souvent, dans une exploration rapide, la roche verte pour du minerai. Elle est en effet recouverte par quelques crêtes de minerai riche et quelquefois très ferrifère elle-même.

Le minerai qui est souvent au contact du calcaire ne se prolonge pas généralement au-dessous, comme les gîtes d'hématite de la Tafna, Morata, Carthagène, Conjuro.

Une tache de minerai à la surface n'annonce pas un gisement souterrain recouvert par une croûte de calcaire ferrugineux.

Un magnifique affleurement, des crêtes de minerai très pur, ne laissent plus aucune trace, dès qu'on a enlevé quelques milliers de tonnes d'un excellent minerai, et c'est en vain, que l'on cherche le prolongement d'un prétendu filon ou d'une masse de minerai que l'on croyait importante et inépuisable.

L'origine de ces gisements n'est probablement plus la même. Ce n'est plus le phénomène si simple du dépôt de minerai par des sources minérales ferrugineuses suivant le contact de schistes et calcaires, dissolvant et entraînant le calcaire pour déposer le minerai de fer à sa place.

Le fer a dû être amené avec la masse de la roche verte et se concentrer ensuite autour de différents centres d'attraction, en présence probablement des sources minérales.

Nous allons décrire les gisements de la région ferrifère de Calasparra, associés aux roches vertes amphiboliques qui ont traversé le trias et le terrain jurassique.

La mine *Virgen de las Maravillas* est la plus importante du groupe. (*pl. 17, pag. 405*). Elle est à 19 k. 1/2 de la station de Calasparra.

On observe dans cette région une roche verte qui est venue percer au jour au contact du trias supérieur ou keuper, composé de marnes irrisées avec gypse et du terrain jurassique, qui repose à stratification discordante sur les marnes bariolées. A la mine Virgen de las Maravillas cette roche est minéralisée. On observe deux lentilles principales A et B.

La lentille A, a 100 mètres de long et 30 mètres de large. La partie hachée est la roche verte plus ou moins ferrifère et ne peut donner que très peu de bon minerai riche. Une tranchée T et un puits P de 5 mètres environ ont été exécutés dans cette partie.

Le minerai choisi a donné :

Silice	Fer	Soufre	Phosphore
6.16	56.56	0.16	0.09

La partie quadrillée représente les crêtes de minerai

sur 50 mètres. On les suit ensuite sur 55 mètres avec 1, 2, 3 mètres d'épaisseur jusqu'à la lentille B. qui a 50 mètres de long et 30 mètres de large.

Il faut remarquer qu'une descente de 8 à 10 mètres D, commencée dans le minerai avait atteint la roche verte encore minéralisée, mais ne constituant plus un minerai riche. Les crêtes de fer paraissent donc recouvrir la roche verte comme d'un chapeau dont l'épaisseur n'est pas très facile à évaluer sans travaux complémentaires. Nous l'avons évaluée à 15 mètres.

Le minerai des crêtes contient :

Silice	Fer	Soufre	Phosphore
4.97	62.78	0.12	0.17

Une autre prise de contrôle a donné 62,98 de fer.

Carlota et Copo. — La mine Carlota renferme seule du minerai. La mine Copo a été demandée autour pour le cas où il y aurait un gîte souterrain sortant de Carlota.

Cette manière de procéder n'est pas rare en Espagne. Lorsqu'une mine est demandée il arrive en effet que des spéculateurs demandent des mines à côté, et même sans aller sur les lieux. D'autrefois ils englobent complètement la mine demandée et c'est ce qui a été fait ici.

Le gisement de Carlota est tout à fait superficiel et peu important. L'analyse a donné :

Silice	Fer	Soufre	Phosphore
2.65	62.40	0.84	0.04

Cette mine est en face de Cehejin, sur la rive gauche du Rio Argos.

A environ 4 kilomètres de Cehejin, au S.-O., se trouve la concession *Sapo*. On y observe un chapeau d'infralias reposant sur des argiles bariolées gypseuses du trias et une tache de minerai sur ces argiles qui sont grenatifères en ce point. Il n'y a pas de véritable gisement de minerai de fer, dans cette mine.

La concession S^n *Julian* est à environ 7 kilomètres de Cehejin et à 30 kilomètres de Calasparra. Elle renferme deux lentilles de 10 à 15 mètres de minerai magnétique au contact du calcaire et de la roche verte. Une descente assez profonde a été exécutée dans la roche verte sans rencontrer de minerai.

A S^n *Rosendo*, on observe un affleurement de fer magnétique sur environ 100 mètres et dans les calcaires jurassiques. Ici on ne voit, ni roche verte, ni le contact avec le trias. C'est une ligne de stratification des calcaires qui a reçu un peu de minerai par des sources minérales, *(pl. 17, pag. 405)*.

A S^n *Andrès*, on voit un affleurement de 20 mètres sur 20 dans un ruisseau. Cette crête de minerai, repose sur la roche verte et est recouverte d'alluvion. A l'Est, une tranchée T_1 de 25 mètres, a mis à nu la roche verte avec quelques noyaux de minerai, T_2 est dans la roche verte sans minerai, T_3 présente des traces *(pl. 17, pag. 405)*.

La mine S^n *Bernardo (pl. 17, pag. 405)*, renferme un affleurement de la roche verte et de minerai sur 60 à 80 mètres, dans la direction Est-Ouest.

On voit le minerai de fer magnétique sur 25 mètres de long, sur le flanc de la montagne, au contact du trias

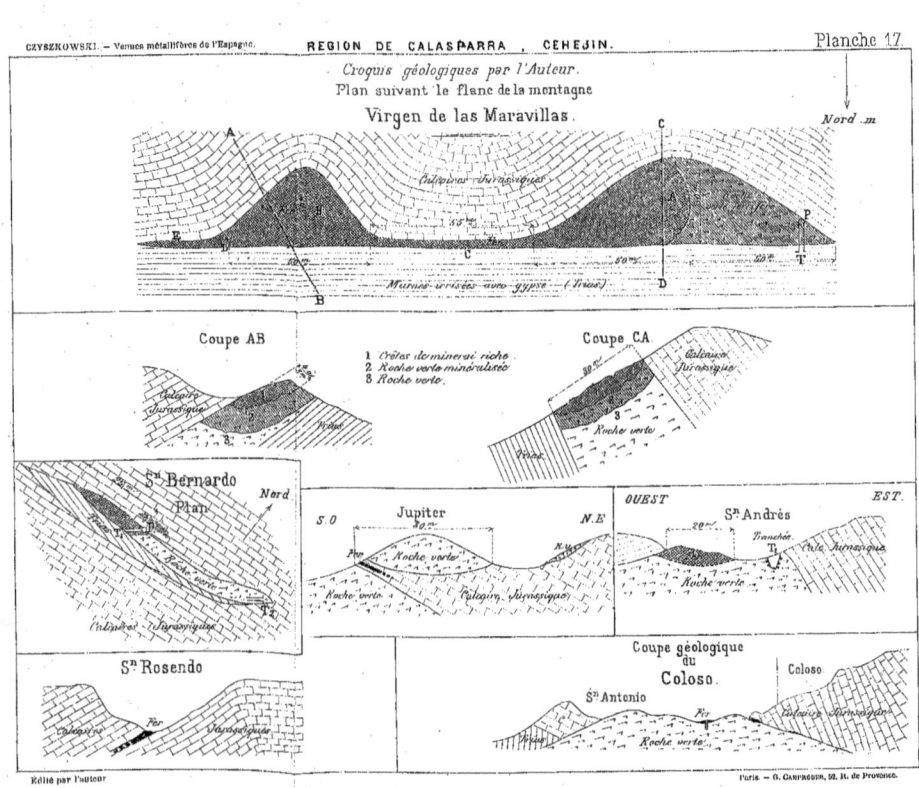

et des calcaires jurassiques. Une tranchée T_1 a recoupé 7 mètres de minerai mélangé de roche verte. Un puits P de 8 mètres a été foncé dans ce mélange et au fond une descente de 20 mètres a été poussée vers l'Ouest.

Si l'on descend de la tranchée T_1 dans le ravin, on voit la roche verte sans minerai et la tranchée T_2 qui a 20 mètres de long, 5 de hauteur moyenne, 2 de large n'a guère donné que 10 tonnes de minerai. La roche verte est donc peu minéralisée. On observe au Nord-Est du puits P une tache de minerai mais il ne paraît y avoir là que des fragments des crêtes supérieures.

Enfin, au contact des calcaires jurassiques et du trias, à l'Est, on ne rencontre que des traces de minerai sans importance.

El Coloso et Sⁿ Antonio. (pl. 17, pag. 405). — Le nom de la mine el Coloso nous faisait espérer quelque grande masse de minerai apparent, mais nous n'avons vu qu'un affleurement de un mètre au contact de la roche verte et des calcaires et sur une étendue de 130 mètres environ allant peut-être à quelque distance sous les calcaires.

Dans la mine voisine Sⁿ Antonio, quelques affleurements sans importance se montrent à la surface de la roche éruptive. Des puits ont été foncés dans la roche à la recherche d'un filon imaginaire.

La mine *Jupiter (pl. 17, pag. 405),* présente une particularité remarquable ; c'est que la roche verte s'est épanchée sur les calcaires et les recouvre. Nous avons vu un affleurement de minerai de fer sur 65 mètres de long avec roche verte dessus et dessous. La puissance paraît varier de 1m50 à 4 mètres. Une descente de 17 mètres a donné du minerai assez pauvre :

Silice	Fer	Soufre	Phosphore
16.78	47.82	0.15	0.30

Dans les mines *Elisa et Emilia* (*pl. 16, pag. 399*) la roche verte s'est fait jour à travers les calcaires et les a fortement relevés. Le contact présente un affleurement très continu sur environ 300 mètres, c'est le plus étendu de la région.

On observe au Nord un affleurement sur la roche verte de 15 mètres sur 10, avec 0.50 d'épaisseur.

Un puits P_1 foncé près de l'affleurement, est resté dans la roche verte à 20 mètres de profondeur et une galerie au fond vers l'Est serait nécessaire pour aller reconnaître l'affleurement que l'on voit sur 50 mètres, avec 1 mètre d'épaisseur. On arrive ensuite à des crêtes de bon minerai ayant 15 mètres de large sur 25 de longeur (lentille L du plan) P est le point de départ de la mine Elisa à l'entrée d'une galerie effondrée.

La puissance paraît être de 2 mètres pour la lentille L.

Une autre lentille L^1 a 50 mètres de long, 6 mètres de large et 2 mètres de puissance.

Puis l'affleurement se poursuit avec 1 mètre d'épaisseur sur 30 mètres environ. Un puits P_2 a été foncé dans la roche verte et 40 mètres plus loin en P_3 un autre puits **est dans la roche verte.**

L'affleurement de minerai se trouve interrompu en face de ce puits et ne reprend que 30 mètres plus loin où un puits P^4 paraît avoir 20 mètres de profondeur dans le minerai au contact de la roche verte et des calcaires. Sa puissance, difficile à voir, doit être d'un mètre. Le minerai est friable et menu en ce point.

Nous nous en tiendrons à ces descriptions qui nous paraissent suffisantes avec nos coupes géologiques pour indiquer non-seulement l'allure particulière de ces gisements, mais celle de la roche verte ophitique qui paraît leur avoir donné naissance.

§ 2. — GÎTES DE PLOMB, ZINC, CUIVRE, ANTIMOINE.

La venue de fer spathique tertiaire, suivie de sulfures qui a affecté la région des Pyrénées et le sud de l'Espagne a aussi laissé des traces dans la partie orientale de la Péninsule.

Dans la province de Teruel on peut citer la mine *Santisima Trinidad*, termino de Torres, où l'on rencontre du fer spathique avec cuivre gris argentifère, galène et cuivre.

Cette venue a affecté le silurien, le trias et le crétacé. Dans ce dernier terrain on rencontre des calamines et la zone de *Linarès à Valdelinarès* est en exploitation.

Les calamines occupent la base des calcaires. On y rencontre un peu de blende, de galène et des oxydes de fer.

L'antimoine a été signalé au *Cerro de las Platerias*, termino de Lanzuela et au quartier de Morera del Carrascal, termino de Maicas. Le manganèse n'est pas rare, termino de Camañas, dans le jurassique, et termino de Crivillén, dans le crétacé.

Aux *îles Baléares*, dans l'*île Ibiza*, des exploitations de plomb argentifère existent et les gisements présentent un certain intérêt parce qu'ils sont sous forme de « *niveaux métallifères* ».

C'est encore le trias qui renferme ici deux couches plombeuses.

La première est dans des dolomies, la seconde supérieure, dans des calcaires argileux.

Les gîtes sont parallèles à la stratification et peu inclinés comme les couches triasiques qui les encaissent.

La couche inférieure, exploitée par la mine de la Argentera (St Jorge) et par un puits de 26 mètres, présente tantôt des bancs de galène avec sulfate de baryte atteignant 6 mètres de puissance, tantôt des rognons de galène noyés dans une argile rouge.

Dans la seconde, exploitée par la mine Pepita, située à 500 mètres de la Argentera, c'est un banc de calcaire argileux qui est moucheté de galène et de carbonate de plomb. Les minerais de la Argentera renferment une once d'argent par quintal de plomb.

Ces gisements présentent une certaine analogie avec ceux de Carthagène et nous les considérons comme de même âge.

Les alluvions quaternaires, ici comme à Carthagène, renferment des débris des gisements et sont parfois exploitables.

On a signalé, dans l'île Ibiza, des filons renfermant les mêmes minerais à gangue barytique et recoupant le trias, ce qui prouve bien que les couches plombeuses ne sont point contemporaines du terrain encaissant, ainsi qu'on l'a prétendu.

La venue de sulfures est probablement tertiaire comme à Carthagène, elle a affecté divers terrains et les eaux minérales ont formé des niveaux métallifères en suivant certaines couches perméables.

La coupe *(pl. 16 pag. 399)*, extraite de la description de D. Luis Mariano Vidal y D. Eugenio Molina, des îles Ibiza et Formentera, indique l'allure de ces niveaux métallifères.

On peut citer quelques gîtes plombeux de la province de *Gerone*, terminos de Bagur, S^n Climent de Peralta, S^n Julian del Llor, S^n Pedro.

On en connaît également dans les provinces de Tarragona, Zaragoza, Teruel, Logroño. Mais ces gisements n'ont pas encore donné lieu à d'importantes exploitations.

TABLE DES MATIÈRES

CHAPITRE PREMIER
GÉNÉRALITÉS

§ 1. — L'Espagne et ses venues métallifères à travers les temps géologiques

	Pages
Limites de la zone des plissements tertiaires ou alpins	5
La péninsule Ibérique. — Sa constitution géologique.	6
Venues métallifères anciennes	6
Venues métallifères hercyniennes	7
La faille du Guadalquivir et le détroit Bétique	8
Les filons de Linarès ont été légués à l'homme vierges de toutes dégradations ou dénudations	9
Venues métallifères alpines ou tertiaires	10
Les effondrements et les failles tertiaires. — Le détroit de Gibraltar	12

§ 2. — Le phénomène ophitique et métallifère du bassin méditerranéen.

Le phénomène ophitique des Pyrénées. — Ophite de Palassou. — Dufrénoy et Elie de Beaumont	13

	Pages
Le phènomène ophitique du bassin méditerranéen — Etudes de M. Macpherson en Espagne, de MM. Curie et Flamand en Algérie, de M. Thomas en Tunisie.	14
Origine des ophites, 4 théories.	15
Continuité du phénomène ophitique.	16
Il faut distinguer à notre avis 4 phases dans le phénomène : Phase éruptive, phase boueuse éruptive, phase solfatarienne thermale, phase métallifère.	18

§ 3. — Les calcaires métallifères du bassin méditerranéen

Calcaires métallifères de divers âges.	19
La détermination de l'âge est souvent difficile	20
Origine et époques de minéralisation	21
Venues métallifères d'Algérie et de Tunisie. — Phénomène métallifère dans les régions émergées ou littorales	23

CHAPITRE II.

LE PLATEAU CENTRAL DE LA PÉNINSULE IBÉRIQUE

§ 1. — Aperçu géologique. — Venues métallifères

Limites. — Failles. — Plissements du Culm. — Eruptions de roches. — Venues métallifères — Faille du Guadalquivir. — Constitution géologique. — Ordre et âges des venues métallifères	24

	Pages
§ 2. — Gisements de minerais de fer et de manganèse	29
Gîtes de fer du Pedroso.	30
Analyses de Juanteniente et Navalazaro.	31
Le gisement de Navalazaro	32
Analyse du minerai de Navalazaro.	33
Gisement de minerai de fer de San-Thiago (Portugal)	34
Analyses des minerais de San-Thiago	35
Gîtes de fer de Guadalcanal.	35
Cerro del Agua ou de Guadalcanal	36
Sierra Jayona	37
La Florida.	38
Grand gîte de fer du Cerro de Hierro	39
Analyses des minerais du Cerro de Hierro . . .	41
Gîtes de manganèse	42
Région de Huelva et Alemtejo	42
Région de Ciudad Réal	44
§ 3. — Gisements de pyrites de fer et de pyrites de fer cuivreuses	45
Nature des minerais. — Chapeau de fer	47
Gîte de pyrites de fer de los Confesonarios. Compagnie d'Aguas Teñidas. — Analyses . . .	48
Analyses de pyrites de fer cuivreuses	49
Chapeau de fer. — Analyses du minerai de fer de la Mesa de los Pinos.	50
Les gisements de Rio-Tinto. — Gîtes Sud. — Nerva et San-Dionisio	51

	Pages
Gîtes Nord. — Balcon del Moro, Salomon, Cueva del Lago, del Valle.	53
Les gisements de Tharsis.	54
Criadero del Norte. — Analyse.	55
Criadero del Centro, criadero del Sur	56
Mine Chaparrita	57
Les mines d'Aljustrel (Portugal)	58
Gisements de Saint-Jean-du-Désert, des Algares	59
Nature des minerais d'Aljustrel. — Analyses.	60
Gisement de Santo-Domingos (Portugal).	61

§ 4. — **Gîtes de cuivre.** — **Versant nord de la Sierra Morena** 62

Zone de Villagarcia. — Llerena	63
Gîtes des environs de Cazalla la Sierra. — Guadalcanal. — Cordoue.	65
Filon de San-Roman, station de Navalmoral (province de Caceres)	66
Gîtes de la province de Huelva. Sierras de Rite, Tejeda (La Barcita, el Barranco Abadejo, la Tallisca, filon Santa-Isabel, mine Colon, Cueva del Monje)	67
Gîtes portugais	69
Mine de Telhadella	70

§ 5. — **Gîtes de plomb et zinc.** — **Province de Huelva Sierra Tejeda. — Portugal** 72

Région plombo-cuivreuse du Portugal d'après M. Terraillon (Talhadas, Braçal, Mealhada, Coval

	Pages
do Mô, Carvalhal, Palhal, Telhadella, Nogueira do Cravo)	74
Environs de Llerena, Berlanga, Azuaga, Peñarroya, Llera.	82
Grande zone plombo-argentifère du plateau central Espagnol Castuera, Almorchon, Almaden, Almodovar del Campo, (Ciudad Real, Valdepeñas et Santa-Cruz de Mudela)	83
Grand centre métallifère de Linarès	86

§ 6. — Gites de mercure

Almaden, Almadenejos, Valdeazogues 90

§ 7. — Gites d'antimoine

Espiel, el Cerro, Valdepeñas. 94

Région plombo-antimonieuse du Douro et des environs de Porto, d'après M. Terraillon (Portal, Gondarem, Ribeiro de Rebentao, Ribeiro da Serra, Fontinha, Tapada do Padre, Sitio do Corgo, Valle de Pinheirinhos, Bouça Velha, Fojo Ribeira et Tapada da Escusa, Mont'alto, Levada do Rego, Abelheira, Medas, Moinho da Egreja, Lameirao, Logar do Mô, monte das Lampas, Visinhança, Pyramide de Santa-Justa, Valle do Inferno, Fojo das Pombas, Vallongo, Ribeira da Estivada, Valle Grande)   95

§ 8. — Gites de sulfures complexes et gites d'or et d'argent

Environs de Paymogo, la Puebla de Gusman, Cabezas Rubias, (Province de Huelva). . . . 106

	Pages
Plateau Central. — Cordoue à Séville (Lora del Rio et Penaflor, d'après M. Noguès)	107
Gîtes d'or de la Nava de Jadraque.	108
Mine d'argent de Hiendelaencina.	109
Gîtes d'argent de Guadalcanal et Cazalla la Sierra,	110

CHAPITRE III.

LE NORD DE L'ESPAGNE. CHAINE CANTABRIQUE

Aperçu géologique	111

§ 1. Zone de Bilbao ou de la Biscaye

Région ferrifère de Bilbao-Somorrostro	114
Résumé de notre rapport de 1876.	115
Terrain encaissant,	119
Age, origine et mode de formation des gîtes de minerais de fer de Bilbao. — La faille San-Miguel	121
Nature des minerais	125
Gîtes de plomb, zinc, cuivre.	126

§ 2. — Zone des Asturies

Gîtes de zinc, plomb, mercure, cobalt, arsenic. — (Réocin, Mercadal, Udias, Comillas, Reynosa)	129
Centre métallifère des Picos de Europa, Pena vieja. gîtes d'Andara et Oliva, Puente Viesgo, Rio Cares	130
Oviedo, Mieres (mercure). — Aviles.	131

§ 3. — Zone de Lugo (Galice)

Gîtes de fer de Vivero. Régions de Testa de Ferro-Suegos, Suegos-Coba de Ferro, Silvarosa, Galdo 132
Caractères du gîte de Vivero. — Résumé. . . . 139
Nature des minerais de Vivero 140
Continuité et importance du gîte 142
Tableau d'analyses. 143
Gîtes d'étain, or, cobalt, nickel, plomb, argent, antimoine, (cap Ortegal, Villarbacu, Rio Sil, région de Porto, gîtes d'argent de Villa Cova) . . . 144

CHAPITRE IV.

LES PYRÉNÉES

Aperçu géologique 147

§ 1. — Pyrénées occidentales

Gîtes de plomb et zinc. — Région d'Irun, Oyarzun, Goizueta, Berastegui 154
Région du crétacé de Tolosa 155
Gîtes de fer spathique. — Région de Saint-Jean-Pied-de-Port ou de la Nive 156
Région de Vera ou de la Bidassoa 159
Région de Goyzueta et de l'Urumea 161
Gîtes de fer de Ferrières, Arnousse, Montoury (arrondissement d'Oloron) 161
Gîtes cuivreux. — Région de Banca, Changoa, Burguete 162

	Pages
Venues de minerais dans les Pyrénées occidentales. Résumé	168

§ 2. — Pyrénées centrales

Gîtes de plomb et zinc de la Bigorre	168
Filons des environs de Pierrefitte Nestalas, Cauterets, Barèges, Bagnères de Bigorre	169
Concessions de Pierrefitte, Arau, Héas et Gavarnie, La Géla	170
Gîtes des environs de Saint-Béat. Fos, Gistain (Espagne), Luchon. (Concessions de Argut, Melles, Portet de Luchon)	171
Mine de blende de Pal-de-Raz (Hte-Garonne)	172
Gîtes de cobalt et nickel de Gistain	172
Gîtes de manganèse des Hautes-Pyrénées et de la Haute-Garonne	173
Gîtes de Sentein et Saint-Lary (Ariège)	174
Gîtes de blende du plateau de Liat (Espagne) Val d'Aran	179
Gîtes des environs d'Aulus et Ustou (Ariège)	180
Gîtes de plomb argentifère et zinc d'Aulus. — Concession Lecour (les Argentières, Laquorre, Lauqueille)	181
Concession du Pouech	185
Consession de Seix	186
Plomb argentifère et zinc d'Ustou, mines de Carbouère	187
Gîtes des environs de Saint-Girons (Ariège), concession des Abères. — Mine d'argent de Rivernert	188

Concession de las Cabesses. — Manganèse	189
Gîtes des environs de Foix et Tarascon (Ariège).	190
Gîte de fer de la Montagne de Rancié	192
Gîtes de fer des environs de Tarascon, Ussat, Ax, les Cabannes, etc	195
Gîtes de plomb et zinc de Montcoustant ou Cadarcet	196

§ 3. — Pyrénées orientales

Les minerais de fer du Canigou	197
Constitution géologique du Canigou	198
Nature et origine des gisements, leur âge	201
Gisement du Vernet. — Gisement de las Indis	203
Les minerais du Canigou. — Tableau d'analyses	206
Gîtes cuivreux et plombeux argentifères. Région de Prats-de-Mollo	207
Région de Rivas (Espagne)	208

CHAPITRE V.

LES CORBIÈRES ET LA MONTAGNE NOIRE

§ 1. — Les Corbières — 209

Gîtes de fer des Corbières (Ville Rouge, Félines, Albas, et Cascastel)	211
Gîtes de plomb, zinc, cuivre, antimoine	214
Concessions d'Auriac, Padern et Montgaillard, Fosse et Saint-Martin	215

§ 2. — La Montagne Noire — 216

Gîtes métallifères de la Montagne Noire, Brassac, château de Bonnery, Réalmont	218

	Pages
Filon de Peyrebrune. — Rozières. — Montcouyoul	219
Minerais de fer du Tarn. — Alban. — Montredon.	220
Gîtes de fer et manganèse. — (Rieussec et Castanviel, La Caunette, Salsigne et Villanière, Villerembert)	221
Concession de plomb et zinc de Riols (Hérault). — Ruisseau d'Embruck. — Ruisseau de Riollet. Environs de Tarbouriech	224
Les minerais de Riols.	229
Lacabarède, Cazillac, Bonnefont, Campralaud, Pardailhan, Cavenac, Vieussan, Villecelle, Lamalou.	230
Le gîte de fer de Courniou (Hérault).	233
Minerais de fer de Gartoule, près Riols (Hérault) .	237
Filons de Valausse et Saint-Etienne d'Albagnan .	239

CHAPITRE VI.

LES MAURES ET L'ESTEREL (Var)

Anciens reliefs hercyniens. — Opinions d'Emilien Dumas et de M. Marcel Bertrand	240
Aperçu géologique. — Observations de Saussure, Elie de Beaumont, Coquand, Emilien Dumas, de M. Potier	241
Gîtes de plomb et zinc. — La Molle, cap des Issambres, concessions de Vaucron, des Bormettes, La Londe, La Rieille, Faucon-l'Argentière, château d'Esclans, vallée du Reyran, les Argentières, filon des Arméniers, près de Toulon	245

	Pages
Région des Bormettes (Var). — Description de la mine des Bormettes par M. Fonteilles (1895)	247
Le filon des Bormettes.	249
Composition du minerai brut	252
Bournonite. — Sa composition	253
Exploitation, 5o.ooo tonnes par an	254
Préparation mécanique.	255
Production en minerais bruts et marchands depuis l'origine de l'exploitation jusqu'en 1895. — Tableau par M. Fonteilles.	258
Région de Cogolin (Var). — Filons des Magnans, Courchet, d'Ollioules, Coulony, quartiers de Bérard, des Rossignols.	259
Gîtes de cuivre. — Cap Garonne.	461
Gîtes de fer. — Minerais de Collobrières signalés par Coquand et Gruner. — Agay, Ferrières, Garde-Vieille.	262
Minerais de fer de Beau-Soleil (Var). — Concession. — Constitution géologique. — Nature et origine des gisements. Zones ferrifères.	263
Description des gisements.	267
Tableau d'analyses des minerais de fer de Beau-Soleil.	268
Fer chromé de Cavalaire	271

CHAPITRE VII

LA SARDAIGNE ET LA CORSE

§ 1. — La Sardaigne

Sa constitution géologique. — Les calcaires métallifères.	272
District d'Iglesias. — Région de l'Arbus et de Flumini. — Filons de Flumini, filon de Montevecchio. — Région d'Iglesias ou des gîtes associés aux calcaires. — Malfidano, Masua, Nebida, Domestica, Monteponi.	275
Région de Sulcis au S.-O. de Cagliari. — Gîtes de fer de St-Léon. Coupe d'Emilien Dumas.	286
Région du Sarrabus N.-E. de Cagliari. — Deux arrivées principales de minerais : l'une ancienne correspondant à celle de Montevecchio, l'autre plus récente argentifère. Zone des filons de Muravera à S^n Pantaleo.	287
Filon d'antimoine de Villasalto.	289
Région de l'Ogliastra. Filons de galène et gites de fer.	289
Région de Lula. Filons de galène. Calamines dans le crétacé.	290
Région de la Nurra. Commune de Sassari, galènes à Argentiera. Mine d'antimoine.	290
Age des gites métallifères de Sardaigne. — Relation des gites avec la position actuelle des couches encaissantes. — La venue métallifère est-elle ancienne ou récente? Les gîtes étaient recou-	

verts de trias, lias, eocène. — Lambeau
d'eocène près de Montevecchio avec conglomérats renfermant des cailloux de calcaires
triasiques et des fossiles du lias. — La venue est
hercynienne, probablement permienne. — La
venue argentifère du Sarrabus est plus récente,
probablement tertiaire. 291

§ 2. — La Corse

Position géographique, dimensions, surface de
l'île de Corse. — Usine à fer de Toga. —
Pierres d'ornement : granite (soubassement
de la colonne Vendôme à Paris); porphyres
globuleux de Galeria, Girolata, Curzo ; syénites de Tallano et Olmeto ; diorite orbiculaire
de Corse, à Santa-Lucia (Sartène). — Constitution géologique. — Etudes de M. Hollande. — Venue de roches serpentineuses et
de sulfures. 292

Gîtes métallifères de la Corse. Contraste frappant
avec la Sardaigne. — quelques filons de
plomb, près de Calenzana et de l'île Rousse.
Concessions d'Argentella, Monticello. —
Gîtes de la région des serpentines. — Deux
zones : gîtes d'antimoine et mercure du cap
Corse, Ersa, Meria, Luri ;

Gîtes cuivreux de Castifao, Moltifao, Ponte-
Alla-Leccia. 296

Gîtes d'antimoine du cap Corse. Concessions
d'Ersa, Luri-Castello, Meria. 297

Gîtes cuivreux de Castifao, Moltifao. Concessions de Ponte-Leccia, Linguizetta, arrondissement de Corte. — Concessions de Cardo, Frangone, arrondissement de Bastia. etc.
Minerais de fer à Farinole et Olmeta. . . . 298

CHAPITRE VIII

PROVINCE DE MALAGA

Considérations géologiques. — Coupe géologique de MM. Michel Lévy et Bergeron. 300
Gîtes de fer de Marbella. — Description, par Emilien Dumas (1863). — par M. Tyndal (1893) 303
Analyses de M. Tyndal (*Revista minera* 1893) 305
Gîte d'El Robledal ou Robledar. 305
Gîtes d'Estepona, Istan. — Relation des gîtes avec la norite et les serpentines. 306
Manganèse de Periana 307

CHAPITRE IX

PROVINCE DE GRENADE

§ 1. — **La grande zone ou chaîne métallifère du sud-est de l'Espagne** . . 308

Tableau des principaux gîtes métallifères du sud-est de l'Espagne. — Province de Grenade (Sierra Nevada), région Nord, région Sud. — Province d'Almeria, région Nord, région Sud. — Province de Murcie, région Nord, région Sud 309

	Pages
Tableau des venues métallifères du sud-est de l'Espagne. — Venues anciennes. — Venues tertiaires : A fin de l'eocène, B fin du miocène, C époque pliocène.	311
Gîtes associés aux roches ophitiques.	312

§ 2. — La Sierra Nevada

Constitution géologique. — Coupe générale des terrains des Alpujarras.	313

§ 3. — Les gîtes métallifères de la Sierra Nevada

Gîtes de fer. — Alquife, Hueneja, El Conjuro. Influence de l'allure des terrains encaissants sur l'importance des gisements. — Calcaires encaissés dans des roches imperméables. — Roches éruptives. — Plissements de la fin de l'eocène. — Glissements de terrains. — Taches ferrugineuses sur les calcaires indiquant des gîtes sousjacents. — Couches et filons. — Minerais des crêtes. — Minerais des masses. — Relation entre l'importance d'un gisement, la richesse et la qualité de son minerai.	316
Description du gisement del Conjuro, d'après notre rapport annexe de février 1897	324
Région A	324
Région B	328
Région C	329
Région D	331

Plan et coupes géologiques du gisement. — Nature des minerais. — Comparaison avec les principaux minerais de Bilbao, Tafna, Bedar, Morata, Carthagène, Beau Soleil (Var) décrits dans cet ouvrage 332
Gîtes cuivreux. — Jerez-Lanteira, Guejar-Sierra, Trevelez. Rapport de M. Terraillon 333
Gîtes de plomb argentifère de Molinillo. 336
Gîtes plombeux, Sierra de Baza. — Alpujarras . 337
Gîtes calaminaires. Sierra de Baza. — Albuñol, Motril, environs de Grenade : Huetor et Santillan, Monachil, Dilar, Malvizar 338
Gîtes de mercure. — Baza, Dolar, Ferreira, Castaras, Timar 339
Gîtes d'or. — Sierra Nevada. — Alluvions de Grenade 340
Conclusions au point de vue industriel sur les gîtes de la Sierra Nevada 341

CHAPITRE X

PROVINCE D'ALMERIA

§ 1. — Gîtes de fer

Sierra de los Filabres. — Gîtes de Bacarès, Cobdar, Gergal 342
Gîtes de fer de la Sierra de Bedar. — Gîtes de Serena, Mulata, La Higuera 344
Groupe de Serena. — Serena, Sⁿ Manuel, La Higuera 347

	Pages
Groupe de Bedar. — Mulata, Segunda Mulata, Cuaresma, Alerta, Ladislao, El Curato, 3 Amigos	348
Groupes du Pinar, Albarico, el Chive, la Mela, Almocaizar	350
Tableau d'analyses des minerais de Bedar . . .	353
Sierra Cabrera. — Fraternidad, Carbonera, la Cadima, Cueva del Pajaro, Rambla del Harto.	354
Sierra Alhamilla. — Gîtes de fer et sulfures . . .	355

§ 2. — Gîtes de plomb, argent, zinc, cuivre, mercure

Sierra de Gador. — Galènes, carbonates, calamines	356
Solana de Fondon, cap de Gate	358
Sierra Almagrera. — Commission d'études pour examiner les moyens d'épuisement des eaux. — Constitution géologique. — Découverte du filon Jaroso en 1839. — 2.000 mines. — Les eaux au-dessous du niveau de la mer. — Rapport de la Commission. — Nature des filons, gangue (Molinera). — Richesse des filons. — Age de la venue métallifère. — Gîtes de Terreros et las Herrerias d'après E. Dumas. — Conclusions de M. J. Pié y Allué. — Filons de Bayarque d'après M. Petitgand. — Venues métallifères du cap de Gate	359

CHAPITRE XI

PROVINCE DE MURCIE

§ 1. — Sierra de Carthagène

Pages

Sa constitution géologique. — De Verneuil et Collomb. — 3 venues métallifères probables. — Impressions de voyage. — Gaspillage de ce magnifique gisement. — Traditions. — Opinion locale sur les couches métallifères   365

Zone d'altération hydrothermale. — Origine probable des gisements. — Etude des diverses variétés de gisements.   369

A. — Gîtes de surface ou Crestones. — Sierra de Porman   372

B. — Gîtes associés aux calcaires supérieurs. — El Abenque, mine Tetuan. — Tableau d'analyses des Calamines de Carthagène. — Filons de fer manganésifère. — Tableau d'analyses, fer et manganèse.   373

C. — Gîtes associés aux calcaires intercalés. — Mines Suerte, Victoria   377

D. — Gîtes au contact des calcaires et des schistes (Laguenas). — Fer hydroxydé. — Fer hydroxydé manganésifère. — Région du barranco del Frances. — Analyses. — Fer hydroxydé plombeux. — Mine Leon Negro. — Silicate de fer plombeux du Collado de S^n Juan.   378

E. — Gîtes dans les schistes Azules. — Sierra de
el Abenque. — Analyses de la blende de la
mine Imperio Romano 380
F. — Gîtes de fer silicaté plombeux (manto de los
Azules). — Collado de S^n Juan et monte
Rajado. — Analyse du silicate de fer . . . 381
G. — Gîtes en filons proprement dits. — Leur
nature 383
Gîtes d'étain, cuivre, argent. — Gîtes d'étain de
S^n Isidoro et superior Segunda, — Gîte de
cuivre Amable. — Analyse moyenne des
minerais. — Mines d'argent, analyse d'argiles
argentifères (El Corcho) 384
Résumé. — Minerais exploités à Carthagène . . 385

§ 2. — Gisements de Mazarron

Gîtes de plomb argentifère, filons St-Georges et
Prodigio. — Gîtes de fer. Sta Justina, la
Fragua 386

§ 3. — Région de Lorca et Totana

Montagne de Peña Rubia. — Calamines de Totana 389

§ 4. — Région ferrière de Morata

Nos trois rapports dans cette vallée de Morata. —
Loi pour les recherches de minerai. — Grou-
pement des mines. — Nature des minerais de
Morata. — Description de quelques gîtes :

Cabezo Negro, gîte Vulcano. — Cazadores, Demasia de Cazadores. — Cabezo del Cuco, gîte las Animas. — Cabezo de la Cueva de Montajour, gîte Hormija. — Rambla d'Uquejar, gîte Resureccion. — Cabezo de Lardines, gite Abundancia. — Cabezo de los Reales, mine Famosa. 391

CHAPITRE XII
EST DE L'ESPAGNE
§ 1. — Région ferrifère de Calasparra, Caravaca, Cehejin

Erreurs d'appréciation sur les gîtes de fer oxydulé magnétique associés aux roches vertes ophitiques. — Leur origine 400
Description des gisements. — Mines Virgen de las Maravillas, Carlota, Copo, Sapo, Sⁿ Julian, Sⁿ Rosendo, Sⁿ Andres, Sⁿ Bernardo, El Colosso, Sⁿ Antonio, Jupiter, Elisa, Emilia. Analyses des minerais 402

§ 2. — Gîtes de plomb, zinc, cuivre, antimoine

Province de Teruel : Gîtes de fer spathique avec cuivre gris argentifère et galène dans la mine Santisima Trinidad, calamines de Linarès et Valdelinarès, antimoine du Cerro de las Platerias. — Niveaux plombifères dans l'Ile Ibiza. — Quelques gites plombeux dans la province de Gerona. — Provinces de Tarragona, Zaragoza, Teruel, Logroño. 407

TABLE DES PLANCHES

PLANCHE I

Pedroso. — Rio-Tinto. — Tharsis

La planche 1 comprend :

- 1 coupe du gîte de Sⁿ Dionisio de Rio-Tinto . . . .
- 1 coupe des gîtes Salomon et Cueva
- 2 coupes du gîte Nerva . . . . .
- 1 coupe du gîte de Tharsis . . . .

} à l'échelle de 1/5000 } d'après l'ouvrage de M. J. Gonzalo y Tarin

- 1 coupe du gîte de Chaparrita à l'échelle de 1/2000 . . . .
- 1 coupe géologique de la Sierra du Pedroso (croquis par l'auteur.
- 1 coupe du gîte de fer oxydulé de Navalazarro par l'auteur . . . . *page* 31

PLANCHE II

Guadalcanal

La planche 2, représente un carte géologique des environs de Guadalcanal à l'échelle de 1/10.000 avec coupes géologiques :

La coupe AB passant par la Cueva del Agua ;
La coupe CD passant par la Cueva del Calvario ;

La coupe EF, coupe géologique du Cerro de Guadalcanal, passant par la tranchée Sⁿ Angel; d'après un rapport de l'auteur de 1890.

Les gîtes de fer ne sont indiqués qu'au voisinage de la surface, parce que leur prolongement en profondeur n'était pas démontré . . . . *page* 37

PLANCHE III
Cerro de Hierro (Séville)

La planche 3 représente le plan géologique et la coupe géologique du gisement de minerai de fer du Cerro de Hierro désigné aussi sous le nom de Pedroso, à l'échelle de 1 à 8000, d'après un rapport de l'auteur datant de 1890. . . . . *page* 41

PLANCHE IV
Vivero et Bilbao

La planche 4 comprend :
1 profil général sur 10 kilomètres du filon principal de Vivero (Lugo), par l'auteur ;
1 coupe géologique de la région ferrifère de Vivero à l'échelle de 1 à 10.000 par l'auteur (1880);
1 coupe géologique de la région ferrifère de Bilbao, Somorrostro par l'auteur 1876 . . . *page* 121

PLANCHE V
Pyrénées

Cette planche renferme :
1 coupe du gîte de plomb et zinc de Sentein (Ariège), par l'auteur 1874 ;

1 coupe du gîte de Laquorre ; croquis par l'auteur (1874) ;
1 coupe de la mine de Lauqueille, par l'auteur (1874) ;
2 coupes du plateau de Liat (Espagne) par l'auteur (1874) ;
1 coupe du gîte de plomb de Montcoustant ou Cadarcet (Ariège).
1 coupe du gîte de fer du Cerro del Conjuro, province de Grenade (Espagne) par l'auteur (1895) *page* 175

PLANCHE VI
Montagne Noire

La planche 6, comprend le croquis géologique de la concession de minerai de fer de Courniou (Hérault) avec coupes géologiques AB et CD d'après un rapport de l'auteur de (1890).
1 coupe des gîtes de fer de Gartoule près Riols (Hérault) par l'auteur (1891) ;
1 coupe du gîte de fer manganésifère de Castanviels (Aude) par l'auteur. . . . . *page* 221

PLANCHE VII
Var

La planche 7, renferme un plan géologique des travaux sur la mine de fer de Beau-Soleil ; le plan de la concession, la coupe géologique BA des gîtes de fer de Beau-Soleil, d'après un rapport de l'auteur de 1891. *page* 263

PLANCHE VIII
Var et Sardaigne

On trouve dans cette planche :
1 croquis des environs de Cogolin (Var) par l'auteur ;

1 coupe du lambeau houiller de Ste-Anne (Var) par Emilien Dumas (1865);
1 coupe de l'Esterel par Coquand (1849);
1 croquis du massif de l'Arborese avec coupe AB, indiquant l'inclinaison des filons;

Des coupes de Planu Sartu et Malfidano, Nebida, Masua et Monteponi (Sardaigne) d'après l'ouvrage de M. G. Zoppi (1888).

Enfin, une coupe du gîte de fer de St-Léon (Sardaigne) par Emilien Dumas publiée par nous en 1884. *pag.* 273

PLANCHE IX

Région de Malaga

La planche 9, comprend un croquis des gîtes de fer de Marbella, par Emilien Dumas (1863) avec la coupe AB;

Une coupe géologique de Marbella à Ojen, par MM. Michel Lévy et Bergeron (1885);

Un croquis des gîtes de fer de Marbella, par M. Tyndal (1893) avec les coupes F. G. et H. I.

Une coupe du gîte d'Estepona et une du gîte de Robledal. . . . . *page* 303

PLANCHE X

Région de Grenade

Cette planche représente un plan croquis relevé par l'auteur du gisement de minerai de fer du Cerro del Conjuro avec les travaux importants exécutés jusqu'en fevrier 1897. . . . . *page* 325

PLANCHE XI
El Conjuro (Espagne)

On trouve dans cette planche 3 coupes (croquis) des régions A, B, C du plan, d'après les travaux exécutés et les affleurements visibles. . . . . *page* 329

PLANCHE XII
Région d'Almeria. — Sierra de Bedar

Cette planche renferme une coupe géologique du gîte de Serena, passant à travers les mines Vulcano, Sagunto, Mahoma, Porfiado, Jupiter, Higuera;
1 coupe de la mine 3 Amigos;
1 coupe passant par 2ª Mulata et Cuaresma;
La coupe géologique d'Almocaizar;
Celle de la mine Mulata, près de Bedar d'après un rapport de l'auteur . . . . *page* 347

PLANCHE XIII
Région de Carthagène

On trouve dans cette planche, une coupe du quartier El Abenque, 3 coupes par Emilien Dumas : massif de la Fraternidad, Cueva del Pajaro, Terreros (1863), une coupe de Porman, enfin, un croquis et une coupe de gîtes manganésifères, par l'auteur . . . *page* 355

PLANCHE XIV
Région de Carthagène

Nous avons représenté dans cette planche les gîtes remarquables des mines Suerte et Leon Negro d'après des documents fournis par M. Fougère. Elle comprend 2 coupes du gîte de fer manganésifère, 2 coupes du gîte de fer hydroxydé plombeux et de silicate de fer plombeux, collado de Sⁿ Juan et Barranco del Francès *page* 377

PLANCHE XV

Région de Morata, Lorca, Mazarron

La planche 15, donne une coupe d'un gîte de fer avec sulfures par M. Masson et des coupes de gisements de minerais de fer par l'auteur ; Cabezo Cuco, Demasia de Cazadores, Vulcano, La Animas (2 coupes) Peña Rubia de Lorca. . . . . *page* 387

PLANCHE XVI

Calasparra, Morata, Ibiza

Cette planche renferme : un plan des mines Elisa et Emilia (Calasparra) ; des coupes de Morata par l'auteur : Abundancia, Famosa (Cueva de Sopasmo), Resurreccion, la Hormiga, Encarnacion (Cabezo Cuco) ;

Une coupe du gîte plombeux d'Ibiza par MM. Vidal et Molina. . . . . *page* 399

PLANCHE XVII

Région de Calasparra, Cehejin

La planche 17 contient un plan de Virgen de las Maravillas, avec coupes AB et CD, des coupes des mines Sⁿ Rosendo, Jupiter, Sⁿ Andres, El Coloso et un plan de Sⁿ Bernardo d'après un rapport de l'auteur de 1890 . . . . *page* 405

www.ingramcontent.com/pod-product-compliance
Lightning Source LLC
Chambersburg PA
CBHW060517230426
43665CB00013B/1552